易經

大衍之數

活學活用、占驗實證

黃輝石——著

推薦序　黃文吉

古時候帝王專制時代《易經》為帝王之學，凡人百姓根本接觸不到。可是現在自由民主社會、資訊科技發達的時代，任何人可以自由自在運用簡易數據，為自己解決日常生活疑惑及生存迷茫人生。尤其在自由民主的世界潮流裡，除了民主投票與自由化口號的民權，吾人似乎應該積極推廣易經運用的大眾化與生活化。讓人們更能夠便捷地瞭解生命的意義與解決日常生活的生存價值，這才是廣義人權的深層意涵！

黃輝石老師博學多聞，出版多部著作並創新開發極富盛名的「大衍撲克易」。本書將難懂的《易經》透過大衍之數，運用占驗日常生活的實錄，讓讀者深入淺出、易於瞭解與簡便實用。

伏羲氏生處在舊石器時代的中晚期，《史記》中的三皇五帝之一。他創造太極、八卦，發明文字、曆法、漁獵、婚姻等，開創中華易學根基。《易經》被儒家尊為「五經」之首，上古三大奇書包括：《黃帝內經》、《易經》、《山海經》。《易經》也稱《周易》簡稱《易》，易是變化的意思，《易經》就是在講變化的書。《周易》包含三部分：卦象、卦爻辭、大傳。

【序】

《周易》成書歷經上古、中古與近古三個時期。上古時期伏羲作卦象，中古時期周文王作卦爻辭，近古時期孔子作大傳，三位聖人前後完成。老子《道德經》將天地萬物合而為一，總象為「道」，道的性狀表述則為「無極」。過去以《德經》先修自身心意，後以《道經》身心精進，在體悟「道」之所傳。《史記》（太史公記）為西元前91年，西漢漢武帝時期太史公司馬遷編寫的紀傳體史書。記載自黃帝至漢武帝太初年間約兩千五百年的中國歷史。與後來的《漢書》、《後漢書》、《三國志》合稱《前四史》。大衍之數最早出現在朱熹堪定《周易繫辭傳上》第九章，做為占斷的依據可以推演出天地間的萬事與萬物。

黃輝石老師在開南大學及中華道教學院等地任教，且經常受邀聘到國外講學及解決各大企業等疑難問題深獲好評，教育眾多英才更造福廣大社會。如今他將近年來撰寫每日一易的日常解析，彙集成冊出版問世，將有助於易經大眾化、簡便學習與日常活用的推廣。本人樂意為其推薦以真正落實：認識生命與解惑生存的廣義人權內涵。

黃文吉
前開南大學教授兼教務長
陶朱公范蠡財神協會理事

推薦序 李良玫

我在退休前最後一個工作是計程車司機，由於長年工作於一個小小的空間長達二十五年，經年累月缺乏運動，身體肥胖、僵硬，直覺身體嚴重出現問題。退休後為找回健康，每日在大湖公園找尋一個適合自己的運動，是緣份也是上天憐愛，終於遇上我的貴人黃輝石老師。學習「華陀五禽戲」至今近五載，從一個渾身有毛病而尋回健康，各種病痛都逐漸消失，也在退休後的茫然中找回自信的自己，像是奇蹟一般，也讓自己拾回歡笑。

約一年後，經黃老師再勸進學習《易經》，起初我心想自己學歷不高，文學底子又不好，加上年已七旬，不知所學有何用處？一開始意願也不高，經老師再三規勸，我抱姑且一試之心。經兩年多後，發現果然是天賜之寶。學海浩瀚，從《易經》中重新學習人生，並配合以往在人生旅程回顧之經驗做為驗證，許許多多的事，《易經》都在我們生活中與我們同在，而我們卻不自知。「趨吉避凶」又是我們每人都需要的，能浸潤在《易經》裡已是我每日的功課，而每日必讀，讓我的生活更加充實。

與黃老師在閒談之餘，得知老師把推廣「華陀五禽戲」與《易經》教學做為終身職志，此事看似平凡，卻又充滿偉大的理想。做為一個「老學生」的我有無限的敬意，在此與各位同學、同好共勉之！共同追求我們的理想，豐富我們多彩多姿的人生。

庚子年九月十二日

學生　李良玟於自宅

推薦序　林志偉

說到與黃老師的淵源，大概從二〇一〇（庚寅）年說起。那年第一次去台灣旅行，家人安排了木柵指南宮的景點，那時候，無意間發現了中華道教學院。因為本身是在馬來西亞的宮廟服務，所以對道教學院很感興趣，於是就決定要報名就讀。回來大馬後，安排了一切事項，再聯絡了台北道教學院，瞭解了情況，就在二〇一一（辛卯）年初的時候，來到了台北就讀道教學院。並且在機緣巧合下，在學院的課表裡，就安排了《易經》這個課程。所以才因此認識了黃輝石老師。也對《易經》產生了濃厚的興趣。黃老師也知道我是千里迢迢從馬來西亞來學習，確實不容易，於是安排我每個禮拜都到老師的家去上課，以輔助在道教學院上課時間太短，沒有跟上的課。

在第二年二〇一二（壬辰年），我不幸得了猛爆性肝炎，也在馬來西亞休養了一段時日。回到台灣上課後，黃老師，見我情況還沒有好轉，便建議我向他學習打拳「華佗五禽戲」，我在每天上課後，就開始學打拳。漸漸的我的身體有了很大的改善及好轉。也自從那次起，我每天都打拳，堅持至今已經有九年之久了。身體也得到很好的改善。我也鼓勵身邊的人一起學習。

在同一年，二〇一二年，我們馬來西亞宮廟永和佛堂住持劉永和師太，也邀請黃老師及師母，來馬授課《易經》及《五禽之戲》。（為期一個禮拜）

在台灣待了兩年，回到大馬在宮廟用《易經》服務社會，確實透過了《易經》幫助到了許多人解決問題，從而也幫助到人們心理及心靈問題。也減少了許多的社會問題。過後的每一年，我都回到台北，向黃老師請教、複習。我們很有幸，能結識到黃老師這樣的良師益友。也是他的無私奉獻的精神，讓我們馬來西亞的同胞們可以學習到中華五千年的文化。很感恩老師。對黃老師只有無限的感激。

二〇二〇年十一月四日

馬來西亞永和佛堂　林志偉

《易經大衍之數・活學活用、占驗實證》序

《易經大衍之數・活學活用、占驗實證》這本書乃是本人歷經三年多的時間，延續本人論文「大衍之數」之研究，以每日一易，寫在臉書以及「賴」的群組分享之心得。有一天晚上在內湖蔦書屋隨機抽取一本黑鑽的定律，閱讀到其中一段話：「網子放在船上，是無法賺到錢」。於是想到這幾年《易經》生活實錄，應該把它放在書架上。便去找先前的紅螞蟻出版社李先生洽談，然後告知一些細節，如述而配合著手進行。

本書以「大衍之數」為主體，共有三百八十四爻以及不動的伏卦有六十四卦，都是用在占驗的生活實錄。接著是《繫辭傳》上下二十四章，共有二百二十八條目，除了解析其內容之外，最重要是落實在生活的實錄。還有《說卦傳》、《雜卦傳》、《序卦傳》都做了與生活息息相關的描述。至於《小象傳》、《彖傳》和《文言傳》、筮法，有附錄可供參考。

孔子在《易傳》說：「書不盡言，言不盡意，然聖人之意，其不可見乎。」眾所皆知《周易》本是無字天書，只有卦象符號而無其文字，乃是聖人的大智慧而整理出卦名及卦爻辭。然而語意艱深，又因時代背景文化不同，要執古之道，以御今之有，確實不易。於是本人乃

有鑑於《大畜・象傳》說「天在山中，君子多識前言往行以畜其德」的啟發，於是將後聖先賢的著作，彙通於本人的生活經驗而撰述此書，以供同好分享甚至無師可自通的參考。

實例：在某一天早上，有一經理級的謝小姐問目前的工作能否繼續做下去？於是當下得〈火地晉・上九爻〉：「晉其角，維用伐邑，厲吉，無咎，貞吝。」恰與本書所載內容幾乎吻合其事實，於是就提出辭呈準備退休。這就是《易經》活學活用的具體呈現實錄。

本書得以順利出版必須感謝中華銀髮慈善協會理事長盧麗文之護持，以及黃娸月師姐和張瑞濱校長全力整編與校稿，由於本人才疏學淺，尚有諸多疏失，還望讀者諸君予以指正。

內湖周易道玄講堂　庚子年十一月

黃輝石　敬序

前言

《易經》為群經之首，中華文化的創始，伏羲「一畫開天」創造了文明的開端「太極生兩儀、生四象、生八卦。」文王、周公繼承六十四卦卦名、卦爻辭，於焉重生元、亨、利、貞、吉、凶、悔、吝、孚、厲、無咎等十二字箴言，最後由孔子及其門下以十翼《易傳》來破解深奧且富哲理的《周易》中的卦象、卦體、卦德等解經的初始化，以供後學參照並繼續發揚光大。伏羲創造八卦的文獻按《繫辭傳下・第二章》說：「古者包犧氏之王天下也，仰則觀象於天，俯則觀法於地，觀鳥獸之文與地之宜，近取諸身，遠取諸物，於是始作八卦，以通神明之德，以類萬物之情。」以上就是闡述伏羲氏觀察萬物到制成八卦之總體思維創造特徵。

文王根據《竹書紀年》：「帝辛（紂王年號）二十三年，囚西伯於羑里，帝辛二十九年釋西伯諸侯逆西伯歸於程。」此證西伯（周文王）被紂王關在羑里（在今河南省湯陰縣北）。據《論語・泰伯》說：「文王三分天下有其二，以服事殷。」因而引起紂王不安而被囚禁。所以說文王拘而演八卦，可說是歷劫度人的實證。

孔子作易，據《史記卷四十七・孔子世家》以及《漢書卷八十八・儒林傳・序》：「蓋晚而好易，讀之韋編三絕，而為之傳。」

《易傳》七種十篇，又稱《十翼》，這十篇的創作宗旨都在解釋《周易》六十四卦之卦象及經文大義。《彖傳》分上、下兩部分，專門解釋卦名、卦象、卦辭；《象傳》分上、下兩部分，大象在說明卦象、小象在說明爻象；《繫辭傳》分上、下兩部，專門解釋經文義理以及「大衍之數」的解卦原理；《文言傳》專門對〈乾〉〈坤〉兩卦所做的解釋；《說卦傳》專門解釋八卦的逸象；《序卦傳》專門解釋六十四卦序的排列；《雜卦傳》在說明卦與卦之間的錯綜互雜的關係。朱熹《周易本義序》象占，《易》本義也。伏羲畫卦，文王繫象，周公繫爻，皆以象與占決吉凶悔吝，各指其所之。孔子《十翼》專註義理，發揮經言，豈有異旨哉。體用一源，顯微無間，互相發而不相悖也。程子以義理為之傳，朱子以象占本其義。革每合而讀之，心融體念，將終身玩索，庶幾寡過。以上與《繫辭傳上・九、十、十一、十二》四章是相互呼應的。

總之「大衍之數」的占驗乃在說明易理冒天下之道，無所不包的。總體呈現，最後至修身養性，終極目標的實踐。（有關筮法將附設於書中以供易者無師自通的參考書）

目錄

附錄

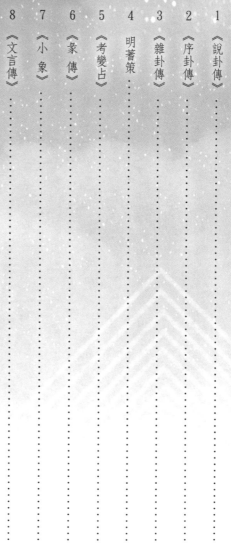

第一章
伏卦64道

《易經・大衍之數》占驗系列（伏卦）第1卦 ☰ 乾為天（777777）

〈乾〉：「元、亨、利、貞。」

象曰：「天行健，君子以自強不息。」

解曰：「自強不息，實行有利。循序漸進，慎始慎終。」

心得：所謂「伏卦」表示用「大衍之數」占筮得出的營數，只有7、8，沒有6、9的變數。按照朱熹在《易學啟蒙》所述的解法，六爻沒有動爻，看卦辭為占。

所以此占〈乾〉卦卦辭：「元、亨、利、貞。」

解卦有二：其一為象數（本意）；其二為義理（哲理）。

所以本意告訴我們，舉行盛大的祭祀對神明崇敬，於是獲得吉利的結果。哲理的部分就如同《象傳》和《文言傳》的內容去體悟即可明白。

占到此卦，占者所問的人事因應，當知必須更加努力奮鬥才能有所成就。因為占者平時可能努力不夠，才會得到《象傳》的啟示。

《易經．大衍之數》占驗系列（伏卦）第2卦☷坤為地（888888）

〈坤〉：「元亨，利牝馬之貞。君子有攸往，先迷後得主，利西南，得朋東北。喪朋安貞吉。」

象曰：「地勢坤，君子以厚德載物。」

解曰：「順勢而為，先失後得。以柔順剛，終能白首。」

心得：坤卦本意有四占，其一占問此牝馬吉利；其二占問此行先迷後得；其三往西南方有利，往東北方不利；其四占住居平安。此卦在史實的紀錄，占驗出現比較多的實例。

哲理的部分就如同《彖傳》和《文言傳》的內容去體悟即可明白。

占到此卦，占者所問的人事因應，當知必須知道自己有多少能力，才去承當多少事。因為坤道不可為天下先，配合順從是最好的選擇，平安就是福。

《易經．大衍之數》占驗系列（伏卦）第3卦☳☵水雷屯（878887）

〈屯〉：「元亨，利貞。勿用有攸往，利建侯。」

象曰：「雲雷屯，君子以經綸。」

解曰：「打好基礎，做好規劃。選定對象，不動聲色。」

心得：屯卦是天地草創後續的卦，所以說屯難之世，不可妄動而要謀而後動，諸如組織的建立，人才的徵詢等等籌備工作，要如同治絲經理條紋分明不亂。

占到此卦，占者所問的人事因應，當知萬事起頭難，資源的匱乏，人脈的欠缺，專業的不足，都是應該努力的方向與目標。更重要的是要深思熟慮長遠的規劃，切記冒然行事，以致浪費資源打擊信心。

《易經・大衍之數》占驗系列（伏卦）第4卦 ䷃ 山水蒙（788878）

〈蒙〉：「亨，匪我求童蒙，童蒙求我。初筮告，再三瀆，瀆則不告，利貞。」

象曰：「山下出泉，蒙。君子以果行育德。」

解曰：「病求醫易，醫求病難。誠心求人，諸事不難。」

心得：蒙有啟發蒙昧之意，教育要有老師與學生才能成立。老師有文教和訓導，學生有優秀與頑劣，為師者必須剛柔相濟，受教者必須虛心求教，這才合乎蒙卦的德性。

占到此卦，占者所問的人事因應，當知不可主動釋出善意，必須有所求才可以予以適切的回應，太容易得到的東西不會珍惜。反之有事求人，只要合乎正道，誠心接受。

《易經．大衍之數》占驗系列（伏卦）第5卦 ䷄ 水天需（878777）

〈需〉：「有孚，光亨。貞吉，利涉大川。」

象曰：「雲上於天，需。君子以飲食宴樂。」

解曰：「生意盎然，供需平衡。互相忍讓，終成佳偶。」

心得：需，不進也。需要有耐性，不可衝動，用誠摯之心來廣結善緣。如同烏雲密布於天上，等雲量濕氣足夠就會普降甘霖。施之於人事，就是平常的點滴付出，在必要的時候必然會得到回報。

占到此卦，占者所問的人事因應，當知此時此刻是急不得的，要有信心肯定可以如願的。但須用對方法對策，如同水上行舟必可順利渡過大川，切記不可暴虎馮河，有勇無謀，將會前功盡棄。

《易經．大衍之數》占驗系列（伏卦）第6卦 ䷅ 天水訟（777878）

〈訟〉：「有孚，窒惕，中吉，終凶。利見大人，不利涉大川。」

象曰：「天與水違行，訟。君子以作事謀始。」

解曰：「法律邊緣，勿蹈不法。幸見貴人，知難而退。」

心得：訟，不親也。通常是因為親人相互信任，因為時間久遠僅憑口頭而沒有契約，所以才會產生利害關係而興訟，引此告誡我們做事要先小人而後君子，凡事言明在先。

占到此卦，占者所問的人事因應，當知訴訟是不得已的事，能和解盡量和解最好。因為曠日廢時，勞民傷財害義又浪費社會資源。

《易經・大衍之數》占驗系列（伏卦）第7卦 ䷆ 地水師（888878）

〈師〉：「貞丈人吉，無咎。」

象曰：「地中有水，師。君子以容民畜眾。」

解曰：「競爭市場，專業取勝。特殊人才，善加利用。」

心得：師者，眾也。軍隊的組成是積眾人之力，古時有實施寓兵於農的政策，興兵打仗成敗的關鍵，在於指揮官（丈人）的智慧，用兵如神才能避免死傷之眾，所以平常就要加強訓練。

占到此卦，占者所問的人事因應，當知做為一個優秀的領導者，就應有德才兼備的能力，切記統帥無能，累死三軍之憾。

《易經．大衍之數》占驗系列（伏卦）第8卦䷇水地比（878888）

〈比〉：「吉，原筮，元永貞，無咎。不寧方來，後夫凶。」

象曰：「地上有水，比。先王以建萬國，親諸侯。」

解曰：「開始就對，不必猶疑。第一印象，注意把握。」

心得：比，與人親比是快樂的事。親比是大公無私的，如同原木樸素的自然，若有心造次就會有得不償失的後果。所以說，入人群是學習合群改變自己的基本功夫。

占到此卦，占者所問的人事因應，當知合作結盟的先決條件在於誠心誠意，而且要把握機先，機會是不等人的。

《易經．大衍之數》占驗系列（伏卦）第9卦䷈風天小畜（778777）

〈小畜〉：「亨，密雲不雨，自我西郊。」

象曰：「風行天上，小畜。君子以懿文德。」

解曰：「謀取空間，以小搏大。醞釀階段，識途老馬。」

心得：小畜，寡也。以六四爻，一個陰爻想要蓄五個陽爻，可以說是以小搏大的概念。然而自知條件不足，就必須培養文德才能自我提升，然後才能得到貴人的協助，再等待時機的醞釀，方能如願以償。

占到此卦，占者所問的人事因應，當知自己的能力於此之時是不足以有所作為的，就如同烏雲密布在西郊是不會下雨的，但只要水氣溼度條件成熟，終究還是會下雨，所以說只要努力到一定的程度，必然是會有成就的。

《易經・大衍之數》占驗系列（伏卦）第10卦☰☱天澤履（777877）

〈履〉：「履虎尾，不咥人，亨。」

象曰：「上天下澤，履。君子以辨上下定民志。」

解曰：「正派營運，不受連累。光明磊落，自然臣服。」

心得：履者，禮也。履，不處也。履有實踐之意，也有禮儀之分，所以說要分清自己的身分，以知志向之所歸，切記不可不知輕重而想要取而代之，這是君子最以為不齒的行為，換句話就是「過河拆橋」，大失仁義之譏。

占到此卦，占者所問的人事因應，當知為臣之道，伴君如伴虎，唯有順其勢察其情，方能明哲保身。也就是說在此之時，只求平安無事而不可妄求富貴。

《易經・大衍之數》占驗系列（伏卦）第11卦 ☷☰ 地天泰（888777）

〈泰〉：「小往大來，吉，亨。」

象曰：「天地交，泰。後以財成天地之道，輔相天地之宜，以左右民。」

解曰：「施小受大，累積厚福。易地而處，必然通達。」

心得：泰者，通也。天地陰陽兩氣交通化生萬物，君臣相交如父子則政通人和，勞資溝通情商則和氣生財。所以說「高以下為基，貴以賤為本。」

占到此卦，占者所問的人事因應，當知投小可報大，管道暢通無礙，唯能知恩圖報，始能持盈保泰。切記盈滿驕縱，福報用完又回到原點，白忙一場。

《易經・大衍之數》占驗系列（伏卦）第12卦 ☰☷ 天地否（777888）

〈否〉：「否之匪人，不利君子貞。大往小來。」

象曰：「天地不交，否。君子以儉德避難，不可榮以祿。」

解曰：「時不我與，無所奢求。對牛彈琴，馬耳東風。」

心得：否者，閉塞也。天地陰陽兩氣不相交通，而且陰氣浸長，施之於人事以喻小人當道，君子閉塞之時，所以說要明哲保身，遠離名利以節儉為美德。

占到此卦，占者所問的人事因應，當知面臨的處境是非常不利的，既已投資當以小賠認賠出場，不可眷念不然損失更重。用在交友則不可深交，人際關係亦難改善，更不可存僥倖投機之心態，才可以免除禍害。

《易經．大衍之數》占驗系列（伏卦）第13卦 ䷌ 天火同人（777787）

〈同人〉：「同人於野，亨。利涉大川，利君子貞。」

象曰：「天與火，同人。君子以類族辨物。」

解曰：「遠處求道，開闊視野。同儕共濟，集思廣益。」

心得：同人，親也。能與不同的人相親，就能接納各種不同意見的人來共商大事，把好的意見彙整，自然就能共體時艱而度過難關。

占到此卦，占者所問的人事因應，當知面對目前的情境，唯有走出來面對，才能有效的解決，而且要分門別類對症下藥。最忌諱的是門戶之見，不肯接受外人的不同意見而耽誤黃金救援時間。

《易經・大衍之數》占驗系列（伏卦）第14卦☲☰火天大有（787777）

〈大有〉：「元亨。」

象曰：「火在天上，大有。君子以遏惡揚善，順天休命。」

解曰：「氣勢如虹，開市大吉。有容乃大，人緣廣佈。」

心得：大有，眾也。五個陽爻都歸六五所有，由此可知以一陰要統眾陽，必定是德高望重才能做得到，諸如對部屬的優點加以闡揚，而能遏止不善的事發生，也不會揭露別人的缺失，如此之領導風格自然是眾望所歸。

占到此卦，占者所問的人事因應，當知有大豐收的象徵，一旦大有成就就必須有所回饋，並且要能順從上天所賦予的使命，加以發揮而樂意承擔。

《易經・大衍之數》占驗系列（伏卦）第15卦☷☶地山謙（888788）

〈謙〉：「亨，君子有終。」

象曰：「地中有山，謙。君子以裒多益寡，稱物平施。」

解曰：「以客為尊，高朋滿座。謙遜為人，善始善終。」

心得：謙，輕也。不要把自己看得太重，其實沒有那麼偉大。盡量吸收別人的長處來去除自己的短處，並且能在既有的基礎加以提升，在沒有認知的部分，從沒有到有去吸取精華，這樣就是得到謙遜的精神了。

占到此卦，占者所問的人事因應，當知謙卑是為了使人際關係更暢通以利便宜行事，而且謙卑不是短暫的，而是至始至終不變的。

《易經．大衍之數》占驗系列（伏卦）第16卦☳☷雷地豫（887888）

〈豫〉：「利建侯行師。」

象曰：「雷出地奮，豫。先王以作樂崇德，殷薦之上帝以配祖考。」

解曰：「做好準備，等待出發。建立關係，日後受用。」

心得：豫，怠也。過分的安逸就會懈怠，這是人之惰性所致，也是一般人的通病。所以說要時時提醒警惕，祖先創業維艱守成不易，因此要按照時節祭拜天地與祖先，藉此加深印象而不容鬆懈。

占到此卦，占者所問的人事因應，當知隨時準備面對問題、解決問題。如同組織部隊以防外來的侵略一樣，不容有任何僥倖苟且偷安。

《易經・大衍之數》占驗系列（伏卦）第17卦 ䷐ 澤雷隨（877887）

〈隨〉：「元亨利貞，無咎。」

象曰：「澤中有雷，隨。君子以嚮晦入宴息。」

解曰：「承先啟後，有捨有得。從善如流，高枕無憂。」

心得：隨，無故也。隨在豫後，象徵安逸在前沒有包袱，一路往上追隨，但必須合乎正道。隨之正道又要有巧妙的變通之道，不可死守陋規，才能避開閉塞之舊路。占到此卦，占者所問的人事因應，當知隨順因緣必須具備正道合乎義理，不可有巧作非為。就像生活作息一樣，日出而作日入而息，才不會有過咎之事發生。

《易經・大衍之數》占驗系列（伏卦）第18卦 ䷑ 山風蠱（788778）

〈蠱〉：「元亨，利涉大川。先甲三日，後甲三日。」

象曰：「山下有風，蠱。君子以振民育德。」

解曰：「重整旗鼓，勢在必行。積弊已久，痛改前非。」

心得：蠱者，事也。由三隻蟲放在一個器皿上而成一個蠱象。物腐而蟲生，非一朝一夕，父子相傳少說也有三十年的光景，所以說必須整頓才能重建家威，但改革舊的惡習豈非容易的事。

占到此卦，占者所問的人事因應，當知這是已然之事，想要改革就必須下定決心，而且要做事前的準備與事後的得失評估，這樣才有成功的機會以振奮民心。

《易經．大衍之數》占驗系列（伏卦）第19卦䷒地澤臨（888877）

〈臨〉：「元亨利貞，至於八月有凶。」

象曰：「澤上有地，臨。君子以教思無窮，容保民無疆。」

解曰：「一帆風順，當心丕變。明槍易躲，暗箭難防。」

心得：臨卦，從卦氣而言，二陽浸長，以陽臨陰有如君臨天下之勢，人在氣勢當旺時往往都會衝過頭，所以在卦辭中就有八月之凶的告誡。因此教人要深思熟慮，才能確保平安無虞。

占到此卦，占者所問的人事因應，當知不可為一時的勝利而沖昏了頭，不然的話就會流落到不可收拾的境地，因為凡事都有起有落，必須以平常心看待。

《易經．大衍之數》占驗系列（伏卦）第20卦 ䷓ 風地觀（778888）

〈觀〉：「盥而不薦，有孚顒若。」

象曰：「風行地上，觀。君子以省方觀民設教。」

解曰：「誠信有禮，諸事乃成。明察秋毫，相敬如賓。」

心得：觀，諦視也。宮廟（觀）的象，因互卦有〈艮〉 門闕之意象，所以將之引伸至君主與百姓的關係。人對神明仰視虔誠恭敬以祈所求能如願。而君主在上位能獲得百姓的愛戴與崇敬，是因為對人民之所需求提供必要的回應。也就是所謂的「民之所欲常在我心。」

占到此卦，占者所問的人事因應，當知誠意合禮是成功必要因素，施之人事除了誠敬之外，威信以及必要的禮數是不可或缺，這樣才能找到好幫手來開創事業共享共榮。

《易經．大衍之數》占驗系列（伏卦）第21卦 ䷔ 火雷噬嗑（787887）

〈噬嗑〉：「亨，利用獄。」

象曰：「雷電，噬嗑。先王以明罰敕法。」

解曰：「法律途徑，正本清源。依法行事，不談感情。」

心得：噬嗑者，食也。民以食為天，為了生活人難免就會有踰越法律的事發生，一旦東窗事發就必須接受法律的制裁。又噬嗑的卦象，頤中有物，九四爻象徵一個梗，所以人時常要為了這個梗來想辦法化解，這就是此卦的精義所在。

占到此卦，占者所問的人事因應，當知要面臨法律的問題，以及行為思想的改正，才不會因惡小而為，以致罪惡深孽的憾事發生而悔恨。

《易經・大衍之數》占驗系列（伏卦）第22卦 ䷕ 山火賁（788787）

〈賁〉：「亨，小利有攸往。」

象曰：「山下有火，賁。君子以明庶政，無敢折獄。」

解曰：「小本經營，日見起色。注重妝飾，增進友誼。」

心得：賁者，飾也。文飾的目的是要使剛柔能相濟，以增加內涵與德性，並且要適度的配合名份和地位，方能相得益彰。就如同社交禮節要恰如其分的穿著與打扮，才不失莊重。

占到此卦，占者所問的人事因應，當知此際不可企圖暴利，只要對大眾有利就不應計較利益得失，當盡本分不要妄加判斷，所謂「自見者不明。」

《易經・大衍之數》占驗系列（伏卦）第23卦 ䷖ 山地剝（788888）

〈剝〉：「不利有攸往。」

象曰：「山附於地，剝。上以厚下安宅。」

解曰：「層層剝削，當機立斷。與虎謀皮，禍福由己。」

心得：剝者，爛也。五陰進逼一陽之象，如同九月霜降之氣，樹木之自然凋落一樣，施之於人事，引申為小人當道，君子當退避以自保。

占到此卦，占者所問的人事因應，當知此時此際是無利可圖，還必須嚴防小人的侵襲。對於處事就應當厚待身邊的人，在必要之時才能幫得上忙。

《易經・大衍之數》占驗系列（伏卦）第24卦 ䷗ 地雷復（888887）

〈復〉：「亨，出入無疾，朋來無咎。反復其道，七日來復，利有攸往。」

象曰：「雷在地中，復。先王以至日閉關，商旅不行，後不省方。」

解曰：「一元復始，萬象更新。遷善去惡，赤子之心。」

心得：復，反也。剝盡反復，一元來復，生機顯現。施之於事業之研發成功，如同見到曙光一樣，亦代表著即將進入量產的準備。

占到此卦，占者所問的人事因應，當知機會即將到臨，要好好的把握。並能時時反復思考，注意週期性的事情，不可盲目迷失方向。

《易經 · 大衍之數》占驗系列（伏卦）第25卦 ䷘ 天雷无妄（777887）

〈無妄〉：「元亨，利貞。其匪正有眚，不利有攸往。」

象曰：「天下雷行，物與無妄。先王以茂對時育萬物。」

解曰：「投機行為，不可嘗試。人不正派，勿與交往。」

心得：無妄，災也。無妄會產生災難的原因，在於人有非份之想，而且也與同流合污的人相呼應，所以說不正當的事與投機的行為都不可以做，是會遭受天譴的，不可不戒啊！

占到此卦，占者所問的人事因應，當知舉頭三尺有神明，一分耕耘才有一分的收穫，不可遐想有不勞而獲的事發生，如果獻在眼前當心有詐。

《易經 · 大衍之數》占驗系列（伏卦）第26卦 ䷙ 山天大畜（788777）

〈大畜〉：「利貞。不家食，吉，利涉大川。」

象曰：「天在山中，大畜。君子以多識前言往行，以畜其德。」

解曰：「畜牧養殖，擴大經營。浪跡天涯，四海為家。」

心得：大畜，時也。畜牧的養殖是需要長時間的經驗從中取得要領與方法，才能有效率的經營獲利。施之於人事，文官制度的養成也必須靠公家的培植與經驗的傳承，才能為國家盡忠效力。

占到此卦，占者所問的人事因應，當知宜向外求發展，尤其是公家機關的單位最為理想，而且適合做一些創新的工作與研發的事業。

《易經．大衍之數》占驗系列（伏卦）第27卦䷚山雷頤（788887）

〈頤〉：「貞吉，觀頤。自求口實。」

象曰：「山下有雷，頤。君子以慎言語，節飲食。」

解曰：「頤養之道，不假他人。自給自足，不可依賴。」

心得：頤，養也。養有養人與自養，有能力的扶養沒能力的是天經地義的事，但不可違背頤養的正道，否則適得其反。頤養除了飲食之控制之外，最重要的是言語要謹慎，不可信口開河，自毀前程。

占到此卦，占者所問的人事因應，當知從飲食之道來觀察相應的人事，做為評估合作的依據以及日後交往信任的程度。

《易經．大衍之數》占驗系列（伏卦）第28卦 ䷛ 澤風大過（877778）

〈大過〉：「棟橈，利有攸往，亨。」

象曰：「澤滅木，大過。君子以獨立不懼，遯世無悶。」

解曰：「大勢已去，溜之大吉。無法改善，不可接近。」

心得：大過，顛也。卦象本末弱，無法承擔過重的負荷。猶如水生木，但水深過頭了就會滅沒樹木，反而會加速滅亡。施之於人事，一個人的能力再好也無法承受過重的壓力，所以要量力而為。

占到此卦，占者所問的人事因應，當知在非常時期面對重大的難關，除了自身的努力之外，還要借重神明的庇佑，才能解除危機。

《易經．大衍之數》占驗系列（伏卦）第29卦 ䷜ 坎為水（878878）

〈坎〉：「習坎，有孚，維心亨，行有尚。」

象曰：「水洊至，習坎。君子以常德行，習教事。」

解曰：「胸有成竹，化險為夷。好學不倦，值得交往。」

心得：坎，下也。坎為水，水往下流，水流不止息，所以說有孚（誠信）也。施之於人事，表示人生遭遇坎險之事，就要效法水的精神，勇往直前要有信心，肯定能克服困難衝破難關。

占到此卦，占者所問的人事因應，當知雖險難在前只要抱著成功必勝的決心，必能獲得賞識的。

《易經．大衍之數》占驗系列（伏卦）第30卦 ䷝ 離為火（787787）

〈離〉：「利貞，亨。畜牝牛，吉。」

象曰：「明兩作，離。大人以繼明照於四方。」

解曰：「光明事業，生生不息。發揚光大，培養人才。」

心得：離，附麗也。以一陰附麗上下兩陽，柔順如母牛之一般。離為火，為光明，引申為文明，文明的事業就必須代代相傳，尤其是易經的文化，更應該從小到老配合AI的教育觀，落實的來執行，對國家社會都是一大福音。

占到此卦，占者所問的人事因應，當知要堅守正道與同柔順質性的人合作，肯定能得到事業的成功，而且能因此培養良善的美德。

《易經．大衍之數》占驗系列（伏卦）第31卦 ䷞ 澤山咸（877788）

〈咸〉：「亨，利貞，取女吉。」

象曰：「山上有澤，咸。君子以虛受人。」

解曰：「胸有成竹，化險為夷。好學不倦，值得交往。」

心得：咸者，無心之感也。感應最速，如同少男少女兩情相悅一樣快速。施之於人事，凡事要謙虛才能得到別人真心的感應，行事就能如魚得水般的順暢快活。

占到此卦，占者所問的人事因應，當知第一次的感覺與印象是最重要，合作與婚姻都是最好的優先考量。寧可主導為首，不可盲從跟隨。

《易經．大衍之數》占驗系列（伏卦）第32卦 ䷟ 雷風恆（887778）

〈恆〉：「亨，無咎，利貞。利有攸往。」

象曰：「雷風，恆。君子以立不易方。」

解曰：「身體保健，經營永續。感情婚姻，持之以恆。」

心得：恆，久也。恆久之道在於有變化，合乎正道，唯有天地日月是恆久，也唯有大道是永恆的。人的肉體是短暫的，精神是不滅的。所以要讓身體健康，必有固定的運動與好的飲食習慣，才可長久安逸。

占到此卦，占者所問的人事因應，當知恆久之道是在64卦中最不容易做到的，首先亨通之道是在於變通，然後通變，最後是融會貫通，這樣才能無往不利。

《易經．大衍之數》占驗系列（伏卦）第33卦 ䷠ 天山遯（777788）

〈遁〉：「亨，小利貞。」

象曰：「天下有山，遯。君子以遠小人，不惡而嚴。」

解曰：「非常時期，要求不多。退居幕後，小有作為。」

心得：遯者，退也。二陰進逼四陽之象，明智的人知道時勢如此，盡早做準備。對於一些小人不可言語與之交惡，而要以威嚴之態面對，以避免正面衝突而受害。

占到此卦，占者所問的人事因應，當知時勢不是在正人君子所能掌握，應識時務者為俊傑，有小收穫已經不錯了，不可妄想僥倖之心。

《易經．大衍之數》占驗系列（伏卦）第34卦 ䷡ 雷天大壯（887777）

〈大壯〉：「利貞。」

象曰：「雷在天上，大壯。君子以非禮弗履。」

解曰：「血氣方剛，戒之在鬥。氣勢盛壯，小心固守。」

心得：大壯，大者壯也。以四陽爻進逼二陰爻之勢，施之於人事，當盛壯者不可恃勢凌人，宜當守正道行事，不可做魯莽的行為，才不會招來禍患。

占到此卦，占者所問的人事因應，當知目前所進行的事情是有利的，唯必須知道有些必然的變化是不可抗拒的，最好是順勢接受比較理想。

《易經・大衍之數》占驗系列（伏卦）第35卦 ䷢ 火地晉（787888）

〈晉〉：「康侯用錫馬蕃庶，晝日三接。」

象曰：「明出地上，晉。君子以自昭明德。」

解曰：「精心設計，綿延不斷。受到肯定，幹練之才。」

心得：晉者，進也。卦象上火下地，如同太陽普照在大地之上，施之於人事象徵在上位者對下屬的熱情，除了物質的獎勵之外，尤其在心靈的嘉勉更是用心。

占到此卦，占者所問的人事因應，當知難能可貴得到賞賜，還能得到更多的機會一展長才，所以說有好的才華是不會被埋沒的。

《易經 · 大衍之數》占驗系列（伏卦）第36䷣地火明夷（888787）

〈明夷〉：「利艱貞。」

象曰：「明入地中，明夷。君子以蒞眾，用晦而明。」

解曰：「光明受創，鍥而不捨。人事不明，步步謹慎。」

心得：明夷，誅也。卦象徵太陽入於地中，光明被黑暗遮蔽，施之於人事就是賢德之人遇到暴君的施虐。就時代背景而言，指的是文王被紂王囚拘於羑里七年之事。

占到此卦，占者所問的人事因應，當知在此非常時期是重大的考驗，雖非常艱難也必須固守正道，韜光養晦以待時機之到來。

《易經 · 大衍之數》占驗系列（伏卦）第37䷤風火家人（778787）

〈家人〉：「利女貞。」

象曰：「風自火出，家人。君子以言有物，而行有恆。」

解曰：「從家做起，尤利女性。用女主管，有利占問。」

心得：家人，內也。家人由家庭內部教育做起，女主內指母親的責任非常重，家庭除身教之外，言教更是重要。言行要一致，才能長久代代相傳好的美德。

占到此卦，占者所問的人事因應，當知從事正道的事有利進行，配合女性與柔順者更佳。

《易經・大衍之數》占驗系列（伏卦）第38卦 ䷥ 火澤睽（787877）

〈睽〉：「小事吉。」

象曰：「上火下澤，睽。君子以同而異。」

解曰：「同中求異，異中求同。芝麻之事，不爭不鬥。」

心得：睽者，乖也。乖違有三個原因，1中爻皆不正；2火上而澤下；3二女其志不同不相為謀。卦辭小事吉，是因為有三種德性，1能明辨是非；2想力爭上游；3知道剛柔並濟相互應援。所以說不管環境如何惡劣，在於人的心志是否堅定而已。

占到此卦，占者所問的人事因應，當知在睽違之時只能做些小事，如小小的投資或不需出資的勞力工作，能夠得到平衡就好，不可要求太多。

《易經・大衍之數》占驗系列（伏卦）第39卦 ䷦ 水山蹇（878788）

〈蹇〉：「利西南，不利東北。利見大人，貞吉。」

象曰：「山上有水，蹇。君子以反身修德。」

解曰：「借重經驗，須知變通。知人善用，就地取材。」

心得：蹇，難也。卦象艮阻在前（豺狼），坎險在後（虎豹）。由此施之人事面對險難的環境，要如何來解除，首先要反省自己有哪些做得不好而加以修正，然後在道德層面加強，自然就會有人伸出援手來幫助。所謂的自助、人助、天助也。

占到此卦，占者所問的人事因應，當知不可做冒險的事業，在此艱難的環境，必須有貴人來幫助才能有所成就。

《易經・大衍之數》占驗系列（伏卦）第40卦 ䷧ 雷水解（887878）

〈解〉：「利西南，無所往，其來復，吉。有攸往，夙吉。」

象曰：「雷雨作，解。君子以赦過宥罪。」

解曰：「提綱挈領，適得其所。聞雞起舞，前程似錦。」

心得：解，緩也。緩和才能解決事情，就像雷雨才能解除旱象。天降甘露，如同人與人之間相互幫助，化解危機。及時雨如雪中送炭之溫馨，暴風雨如錦上添花之殷勤。

占到此卦，占者所問之人事因應，當知抓住重點，針對事情劍及履及果斷執行，不可苟且延遲。得饒人之處且饒人，人情留一線日後好相見。

《易經・大衍之數》占驗系列（伏卦）第41卦 ☶☱ 山澤損（788877）

〈損〉：「有孚，元吉，無咎，可貞，利有攸往。曷之用，二簋可用享。」

象曰：「山下有澤，損。君子以懲忿窒慾。」

解曰：「先損後益，後福無窮。誠心助人，厚植福田。」

心得：損有減損之意，當富有之時，最難得的是持盈保泰。俗話說：創業維艱守成不易的道理就在於此。最好的方法就是不因財大而氣粗亂發脾氣，而且也要減損不當的慾望，更好的是能佈施廣結善緣。

占到此卦，占者所問之人事因應，當知為善助人最重要的是發自內心，有形實質的資助固然重要，但真心誠意的鼓勵效益更好。如同祭拜神明祖先，只要心誠崇敬必能受福。

《易經・大衍之數》占驗系列（伏卦）第42卦 ☴☳ 風雷益（778887）

〈益〉：「利有攸往，利涉大川。」

象曰：「風雷，益。君子以見善則遷，有過則改。」

解曰：「利益眾生，放心去做。值得警惕，不怕風險。」

心得：益，有增益的意思。當在否閉之時，消除閉塞是最基本的要求，所以說利有所往，利於冒險犯難。當人處在囧途之時，就有如同風雷迅耳之勢，破斧沉舟之決心，一旦成就大業，就必須反饋給社會需要的人。

占到此卦，占者所問之人事因應，當知有勢可依，有利可圖，加緊掌握機會不可遲疑，機會是不等人的。

《易經・大衍之數》占驗系列（伏卦）第43卦☱☰澤天夬（877777）

〈夬〉：「揚於王庭，孚號有厲。告自邑，不利即戎，利有攸往。」

象曰：「澤上於天，夬。君子以施祿及下，居德則忌。」

解曰：「對簿公堂，小心處理。心腹之患，自我警惕。」

心得：夬，決也。五陽決一陰，象徵君子除去小人之象。錯卦 剝，在十二消息卦值九月霜降肅殺之氣，施之於人事，有小人在公堂上耀武揚威，挑戰公權力，所以必然要除去禍患，必須提高警覺不可大意。

占到此卦，占者所問之人事因應，當知雖已到了決戰時刻，但不可冒然前進，所謂「窮寇莫追」，必須要有萬全的準備才可以發動。

《易經．大衍之數》占驗系列（伏卦）第44卦☰☴天風姤（777778）

〈姤〉：「女壯，勿用取女。」

象曰：「天下有風，姤。後以施命誥四方。」

解曰：「不期而遇，不可掠取。心靈受創，難能匹配。」

心得：姤者，遇也。不期而遇。姤是五月卦，陽極陰生，五陽遇一陰。施之於人事，以喻危機現前，必須在第一時間制止，不然必有大患。

占到此卦，占者所問之人事因應，當知不管婚姻與合作關係都不會長久，不可被當前的假象蒙昧而受傷害。

《易經．大衍之數》占驗系列（伏卦）第45卦☱☷澤地萃（877888）

〈萃〉：「亨，王假有廟，利見大人。亨利貞，用大牲吉，利有攸往。」

象曰：「澤上於地，萃。君子以除戎器，戒不虞。」

解曰：「謝天謝地，三牲酒禮。拔擢人才，高薪禮聘。」

心得：萃，聚也。宗廟是一種家族子孫聚集的場所，所以說王假有廟。宗廟是一個家族的精神之寄託所在，在此彙聚重要的大德之人商討要事，是會得到好的效果的。

占到此卦，占者所問之人事因應，當知百善孝為先，敬奉祖先神明虔誠，在精神上是可以得到提升，自然也有貴人相助，但必須真誠。

《易經・大衍之數》占驗系列（伏卦）第46卦 ䷭ 地風升（888778）

〈升〉：「元亨，用見大人。勿恤，南征吉。」

象曰：「地中生木，升。君子以順德，積小以高大。」

解曰：「晉升有望，向南發展。如魚得水，可以選用。」

心得：升，不來也。升卦是由一陰生二陽再生三陰，如同《老子道德經・第四十二章》說：「道生一，一生二，二生三，三生萬物，萬物負陰而抱陽，沖氣以為和……。」所以說：行道修道之心是不可有下來的念頭，即退悔之心。一旦入道在途中碰到的逆境，其實都是在增長智慧，不需擔憂而應迎接光明的到來。

占到此卦，占者所問之人事因應，當知形勢一片大好，面見貴人不必憂慮，正向爭取必能心想事成。

《易經・大衍之數》占驗系列（伏卦）第47卦䷮澤水困（877878）

〈困〉：「亨，貞大人吉。無咎，有言不信。」

象曰：「澤無水，困。君子以致命遂志。」

解曰：「龍困淺灘，有苦難言。患難相交，勿生怨尤。」

心得：困，相遇也。困難之事人人都會遇到的，只是每個人對困難所面對的態度不同，解決的方式也不同。在逆境困難之中能豁達不抱怨的完成使命的人，通常是有所成就而讓人敬佩的。

占到此卦，占者所問之人事因應，當知資源不足能力又受限，小人趁機而入，陷入多重考驗，此時此刻更不能向命運低頭。

《易經・大衍之數》占驗系列（伏卦）第48卦䷯水風井（878778）

〈井〉：「改邑不改井，無喪無得，往來井，井汔至，亦未繘井，羸其瓶，凶。」

象曰：「木上有水，井。君子以勞民勸相。」

解曰：「維護傳統，懈怠必凶。不思改進，難望團圓。」

心得：井，通也。井道要保持暢通，井是公共的造產，大家通通都可以享用，也是市井小民平常溝通問候的地方。但因人的公德心不足，只知享用而不願養護，結果終究會變成廢井，因此就必須互相勸勉，才能長久享用。

占到此卦，占者所問之人事因應，當知用人取才要能適才適用，不然除浪費資源之外，還會全功盡棄。

《易經・大衍之數》占驗系列（伏卦）第49卦 ䷰ 澤火革（877787）

〈革〉：「巳日乃孚，元亨利貞，悔亡。」

象曰：「澤中有火，革。君子以治曆明時。」

解曰：「黃道吉日，天人共襄。一切自然，希望相隨。」

心得：革，去故也。革舊更新的意思，在此指的是革命，欲推翻腐敗的政權，但談容易實施不易，這過程是非常的艱辛，因為太多的既得利益者，會強力杯葛，所以就必須說服大多數的民眾才能成功。

占到此卦，占者所問之人事因應，當知改革不是口號而是要有具體的事實與成效，並且能按照步驟順序施行，這樣才不會有悔恨的事發生。

《易經．大衍之數》占驗系列（伏卦）第50卦 ䷱ 火風鼎（787778）

〈鼎〉：「元吉，亨。」

象曰：「木上有火，鼎。君子以正位凝命。」

解曰：「權力象徵，多所任用。一言九鼎，不斷取新。」

心得：鼎，取新也。鼎在革後，說明舊政權已被新政權取代了，改朝換代之後執政黨最重要的事，就是如何鞏固政權，首先就是有名正言順的地位，才能使文武百官以及百姓順從，因而得以順利施政。

占到此卦，占者所問之人事因應，當知大權在握，如何才能在既有的基礎再擴大，讓更多的人得到更多的福利。並能重用人才，培植新秀以利永續經營。

《易經．大衍之數》占驗系列（伏卦）第51卦 ䷲ 震為雷（887887）

〈震〉：「亨，震來虩虩，笑言啞啞。震驚百里，不喪匕鬯。」

象曰：「洊雷，震。君子以恐懼修省。」

解曰：「根基健全，不受影響。面對突然，應變自如。」

心得：震為雷，為長子，為祭主。古時候天子登基後一旦政權穩定之後，接下來就是繼位的太子接班的問題，所以做為一個接班人，就必須要能處變不驚。即使遇到陣雷而能從容不破，也不受驚嚇，這樣才有資格擔當大任。

占到此卦，占者所問之人事因應，當知一個繼位的領導者是要能禁得起考驗的，時時保持戒慎恐懼的心態，並且能知道反省而不會推卸責任，自然就能受之無愧。

《易經．大衍之數》占驗系列（伏卦）第52卦 ䷳ 艮為山（788788）

〈艮〉：「艮其背，不獲其身。行其庭，不見其人，無咎。」

象曰：「兼山，艮。君子以思不出其位。」

解曰：「有得有失，顧前失後。反身自省，以靜制動。」

心得：艮，止也。艮為山，山體靜止不動，山能擋風止水，止的作用對於人類的貢獻是非常重大的。施之於人事止其所當止，所謂「不在其位不謀其政。」用在日常生活，盡量少管閒事，不知者不言，才不會招來事端。

占到此卦，占者所問之人事因應，當知目前的處境是處在靜止之中，因為人事上下無法溝通，只好把本分的事做好就可以了。

《易經．大衍之數》占驗系列（伏卦）第53卦 ䷴ 風山漸（778788）

〈漸〉：「女歸吉，利貞。」

象曰：「山上有木，漸。君子以居賢德善俗。」

解曰：「選擇正確，有利可圖。乘龍快婿，美好歸宿。」

心得：漸，有循序漸進之意。如同男女婚嫁一樣，必須有六禮（納彩、問名、納吉、納徵、請期、親迎），才合乎善良風俗。反觀當今大多數的人一切從簡，所以就不會那麼重視婚姻禮儀所代表的意義，所以婚姻的持續就有待考驗了。

占到此卦，占者所問之人事因應，當知男大當婚、女大當嫁，有緣終能成眷屬。婚配也好，合作也好，最好能按照順序，自然就有完美的結局。

《易經．大衍之數》占驗系列（伏卦）第54卦 ䷵ 雷澤歸妹（887877）

〈歸妹〉：「征凶，無攸利。」

象曰：「澤上有雷，歸妹。君子以永終知敝。」

解曰：「冒險手段，無利可圖。勉強接受，沒好結果。」

心得：歸妹，女之終也。〈歸妹〉卦與〈漸〉卦互相錯綜，因為兩卦都跟婚姻大事有關。

婚姻有秩序，合禮儀與否，其結果就有吉凶的差別了。所以說老少配就要考慮長久可能產生的弊端，不可逃避，去面對必然的問題。

占到此卦，占者所問之人事因應，當知來意不善是沒有好結果的，而且對於不正當以及不公不義的事是不可冒險的，最好趕快懸崖勒馬。

《易經・大衍之數》占驗系列（伏卦）第55卦 ䷶ 雷火豐（887787）

〈豐〉：「亨，王假之，勿憂，宜日中。」

象曰：「雷電皆至，豐。君子以折獄致刑。」

解曰：「隆重開幕，宜選吉日。貴客臨門，有利無弊。」

心得：豐，說文解字說：豆之豐滿也。從豆之象形。從字形可以看出像豆器盛滿成串東西之形，因此可以引申為大豐收之年，用穀物敬謝天地神明，以示知恩圖報之意。

占到此卦，占者所問之人事因應，當知有貴人前來蓬蓽生輝，眼前人事暢通必須明快決斷，才能掌握先機，不必憂慮。

《易經・大衍之數》占驗系列（伏卦）第56卦 ䷷ 火山旅（787788）

〈旅〉：「小亨，旅貞吉。」

象曰：「山上有火，旅。君子以明慎用刑而不留獄。」

解曰：「小本經營，商旅愉快。異地姻緣，可以配合。」

心得：旅，有羈旅在外之意。旅是緊接〈豐〉卦而來，凡事物極必反，豐盛至極得意忘形，就會落魄流離失所遠走他鄉，不是逃亡就是避禍。但時至當今，旅就有不同的解讀了，應該放眼天下才能壯大自己擴充版圖，所以《易經》是與時俱進的，但告誡滿招損是不可變的鐵則。占到此卦，占者所問之人事因應，當知出門在外凡事要低調，不可放肆才不會招來禍患之災，所以說堅守正道才能得吉。

《易經・大衍之數》占驗系列（伏卦）第57卦䷸巽為風（778778）

〈巽〉：「小亨，利有攸往，利見大人。」

象曰：「隨風，巽。君子以申命行事。」

解曰：「將本求利，逐步壯大。神機妙算，可以追隨。」

心得：巽為風，為入，為進退。可以引申巽順如風，無孔不入。在《繫辭傳下・第七章・憂患三陳九卦》說：「巽德之制；巽稱而隱；巽以行權。」所以說巽卦所代表的意義是相當的重大的，首先是道德的制定巽順，然後為人處世四平八穩，最後是對事情的裁定權宜輕重。

占到此卦，占者所問之人事因應，當知小小的投資是有利可圖的，尋求貴人的幫助是可以如願的，但必須低調並配合指示行事方能心想事成。

《易經．大衍之數》占驗系列（伏卦）第58卦☱兌為澤（877877）

〈兌〉：「亨，利貞。」

象曰：「麗澤，兌。君子以朋友講習。」

解曰：「笑逐顏開，樂見事實。欣悅之心，人見人愛。」

心得：兌爲澤，見也，悅也。兌有恩澤及下之意，所以說人人所樂見。而且又喜歡和人分享心得，彼此相互討論，增進知識與友誼。

占到此卦，占者所問之人事因應，當知只有亨、利、貞三德，其中「元德」隱而未見，所以說喜悅是發自內心的，因此得知凡事最重要的是要誠心喜悅地面對事實，才能得到合理的結果。

《易經．大衍之數》占驗系列（伏卦）第59卦☴☵風水渙（778878）

〈渙〉：「亨，王假有廟。利涉大川，利貞。」
象曰：「風行水上，渙。先王以享於帝，立廟。」
解曰：「風險已現，盡速遠離。發覺有異，須知避害。」
心得：渙者，離也。遠離禍患是本卦的主旨，台灣宮廟很多的原因是因爲人民相信，冥冥之中有神明的存在，所以一旦面對困難難解的時候，就會想到宮廟尋求精神的慰藉，等到事情解決了就會去還願，建立與神明之間的互信。
占到此卦，占者所問之人事因應，當知信仰正道是好事，有了精神的寄託就會產生信心，就能勇往直前暢通無阻。

《易經．大衍之數》占驗系列（伏卦）第60卦 ䷻ 水澤節（878877）

〈節〉：「亨，苦節不可貞。」
象曰：「澤上有水，節。君子以制數度，議德行。」
解曰：「合乎體制，不可過分。稍加控制，並無不可。」
心得：節，止也。凡事要合乎制度，如同一年有二十四個節氣一樣，農民必須按照時節來興作才能有收穫。所以施之人事考核，就必須制定一套考核制度以定考績職等，才能分配獎金的多寡。

占到此卦，占者所問之人事因應，當知制度是固定的而施行，制度是不可拘泥而不知變通，這樣就是所謂的「苦節」，無法長期執行。

《易經・大衍之數》占驗系列（伏卦）第61卦 ䷼ 風澤中孚（778877）

〈中孚〉：「豚魚吉，利涉大川，利貞。」

象曰：「澤上有風，中孚。君子以議獄緩死。」

解曰：「利益眾生，勇往直前。發自內心，無不相應。」

心得：中孚，誠信發自心中也。就像澤水之木舟行於水面，自然隨風而運行。如同誠信做人行事，沒有不受歡迎與敬重的。施之於刑事必然使人心服口服，不得有冤情之事發生。

占到此卦，占者所問之人事因應，當知誠信及於隱伏的魚和卑微的豬，如此的人格對於冒險救濟危難的事都是有利的。

《易經・大衍之數》占驗系列（伏卦）第62卦 ䷽ 雷山小過（887788）

〈小過〉：「亨，利貞。可小事不可大事，飛鳥遺之音，不宜上宜下，大吉。」

象曰：「山上有雷，小過。君子以行過乎恭，喪過乎哀，用過乎儉。」

解曰：「如度小月，小本利大。唯才適用，大智若愚。」

心得：小過，過也。小過卦象，四陰爻包住兩陽爻，有飛鳥之象。施之人事，小人比君子多，有不受控制之意，唯六二爻在過與不及之間，才得無咎之占。

占到此卦，占者所問之人事因應，當知眼前形勢被小人所佔據，不可企圖謀劃大事，行事愈低調愈好。好好固守本分，從經驗中學習日後好用。

《易經．大衍之數》占驗系列（伏卦）第63卦䷾水火既濟（878787）

〈既濟〉：「亨，小利貞。初吉終亂。」

象曰：「水在火上，既濟。君子以思患而豫防之。」

解曰：「創業維艱，守成不易。分久必合，合久終亂。」

心得：既濟，定也。既濟是六十四卦唯一，六爻皆正位又相應的一卦，所以說六位安定，若施之人事，太過安逸反而不能長進，尤其在當今，日新月異的高科技時代，更加明顯馬上就被淘汰取代了。

占到此卦，占者所問之人事因應，當知表象的安定是容易自滿的，就像溫水煮青蛙一樣，等到發現問題就來不及了。所以說要時時存有憂患意識，才不會導致失敗。

《易經・大衍之數》占驗系列（伏卦）第64卦䷿火水未濟（787878）

〈未濟〉：「亨，小狐汔濟，濡其尾，無攸利。」

象曰：「火在水上，未濟。君子以慎辨物居方。」

解曰：「經驗不足，濟度困難。童言無忌，不可輕諾。」

心得：未濟，《雜卦傳》說：「男人之窮也。」〈未濟〉卦在〈既濟〉卦之後，如同一個世代的完成，另一個世代的興起一樣，一切又重新開始。施之於人事，古時女主內男主外，一旦困窮之際就必須另尋出路才能生存下去，所以說男人之窮也。

占到此卦，占者所問之人事因應，當知在混沌未明之世，不經深思熟慮的考量，是得不到任何好處的。最好是要辨清時勢以及自己的條件才能行事。

第二章

《易經》占驗系列

三百八十四條

《易經》占驗系列三百八十四條

易經占驗系列（〇〇一）七七七七七九〈☰乾一〉之〈☴姤四十四〉

初九：潛龍，勿用。

象曰：潛龍，勿用。陽在下也。

解曰：潛伏時期，蓄勢待發。稍安勿躁，觀察入微。

心得：所謂「龍」，在《莊子・天下篇》有提到孔子去見老子的一則寓言，提到「龍」的概念。將「龍」比喻變化無窮的象徵。有「潛龍」、「見龍」、「飛龍」，「亢龍」等。初九的「潛龍」，意謂隱藏階段，如同陽氣還在地下，尚未生出地面。

占到此爻發動，在告誡占者可以心動，但未能行動，所以叫「勿用。」

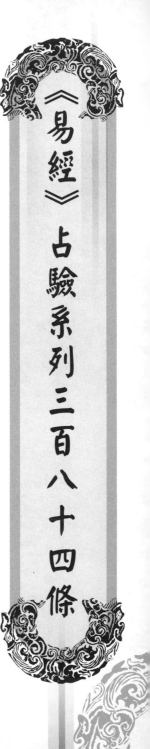

註：「大衍之數」的占法解卦，九象老陽；發動之爻。七象少陽；為靜爻。

易經占驗系列（〇〇二）七七七七九七〈☰乾一〉之〈☲同人十三〉

九二：見龍在田，利見大人。

象曰：見龍在田，德施普也。

解曰：時機來臨，主動出擊。把握契機，極力爭取。

心得： 離潛出隱的「見龍」，象徵君德昭彰其道可普施行天下，周遍萬物，天下人所樂見。九二有其德而無其位，有待九五之提拔，方能顯其用，此所以利見大人也。占到此爻發動，占者所問之人事因應，除本身能力具足之外，尚須有人推薦與提拔方能成事。

易經占驗系列（〇〇三）七七九七七七〈☰乾一〉之〈☱履十〉

九三：君子終日乾乾，夕惕若厲，無咎。

象曰：終日乾乾，反復道也。

解曰：提高警覺，有驚無險。競爭激烈，有備無患。

心得：三爻為人位，所以說：「君子終日乾乾」，乃加重語氣。「夕惕若厲」，比喻危機重重。「無咎」，本有過錯，因善於彌補過錯所以免咎。

占到此爻發動，占者所問之人事因應，當絲毫不可鬆懈，咬緊牙關，抱持著關關難過關關過的心態來應對。

易經占驗系列（〇〇四）七七九七七七〈☰乾一〉之〈☴☰小畜九〉

九四：或躍在淵，無咎。

象曰：或躍在淵，進無咎也。

解曰：胸有成竹，值得一試。大膽表白，智者可為。

心得：九四爻是多懼之地，因近君位，古語說：「伴君如伴虎。」此時此地或飛或安於現狀，都必須審時度勢，因不定的因素太多，所以叫「或」躍在淵。此爻一動有「巽」進退之象，必須果決才能無咎。

占到此爻發動，占者所問之人事因應，當在進退之間權衡得宜，而不應在該跳躍之時還在谷底。此時也有以小搏大之機。

易經占驗系列（〇〇五）七九七七七七〈☰乾一〉之〈☲大有十四〉

九五：飛龍在天，利見大人。

象曰：飛龍在天，大人造也。

解曰：錢權在握，廣結善緣。天時地利，錦上人和。

心得：「飛龍在天」，是比喻龍的最佳狀況，形容有德有位的君主。此時此際要創造其變通，使人民不厭倦，神妙變化使老少咸宜。將給人民帶來無限的福祉與希望，這是萬民所樂見的大人。

占到此爻發動，占者所問之人事因應，當是一位德高望重，提攜後進之象。

易經占驗系列（〇〇六）九七七七七七〈☰乾一〉之〈☱夬四十三〉

上九：亢龍有悔。

象曰：亢龍有悔。盈不可久也。

解曰：時候已到，應知進退。曲高和寡，放低身段。

心得：「亢龍」，比喻已到盡頭。高處不勝寒，高居無位，下應無民，所以當盈滿之時，是不會長久，須知進退。

占到此爻發動，占者所問之人事因應，當在心態上做適度調整，面對必然的結果，所以叫「有悔。」

易經占驗系列（〇〇七）八八八八八六〈䷁坤二〉之〈䷗復二十四〉

初六：履霜，堅冰至。

象曰：履霜，堅冰，陰始凝也。馴致其道，至堅冰也。

解曰：反應機警，了然於胸。事有蹊蹺，不可不防。

心得：〈坤卦〉在十二消息卦值亥令中氣「小雪」，之前是「立冬」，在之前是「霜降。」《易經》作者用二十四節氣的自然過程，來比喻引申人、事、物之必然變化。

占到此爻發動，占者所問之人事因應，當知提早預防，愈快愈好，所有的事都是從細微開始。

註：「大衍之數」以六象老陰；發動之爻。八象少陰；為靜爻。有動必有變，所以由〈坤二為地〉，變成〈地雷復二四〉。

易經占驗系列（〇〇八）八八八八六八〈☷坤二〉之〈☷師七〉

六二：直、方、大、不習，無不利。

象曰：六二之動直以方也。不習無不利，地道光也。

解曰：規劃完善，有利可圖。品德端正，難得之選。

心得：此爻是坤的八卦正位，既中且正條件最好。坤以柔順為德，德者得也。坤至柔順，直其正也。方其義也。君子敬以直內，義以方外。敬義立而德不孤。所謂「德不孤必有鄰」，德性若此也。不須學習，自然無所不利，因為地道廣矣！

占到此爻發動，占者所問之人事因應，當以順承之道，和而不唱，自然皆大歡喜。

易經占驗系列（〇〇九）八八八六八八〈☷坤二〉之〈☶謙十五〉

六三：含章可貞，或從王事，無成有終。

象曰：含章可貞，以時發也。或從王事，知光大也。

解曰：信心十足，漸入佳境。才華洋溢，助人為樂。

心得：「含章」有含藏章美之義，如六三以陰居陽位，有德而不宣。「可貞」，處坤順之世，可順從王事（為君王謀事），待時發揮。「無成有終」，處臣道之時，只管成事，不敢居功。

占到此爻發動，占者所問之人事因應，當有自知之明，只問耕耘，不問收穫。要有成功不必在我之豁達胸襟，而且內斂其德而不張。

易經占驗系列（〇一〇）八八六八八八〈䷁坤二〉之〈䷏豫十六〉

六四：括囊，無咎無譽。

象曰：括囊，無咎，慎不害也。

解曰：作物收成，好壞適中。口風慎謹，不得不失。

心得：此爻陰居陰當位，站在自己的崗位上，做自己本分的事。「括囊」，如同把嘴巴封閉起來，不表示意見。「咎」與「譽」，對人而言必須有所認知，所謂「動則得咎，是才招忌。」唯能審慎體悟箇中奧妙，因處在多懼之地。

占到此爻發動，占者所問之人事因應，當知不犯錯才能建功，建功又會招來嫉妒。拿捏就要很謹慎，才不至受傷害。

易經占驗系列（〇一一）八六八八八八〈䷁坤二〉之〈䷇比八〉

六五：黃裳，元吉。

象曰：黃裳，元吉。文在中也。

解曰：眾望所歸，諸事大吉。心想事成，如魚得水。

心得：「黃」色是君主之象，「裳」居下，是臣之象。「黃」裳比喻臣有君德，而不以君位自居。處坤順之世，以陰居五之陽位，得中外柔內剛。所以大吉乃因文德已顯於中。占到此爻發動，占者所問之人事因應，當虛懷若谷，不求而自得，坤順之德發揮極致，因而大有所獲。

易經占驗系列（〇一二）六八八八八八〈䷁坤二〉之〈䷖剝二十三〉

上六：龍戰於野，其血玄黃。

象曰：龍戰於野，其道窮也。

解曰：權勢鬥爭，世代交替。互爭有無，兩敗俱傷。

心得：上六處陰極之地，物極必反，陰極盛而變陽，坤以順為德，而今變陽剛而成剝，有剝落之象，所以有爭戰之慘烈之狀。此爻乃與本卦旨之德性相反，因而窮途末路理勢所必然。

占到此爻發動，占者所問之人事因應，當知有凶險之兆。若能遠離是非之地，放下一切不要惦念，或許可免衝突。

易經占驗系列（〇一三）八七八八八九〈䷂屯三〉之〈䷇比八〉

初九：磐桓，利居貞，利建侯。

象曰：雖磐桓，志行正也，以貴下賤，大得民也。

解曰：加強實力，廣佈通路。穩重可靠，多加琢磨。

心得：「磐」，巨大的石頭。「桓」，桓木指大柱。「磐桓」，指居住的建材，人才是棟樑之才。形容詞又有徘徊不進之象，所以有利居住，有利建立諸侯國家，因謙下而大得民心。

占到此爻發動，占者所問之人事因應，尤其「住居」和「建立公司」，以及組織協會等都是有利。

易經占驗系列（○一四）八七八八六七〈䷂屯三〉之〈䷻節六十〉

六二：屯如邅如，乘馬班如。匪寇婚媾，女子貞不字，十年乃字。

象曰：六二之難，乘剛也。十年乃字，反常也。

解曰：按兵不動，尚未成熟。婚嫁之事，還早得很。

心得：「屯如邅如」，比喻處境艱險，前進困難。「乘馬班如」，有徘徊不進之象。「匪寇婚媾」，介於九五與初九之象。「女子貞不字」，指待字閨中。「十年乃字」，推拖之詞。

占到此爻發動，占者所問之人事因應，當知介於兩者之間的抉擇，對於不相應的人也應婉轉回應，不該直白拒絕。

易經占驗系列（○一五）八七八六八七〈䷂屯三〉之〈䷾既濟六十三〉

六三：即鹿無虞，唯入於林中，君子幾，不如舍，往吝。

象曰：即鹿無虞，以從禽也。君子舍之，往吝窮也。

解曰：專業專才，當知進退。人際感情，需有導引。

心得：此爻是屯卦唯一不正之爻，所以變卦成「既濟。」在此用進入山林打獵鹿來形容，沒有管理山林的官員來做嚮導，君子當機立斷，放棄狩獵的行動，不然會遭遇到困難，所以告誡「往吝。」

占到此爻發動，占者所問之人事因應，凡事當需要尋求專家來指教，不要做沒有把握而且困難危險之事，若問任職面試，早有內定矣。「鹿」，有祿位之意。

易經占驗系列（〇一六）八七六八八七〈䷂屯三〉之〈䷐隨十七〉

六四：乘馬班如，求婚媾，往吉，無不利。

象曰：求而往，明也。

解曰：水到渠成，互蒙其利。天賜良緣，以禮相求。

心得：「乘馬班如」，指六四爻介於九五與初九兩者之抉擇。當處在莫衷一是之際，正應得初九前來求親，此時很明快的答應，以了結一番心事。除了本身之外也包含九五、六二均各自獲得歸宿，所以「往吉，無不利。」

占到此爻發動，占者所問之人事因應，當知門當戶對，不要高攀，被愛是幸福。順水推舟，君子有成人之美。

易經占驗系列（○一七）八九八八八七〈䷂屯三〉之〈䷗復二十四〉

九五：屯其膏，小貞吉，大貞凶。

象曰：屯其膏，施未光也。

解曰：公器私用，難成大業。為富不仁，人心背離。

心得：此九五居君主之位，當有普施膏澤之權，一國之君溺於私而忘於公。如此的做法，只有少部分的人受益，大部分的人遭受損失，所以叫普施未光明正大也。

占到此爻發動，占者所問之人事因應，當知不應假公濟私，此種德性僅能做小事，無法做大事。

易經占驗系列（○一八）六七八八八七〈䷂屯三〉之〈䷩益四十二〉

上六：乘馬班如，泣血漣如。

象曰：泣血漣如，何可長也。

解曰：大勢將去，徒呼奈何。勉強應合，造成傷害。

心得：六三非上六之正應，而九五無法依附，如同「乘馬班如」，徘徊不進。「泣血漣如」，比喻傷心到了極點，血淚直流。因此爻屯難之世已到盡頭。

占到此爻發動，在告誡占者不可迷惑於身邊之人、事、物，而忽略應追求的當務之急。也不要輕信於人，更不含糊允諾別人期待之事。

易經占驗系列（〇一九）七八八八七六〈䷃蒙四〉之〈䷨損四十一〉

初六：發蒙，利用刑人，用說桎梏，以往吝。

象曰：利用刑人，以正法也。

解曰：貪圖方便，得不償失。不可輕信，本性難改。

心得：「發蒙」，啟發蒙昧。啟蒙之初，難免重複犯錯，必須用刑法以校正。若解其刑具而不加以管制，使逃之夭夭，想要因此啟發會更加困難，損失反而更多。

占到此爻發動，占者所問之人事因應，當知有些不得不的手段是不得已的，片面的認知會造成婦人之仁，非常時期有非常之做法。

易經占驗系列（〇二〇）七八八八九八〈䷃蒙四〉之〈䷖剝二十三〉

九二：包蒙吉。納婦吉，子克家。

象曰：子克家，剛柔接也。

解曰：有容乃大，一本萬利。不負所託，興家立業。

心得：〈蒙卦〉乃教育啟蒙之事，此爻乃作育英才之主，有教無類所以包蒙，包容蒙昧引申各種包容，如納婦也能和諧又能擔當一家之重責大任，可以說剛柔並濟也。

占到此爻發動，占者所問之人事因應，在於兼容並蓄，可以獲得應有的回報，一切吉祥如意。

易經占驗系列（〇二一）七八八六七八〈䷃蒙四〉之〈䷑蠱十八〉

六三：勿用取女，見金夫，不有躬，無攸利。

象曰：勿用取女，行不順也。

解曰：強奪掠取，難得如願。虛榮作怪，實無可取。

心得：「勿用取女」，原因在於唯利是圖，見錢眼開，勢利眼。不計自身的毀譽，若娶到此女一無所利，因她的行為不合順於道德。

占到此爻發動，占者所為之人事因應，對於追求的對象以及晉用之人，當知其心態可議，最好避開。

易經占驗系列（〇二二）七八六八七八〈䷃蒙四〉之〈䷿未濟六十四〉

六四：困蒙，吝。

象曰：困蒙之吝，獨遠實也。

解曰：不智之鬥，每況愈下。昏瞶慵懶，不知進取。

心得：「困蒙」，困於自己的蒙昧。此卦乃啟蒙教育之世，以九二和上九兩爻為教育者，其他四爻比喻為受教者。此爻承乘比應皆無，猶如前不著村，後不著店。所以叫獨自遠離實際之人也。

占到此爻發動，占者所問之人事因應，當知所處人事物、環境地點，條件均不佳，不可勉強為之，將會遭遇困境。

易經占驗系列（〇二三）七六八八七八〈䷃蒙四〉之〈䷺渙五十九〉

六五：童蒙，吉。

象曰：童蒙之吉，順以巽也。

解曰：終身學習，鴻圖大展。活潑進取，難能可貴。

心得：「童蒙」，純真無邪，居中處尊位，不恥下問。此爻的學習條件最好，正應九二，近承比於上九，可謂得天獨厚。所以叫「童蒙之吉」，因能虛心求教，又能付諸行動。

占到此爻發動，占者所問之人事因應，當善於聽取別人所提供之寶貴意見，用人唯才，行事合乎道，必有所得。

易經占驗系列（〇二四）九八八八七八〈䷃蒙四〉之〈䷆師七〉

上九：擊蒙，不利為寇，利禦寇。

象曰：利用禦寇，上下順也

解曰：改變策略，打破傳統。教學相長，以守為攻。

心得：「擊蒙」，打擊蒙昧。啟蒙教育有時必須用體罰，因不得已而予懲戒。懲戒的目的是要讓受教者記取教訓而不是處罰，處罰則有不甘，所以要以上下和順為目的。

占到此爻發動，占者所問之人事因應，當知有些手段是必要的，但做法要能掌握分寸的拿捏，使彼此之間能心服口服。

易經占驗系列（〇二五）八七八七七九〈䷄需五〉之〈䷯井四十八〉

初九：需於郊，利用恆，無咎。

象曰：需於郊，不犯難行也。利用恆，無咎，未失常也。

解曰：眼光放遠，不急一時。可造之材，值得培育。

心得：需者，待也；郊者，遠也；恆者，久也。處須待之世，居需之初，好比一個學徒，拜師學藝要耐心等待師父的調教，也要長久接受考驗，才不會功敗垂成，是即「利用恆，無咎」之道也。

占到此爻發動，占者所問之人事因應，當知等待是一個大學問，恆心有如千錘百鍊之功夫，所以要拋開世俗之習性與自見，就不會違失常態。

易經占驗系列（〇二六）八七八七九七〈䷄需五〉之〈䷾既濟六十三〉

九二：需於沙，小有言，終吉。

象曰：需於沙，衍在中也。雖小有言，以吉終也。

解曰：適度修正，一切如初。流言波及，何必掛心。

心得：坎為水，近水之沙，近岸邊尚未接近危險之域。但已有流言之中傷，用寬容的態度來對待不受其影響，最終度過難關而得吉。

占到此爻發動，占者所問之人事因應，當知冒險是必然的，在等待當中必有一些好管閒事者來議論，退一步想必能海闊天空。

易經占驗系列（〇二七）八七八九七七〈䷄需五〉之〈䷻節六十〉

九三：需於泥，致寇至。

象曰：需於泥，災在外也。自我致寇，敬慎不敗也。

解曰：欺矇逃漏，損失更大。掩蔽事實，愈難辨白。

心得：處需待之世，由「郊」而「沙」以「致寇。」形容接近「坎」險是漸進的，內卦「乾三連」，接連而至。外卦「坎」有險陷、盜寇之象，所以災在外也。只要恭敬謹慎，就不會招盜賊來危害。

占到此爻發動，占者所問之人事因應，當知危險已在眼前，不可剛愎自用而強出頭，應該節制一下一些行為舉止以免惹禍上身。

易經占驗系列（〇二八）八七六七七七〈䷄需五〉之〈䷪夬四十三〉

六四：需於血，出自穴。

象曰：需於血，順以聽也。

解曰：承蒙指引，順利脫困。憐憫關懷，肺腑之心。

心得：「需於血」，因戰鬥受傷而流血。「出自穴」，從洞中逃出。《易》中提到「穴」，有三處在陰爻，除〈需卦．上六〉，還有〈小過卦．六五〉。所以在《說卦傳》說「坎」為血。此爻離九三最近，因而在此之際有所爭執而激烈戰鬥以致受傷，還好順服聽從九五而化解危機。

占到此爻發動，占者所問之人事因應，當應謹慎面臨對待彼此不同的立場與思維，能避就避，最好能冷靜聽對方的辯解。

易經占驗系列（〇二九）八九八七七七〈䷄需五〉之〈䷊泰十一〉

九五：需於酒食，貞吉。

象曰：酒食貞吉，以中正也。

解曰：酬酢貿易，欣欣向榮。水乳交融，各守本分。

心得：「酒食」有宴樂之象。俗話說：酒逢知己千杯少。既然能坐下來共桌把酒言歡，必能有其共識。此九五是需之主人，用中正的態度來款待來客，使賓主盡歡以共襄盛舉。

占到此爻發動，占者所問之人事因應，當知跟對的人同歡共飲，笑談圖謀之事可得共識而成。

易經占驗系列（〇三〇）六七八七七七〈䷄需五〉之〈䷈小畜九〉

上六：入於穴，有不速之客三人來，敬之，終吉。

象曰：不速之客來，敬之終吉。雖不當位，未大失也。

解曰：顧客至上，服務第一。毛遂自薦，以禮相待。

心得：此爻與六四居陰位，一出一入皆有「穴」之險陷之象。「不速之客」有不請自來之象，顯然與九五之「需於酒食」不同，因此還必須用恭敬之心來招待與溝通，就能避免六四之「需於血」，所以沒有大的損失而終吉。

占到此爻發動，占者所問之人事因應，當用誠敬之心來面對，既來之則安之，見面總有三分情，就沒有什麼不能解決的事。

易經占驗系列（〇三一）七七七八七六〈䷅訟六〉之〈䷉履十〉

初六：不永所事，小有言，終吉。

象曰：不永所事，訟不可長也。雖小有言，其辯明也。

解曰：執行困難，調整有利。有所悔悟，方能偕老。

心得：居訟之世，處訟之初，《象傳》所謂「做事謀始」意在於此。所以訴訟的事不可長久，因勞民傷財，受到一些言語的勸誡，總比興訟好，只要大家講清楚說明白，彼此就能和平共處。

占到此爻發動，占者所問之人事因應，當知訴訟的原因來自開始的輕忽，白紙黑字說明白最好。若已經碰到了，就希望尋求諒解，避免上法庭。

易經占驗系列（〇三二）七七七八九八〈☰☵訟六〉之〈☰☷否十二〉

九二：不克訟，歸而逋。其邑人三百戶，無眚。

象曰：不克訟，歸逋竄也。自下訟上，患至掇也。

解曰：苗頭不對，溜之大吉。下不鬥上，委曲求全。

心得：〈訟卦〉由〈遯卦〉變來，此爻是關鍵之爻，也就是訟之源。人之常情，心有不甘，萌生不滿而興訟，然而小蝦米不敵大鯨魚，摸摸鼻子自認倒楣。因此得以保全村落居民而無人禍。

占到此爻發動，占者所問之人事因應，當知勢已至此，不可硬拼。告誡「不以卵擊石」的道理，一切的禍患都是自己招來的，要記取教訓。

易經占驗系列（〇三三）七七七六七八〈䷅訟六〉之〈䷫姤四十四〉

六三：食舊德，貞厲，終吉。或從王事，無成。

象曰：食舊德，從上吉也。

解曰：墨守成規，事業難成。只圖方便，建樹不多。

心得：此爻陰居陽位，自忖能力之不足，所以只能保守既有的俸祿，雖然有些危險，但最終會吉利。如果隨從於公家之事，也只能配合而不能專成。

占到此爻發動，占者所問之人事因應，要理解時勢能力之所不及，當堅守本分不被威脅利誘，一切聽從上級指示。

易經占驗系列（〇三四）七七九八七八〈䷅訟六〉之〈䷺渙五十九〉

九四：不克訟，復即命渝，安貞吉。

象曰：復即命，渝安貞，不失也。

解曰：知己知彼，守成之象。適度調整，安全無虞。

心得：此爻以陽居陰位，應變自如，所以知道在無把握勝算的訴訟，能及時撤回也不失明智之舉，以確保平安無事。

占到此爻發動，占者所問之人事因應，〈訟〉之〈渙〉，有遠離渙散之意，尤其訴訟之事。舉凡人事種種當知「冤宜解，不宜結」就是「安貞吉」的道理所在。

易經占驗系列（〇三五）七九七八七八〈☰☵訟六〉之〈☲☵未濟六十四〉

九五：訟，元吉。

象曰：訟元吉，以中正也。

解曰：等量齊觀，自然利多。談判高手，皆大歡喜。

心得：此爻是〈訟卦〉之卦主，既中且正，無所偏私。對原告與被告都可得到合理公平的裁決，所以「元吉。」

占到此爻發動，占者所問之人事因應，當知將面臨鐵面無私之公證人，可盡情陳述與伸冤，必能得到應有的回應，當然本身也要坦誠以對才能圓滿。

易經占驗系列（〇三六）九七七八七八〈䷅訟六〉之〈䷮困四十七〉

上九：或錫之鞶帶，終朝三褫之。

象曰：以訟受服，亦不足敬也。

解曰：強施手段，功虧一簣。用盡心機，原形畢露。

心得：此爻如同「亢龍有悔。」「鞶帶」是國君賜給大臣之尊榮，但在一天之內三見褫奪。在此比喻榮耀的殊榮是用不擇手段得來，一旦東窗事發化為烏有，所以不值得尊敬。占到此爻發動，占者所問之人事因應，當知勉強得來的東西，終究是把持不住，也無法讓人敬重，此乃告誡之語。

易經占驗系列（〇三七）八八八八七六〈䷆師七〉之〈䷒臨十九〉

初六：師出以律，否臧，凶。

象曰：師出以律，失律，凶也。

解曰：品質管制，優勝劣敗。約法三章，從善如流。

心得：「師」者，眾也、軍隊也。〈師卦〉的卦義在講戰爭，此爻在強調戰爭的基本要求就是紀律。「臧」者，善也，打勝仗也。即使僥倖贏了，只不過是近利而已，對長遠而言是凶險的。

占到此爻發動，占者所問之人事因應，在告誡凡事不可貪圖近利、方便行事，一旦養成習慣就會有不良的後果，損失可就大了。

易經占驗系列（〇三八）八八八八九八〈䷆師七〉之〈䷁坤二〉

九二：在師中，吉，無咎。王三錫命。

象曰：在師中，吉，承天寵也。王三錫命，懷萬邦也。

解曰：領導有方，屢獲嘉許。青年才俊，獨得青睞。

心得：卦辭中的「丈人」，就是在指此爻，王再三賜命給他。此爻在談統帥與國君的關係，統領軍隊出兵打仗，紀律固然重要，然後也要得到中央全力後勤的支援，這樣才能確保打勝仗，以完成所肩負之使命。

占到此爻發動，占者所問之人事因應，當知任何事之成功，絕非僅憑一己之力，團隊的紀律與智慧是不可或缺的。

易經占驗系列（○三九）八八八六七八〈䷆師七〉之〈䷭升四十六〉

六三：師或輿尸，凶。

象曰：師或輿尸，大無功也。

解曰：經營不善，終致損失。不識抬舉，難能共識。

心得：軍隊最忌諱的事，就是任權不專。戰爭的後果，就有車子載著屍體回營之象，意味著損兵折將。原因在於國君的心性多疑，導致前功盡棄。

占到此爻發動，占者所問之人事因應，當記取用人不當以及自不量力，甚至生性多疑所產生的損失。

易經占驗系列（○四○）八八六八七八〈䷆師七〉之〈䷧解四十〉

六四：師左次，無咎。

象曰：左次無咎，未失常也。

解曰：整修內部，擇期開張。按兵不動，以待來日。

心得：經過了六三爻輿尸之敗，此爻當位無應，本然的退守於安全之地暫時停下，好好檢討未來的戰略，這種兵法是戰爭的常態，能知進退，如水之無常形，這是優秀的統御者所應具備的條件。

占到此爻發動，占者所問之人事因應，當審時度勢記取教訓，對於之前的決策，暫且停下多做觀望，也是權宜之計。

易經占驗系列（〇四一）八六八八七八〈䷆師七〉之〈䷜坎二十九〉

六五：田有禽，利執言，無咎。長子帥師，弟子輿尸，貞凶。

象曰：長子帥師，以中行也。弟子輿尸，使不當也。

解曰：指揮掣肘，敗因所在。意見分歧，決裂之象。

心得：以「田有禽」來比喻國家受到敵國之侵略，必須仗義執言而師出有名。此爻為〈師卦〉之主，即統治者任命九二之長子為統帥，又再任命六三之弟子參議軍事，卻「使不當。」所謂任命不專，必敗無疑。

占到此爻發動，占者所問之人事因應，當知用人勿疑，疑人不用的道理。告誡主事者，敗因乃出於優柔寡斷，狐疑成性。

易經占驗系列（〇四二）六八八八七八〈䷆師七〉之〈䷃蒙四〉

上六：大君有命，開國承家，小人勿用。

象曰：大君有命，以正功也。小人勿用，必亂邦也。

解曰：大功賜位，小勞賜財。遵循天意，不可亂用。

心得：軍隊賣命打仗，得到賞賜是天經地義的事，但因功勞有大小，所以所得到的獎賞就有所不同。至於僥倖而得到的勝利，就不能分封要職，不然就會動搖國本。如同初爻所說：「師出以律，否臧，凶。」

占到此爻發動，占者所問之人事因應，當知一個成功的企業主，從其年終之分紅或升遷，可見來年之士氣。一旦分配不公、用人不當，都會使公司動盪不安，所以輕忽不得。

易經占驗系列（〇四三）八七八八八六〈䷇比八〉之〈䷂屯三〉

初六：有孚比之，無咎。有孚盈缶，終來有它，吉。

象曰：比之初六，有它吉也。

解曰：福澤盈滿，連本帶利。誠信相親，如獲至寶。

心得：「比」者，相親也。五陰比附於九五，初六離九五最遠，最容易被忽視，所以站在初六的位置，更要表現忠誠，如同充滿瓦罐中之全心全意，終會感動親比之人，得到更多意想不到的結果。

占到此爻發動，占者所問之人事因應，當知凡事要積極表現，極力爭取認同，而且是發自內心坦誠求見，必能得到「比」預期的效果。

易經占驗系列（〇四四）八七八八六八〈☵☷比八〉之〈☵☵坎二十九〉

六二：比之自內，貞吉。

象曰：比之自內，不自失也。

解曰：上下一心，共創財富。彼此誠懇，真心相守。

心得：此爻居「坤」之正位，正應於九五之君，可以說是君臣慶會，有如管仲之輔佐齊桓公稱霸，皆發自於內心，而不自失立場。

占到此爻發動，占者所問之人事因應，當自忖身分德性，不失本分，用真材實料來取得合作夥伴以及上司的認可，這樣就有所得。

易經占驗系列（〇四五）八七八六八八〈䷇比八〉之〈䷦蹇三十九〉

六三：比之匪人。

象曰：比之匪人，不亦傷乎。

解曰：意圖不軌，仿冒可議。不得不失，虛以委蛇。

心得：此爻不中不正，上下皆比陰而無應與，所以繫之「比之匪人。」比喻所親近的人都不是正派的，古人說：「近墨者黑。」若與之相處難免受到波及而遭殃。

占到此爻發動，占者所問之人事因應，當知避開此是非之種種，以免惹禍上身而傷悲。

易經占驗系列（〇四六）八七六八八八〈䷇比八〉之〈䷬萃四十五〉

六四：外比之，貞吉。

象曰：外比於賢，以從上也。

解曰：擴大營業，增加收入。異地姻緣，外才可用。

心得：此爻捨應與之初六而近比於九五，如同人往高處爬，水往低處流之善行。所以親近賢能的上司或師長，在此時是最能以正道而獲得認同的舉動。

占到此爻發動，占者所問之人事因應，當更上一層樓，尋找一個可以效法模仿的師長或經典來親近學習。簡單說就是不可滿足於目前的現狀，所謂「不進則退。」

易經占驗系列（〇四七）八九八八八八〈䷁比八〉之〈䷁坤二〉

九五：顯比。王用三驅，失前禽。邑人不誡，吉。

象曰：顯比之吉，位正中也。捨逆取順，失前禽也。邑人不誡，上使中也。

解曰：金字招牌，獲利綿延。大人大德，順從相配。

心得：「顯比」，光明正大的親比，不分遠近親疏。如同狩獵，三驅之道，留一活口，面向獵者不射。以此比喻親比用人之道，絕不強求一切順其自然，所以邑人不須戒備而吉。占到此爻發動，占者所問之人事因應，當知本身之地位與立場，所表現出來的德性，要開誠布公來面對，沒有絲毫的勉強而是自然而然。

易經占驗系列（〇四八）六七八八八八〈䷇比八〉之〈䷓觀二十〉

上六：比之無首，凶。

象曰：比之無首，無所終也。

解曰：沒有準則，豈能不敗。老來伶仃，該怪當初。

心得：親比已到盡頭，如同走投無路，求助無門，才想到與人尋求親比。這是本身態度自私不合群，所以難能善終。有如都更中的釘子戶，自恃沒有他不行，剛愎傲慢，結果可想而知。

占到此爻發動，占者所問之人事因應，當知難而退不宜合作，因難達共識所致。

易經占驗系列（○四九）七七八七七九〈☴☰小畜九〉之〈☴☴巽五十七〉

初九：復自道，何其咎，吉。

象曰：復自道，其義吉也。

解曰：往返運作，輕而易舉。循規蹈矩，沒有不好。

心得：〈小畜卦〉成卦之主在於六四，以陰畜陽而正應之初九，堅守正道而不為之所畜，哪裡有過錯呢？在道義上是吉的。如同一個正人君子，不受外力威脅利誘所控制一樣。

占到此爻發動，占者所問之人事因應，當堅守自己的立場，做自己有把握之事而不受制於人。一切依正道行事就不會有過錯。

易經占驗系列（〇五〇）七七八七九七〈☴☰小畜九〉之〈☴☲家人三十七〉

九二：牽復，吉。

象曰：牽復在中，亦不自失也。

解曰：內行領導，利益合霑。互相牽成，合作無間。

心得：此九二爻以陽居陰位，知所進退，不被陰小所控制，所以聯合在下的初九，加強堅持其正道之決心，也就不會自我迷失了方向。

占到此爻發動，占者所問之人事因應，當堅守原則不被外力所牽制。先決條件要與正向之人緊密結合，也就不會因疏忽而遭受損失。

易經占驗系列（〇五一）七七八九七七〈☴☰小畜九〉之〈☴☱中孚六十一〉

九三：輿說輻，夫妻反目。

象曰：夫妻反目，不能正室也。

解曰：主體瓦解，不利運行。各說各話，歸咎對方。

心得：「輿說輻」，象徵車子停擺不能運轉。如同夫妻不能合體。此爻以剛愎自用的本性始終無法革除，夫妻要長久相處，而產生怨言最終反目成仇，所以就無法白頭偕老。

占到此爻發動，占者所問之人事因應，當面臨分崩離析的處境，此時當好好檢討，過去的種種任性傲慢，發自內心反省，以和為貴。

易經占驗系列（〇五二）七七六七七七〈☴☰小畜九〉之〈☰☰乾一〉

六四：有孚血去，惕出，無咎。

象曰：有孚惕出，上合志也。

解曰：心想事成，危機解除。好的留下，壞的將去。

心得：此爻是成卦之主，唯一的陰爻，陰陽交戰之象，故有流血相傷之意。「惕出」，因驚懼而出。「無咎」，因傷害不大尚可補救，主因有在上的九五來相挺之故。

占到此爻發動，占者所問之人事因應，當知此時此際尚不可隨便應和，有時勢之所必趨，也非單方之認可，必須誠心往上尋求認同，方可達到以小搏大的效果。

易經占驗系列（〇五三）七九八七七七〈☴☰小畜九〉之〈☶☰大畜二十六〉

九五：有孚攣如，富以其鄰。

象曰：有孚攣如，不獨富也。

解曰：得道多助，左右逢源。敦親睦鄰，利益眾生。

心得：此卦六四爻與九五爻，同時出現「有孚」，明示處在「小畜」之勢，先決條件在於誠信。當本身已富有，便要顧及近鄰，此均富之道，也是「小畜」的精神。所以說：「不獨富也。」

占到此爻發動，占者所問之人事因應，當用熱誠之心來與身邊親近的人分享致富之道。才能由「小畜」累積成「大畜。」

易經占驗系列（〇五四）九七八七七七〈☰☴小畜九〉之〈☵☰需五〉

上九：既雨既處，尚得載，婦貞厲。月幾望，君子征凶。

象曰：既雨既處，德積載也。君子征凶，有所疑也。

解曰：氣運已盡，夫復何求。就是如此，適可而止。

心得：從密雲不雨到雨下來又停止了。比喻烏雲密布於天上集結，尚待時機而已，下雨是必然的趨勢。如今「小畜」已到盡頭，尚要累積德澤才能承載。不然陰氣過盛，對家庭而言也是不利，因為夫婦之道貴和，疑心就會出暗鬼。

占到此爻發動，占者所問之人事因應，當知陰陽合和才能相濟，但所處的環境是多疑之地，所以要多種福田，不要妄自行動，凶險當前。

易經占驗系列（〇五五）七七七八七九〈䷉履十〉之〈䷅訟六〉

初九：素履，往，無咎。

象曰：素履之往，獨行願也。

解曰：平常心態，勇往直前。處之泰然，不會有錯。

心得：「履」，有履行、實踐之意。此卦以上履下，唯獨初爻，處在最下無所履，所以稱「素履。」前往沒有咎過，是因為獨自實行自己的願望，而無任何遐想。

占到此爻發動，占者所問之人事因應，當靠自己的智慧來判斷，堅守自己的原則去實現自己的理想，不會有什麼不好的。

易經占驗系列（〇五六）七七七八九七〈䷉履十〉之〈䷘无妄二十五〉

九二：履道坦坦，幽人貞吉。

象曰：幽人貞吉，中不自亂也。

解曰：管路通暢，沾沾自喜，胸懷坦蕩，盡可放心。

心得：履道九二居中，下履初九，上被六三成卦之主所履，坦然自若，有如被幽禁之人，處在沒沒無聞之地而為人所用，心中很鎮定而不自亂陣腳，所以吉。

占到此爻發動，占者所問之人事因應，不因環境而改變初衷，當貢獻其所能給的地方，只要合乎正道去做必有所得。

易經占驗系列（○五七）七七七六七七〈☰☱履十〉之〈☰☰乾一〉

六三：眇能視，跛能履。履虎尾，咥人凶，武人為於大君。

象曰：眇能視，不足以有明也。跛能履，不足以與行也。咥人之凶，位不當也。武人為於大君，志剛也。

解曰：草率行事，終遭吞噬。用人不當，傷害難免。

心得：盲人能看東西，跛者能行走，是因為有人幫助。在此指六三不中不正，能力不足，還自以為不需要九二的幫忙，所以受傷害是必然的。真是志小而謀大，搖身一變想當國君。

占到此爻發動，占者所問之人事因應，當有自知之明，不然凶險必顯於當前，借力使力才不費力，想當老闆要有老闆命。

易經占驗系列（〇五八）七七九八七七〈䷉履十〉之〈䷼中孚六十一〉

九四：履虎尾，愬愬，終吉。

象曰：愬愬終吉，志行也。

解曰：保持警戒，終無損失。謹慎之人，結局順利。

心得：此爻履在六三之上，受到六三之掣肘。雖處在多懼之地，然陽爻居陰位，雖不中不正，而能隨順調整，堅守本位誠信以待，終能完成使命而吉。

占到此爻發動，占者所問之人事因應，當知事情的進行過程，初期是很艱辛，而強行貫徹堅持誠信原則，最後願望必能實現。

易經占驗系列（〇五九）七九七八七七〈䷉履十〉之〈䷥睽三十八〉

九五：夬履，貞厲。

象曰：夬履貞厲，位正當也。

解曰：強行運作，結局危險。各自表述，和諧難祈。

心得：「夬履」，其實是「乾」「兌」，「兌」「乾」上下兩卦相互異位的關係。「夬」

者，決也。「夬履」居九五之尊位，重大事情之抉擇當與臣下共謀，卻「乾」剛獨斷，所以占問的結果是有危險的，可以說是明知不可為而為之。

占到此爻發動，占者所問之人事因應，當知這是在告誡提醒的訓示，不要認為一個主事者想怎麼做，就不去考慮別人的感受，就任性地去做，這是有危險的。合則兩利，分則兩傷。

易經占驗系列（〇六〇）九七七八七七〈䷉履十〉之〈䷹兌五十八〉

上九：視履考祥，其旋元吉。

象曰：元吉在上，大有慶也。

解曰：審慎反觀，再好不過。時時反省，可以匹配。

心得：「視履」，就是回顧六三與九五的合作與各自為政的現象，所得到的一切吉凶變化，做好分析得到結論，合則兩利最吉。此爻居〈履卦〉之終條件最好，因「履」之道以上履下，所以「大有慶。」

占到此爻發動，占者所問之人事因應，當知回顧過往之得失做出結論，凡事當以和為貴。因付出善意的人，終究會得到應有的回報（大有慶）。

易經占驗系列（〇六一）八八八七七九〈☷☰泰十一〉之〈☷☴升四十六〉

初九：拔茅茹，以其彙。征吉。

象曰：拔茅征吉，志在外也。

解曰：好的開始，集體行動。英才匯集，有福同享。

心得：茅草這種植物，想拔出它的根，就會將同類也帶出。「茹」是指相連的樣子，如同「乾」三連。在此比喻居〈泰〉之初，連同九二、九三也在一起。象徵志同道合，團結有利於向外發展。

占到此爻發動，占者所問之人事因應，當把握此發動的契機，只要同心同德，目標一致對外，即能有所成就。

易經占驗系列（〇六二）八八八七九七〈☷☰泰十一〉之〈☷☲明夷三十六〉

九二：包荒，用馮河，不遐遺，朋亡，得尚於中行。

象曰：包荒，得尚於中行，以光大也。

解曰：雍容大度，放大目標。患難之中，真情相挺。

心得：此爻處〈泰〉之世，居〈泰〉之中，能大度包容無用之地，如剛猛有勇無謀之人而不遺棄，甚至為此而亡失朋友。反而能得到六五的賞賜，所以能發揚光大，以此為持盈保泰之道。

占到此爻發動，占者所問之人事因應，當有包容開墾，不遺棄可用之人才暨資源。道不同就不相為謀，而且尋求更高層次的認同與合作，必能光大事業。

易經占驗系列（〇六三）八八八九七七〈䷊泰十一〉之〈䷒臨十九〉

九三：無平不陂，無往不復，艱貞無咎。勿恤其孚，於食有福。

象曰：無往不復，天地際也。

解曰：居安思危，溫飽有餘。人生旅途，起伏難免。

心得：〈泰卦〉已到天地陰陽交際處，如同世上的道路，沒有只平坦而不顛簸的；沒有只前往而不返回的。在此之時，當嘗試艱難之事，方能遇難呈祥，更不能不相信，人的福份有享盡的時候。

占到此爻發動，占者所問之人事因應，當知惜福。事情已到轉折點，來到循環曲線，即將翻轉到負面，沒有僥倖只能坦然面對。

易經占驗系列（〇六四）八八六七七七〈䷊泰十一〉之〈䷡大壯三十四〉

六四：翩翩不富以其鄰，不戒以孚。

象曰：翩翩不富，皆失實也。不戒以孚，中心願也。

解曰：急速衰退，揪出病根。交友不慎，小心應對。

心得：「翩」，快速急飛。「翩翩」，加重語氣，由上往下。「不富」指六四爻在外卦。「其鄰」，指六五、上六兩爻以六四為首，沒有懷疑而相從。在此比喻〈泰卦〉三爻已前進至此，必然到〈大壯〉〈夬〉，所以樂意與下卦之君相從，這些都是自動自發的。

占到此爻發動，占者所問之人事因應，當知十二消息卦有必然之勢，不必富有，自然有人來相隨為我所用，也不必告誡自能取信於人。

易經占驗系列（〇六五）八六八七七七〈䷊泰十一〉之〈䷄需五〉

六五：帝乙歸妹，以祉，元吉。

象曰：以祉元吉，中以行願也。

解曰：釋出善意，獲福匪淺。不計身分，天賜良緣。

心得：「帝乙歸妹」，比喻王室嫁女之象。以六五之尊榮，下嫁九二之臣，是要將福份降臨夫家。以尊貴之榮來輔助其君，是發自心中的願望。說明再尊貴也要嫁人之必然，所以是大吉之象。

占到此爻發動，占者所問之人事因應，當知合意即可配合，不需計較身分地位，將福份分享反而能獲得吉祥如意。人與人的合作結合，首重本身可以為對方帶來善意善果。

易經占驗系列（〇六六）六八八七七七〈䷊泰十一〉之〈䷙大畜二十六〉

上六：城復於隍，勿用師。自邑告命，貞吝。

象曰：城復於隍，其命亂也。

解曰：大起大落，命運如斯。情緣已盡，不必追憶。

心得：「隍」，無水的護城河。比喻國君失去了護衛，下位的人就想圖謀篡權。此時此地號令無法發動無兵可用，小人當道的局勢已現，若想改變現況，便會遭遇困難而受屈辱。

占到此爻發動，占者所問之人事因應，當知此態勢已底定，在此時此刻如果不衡量情勢而大意去做，將自亂陣腳終會釀成無法翻身的局面。

易經占驗系列（〇六七）七七七八八六〈䷋否十二〉之〈䷘无妄二十五〉

初六：拔茅茹，以其彙。貞吉，亨。

象曰：拔茅貞吉，志在君也。

解曰：一切歸零，重新開始。人事已非，自求多福。

心得：由〈泰〉到〈否〉，有時是一夕之間。〈否〉、〈泰〉的初爻都是拔茅茹以其彙，故《雜卦傳》說：「否、泰反其類也。」處「否」之世，居「否」之初，首先要固守穩住，然後再尋求同類一起團結向外發展，尋求亨通之道。

占到此爻發動，占者所問之人事因應，當思索如何消除閉塞之困境，首先設定停損點，然後正道會集志同道合來共創未來。

易經占驗系列（〇六八）七七七八六八〈䷋否十二〉之〈䷅訟六〉

六二：包承，小人吉，大人否，亨。

象曰：大人否亨，不亂群也。

解曰：忍辱負重，先失後得。多多包涵，不計前嫌。

心得：「包」，有囊括之意。「承」，六二陰爻上承外卦之三陽。「小人吉」，指六二用順承之道而實現他的目的。君子因而受困，所以君子想擺脫此不利的情境，就必須在群眾中，將小人分別開使之不作亂。

占到此爻發動，占者所問之人事因應，當容忍包涵不必要之爭訟，首先必須分清阻力與助力，才能突破閉塞之困境。

易經占驗系列（〇六九）七七七六八八〈☰☷否十二〉之〈☰☶遯三十三〉

六三：包羞。

象曰：包羞，位不當也。

解曰：氣運將通，守株待兔。小人讒言，包容其辱。

心得：此六三以陰居陽（不當位）來包二陰，確有不當。「羞」，有丑牛和羊之象。象徵饋食之養。「包羞」比喻在否塞之世，不圖進取包容進獻，所以有遭受羞辱之狀，因與其身分是不配的，如同利用職位欺下矇上。

占到此爻發動，占者所問之人事因應，當知自己的身分地位，不要貪圖便宜才不會蒙羞。因此爻已要反轉之際，過了就能否極泰來。

易經占驗系列（〇七〇）七七九八八八〈䷋否十二〉之〈䷓觀二十〉

九四：有命，無咎，疇離祉。

象曰：有命，無咎，志行也。

解曰：命中註定，託人之福。一切隨緣，任命行事。

心得：此九四這一爻，近九五之君，一切聽命行事，所以「有命無咎。」當處治「否」之世，本身能得到君主的授命來行事，濟「否」的志願得以施行，因此全體同類將得到庇蔭並受其福。

占到此爻發動，占者所問之人事因應，當知不可自作主張，應尋求必要的授權，才能將心中的抱負得以施展。如現行法規證照之認證、專利權之行使等等。

易經占驗系列（〇七一）七九七八八八〈䷋否十二〉之〈䷢晉三十五〉

九五：休否，大人吉。其亡其亡，繫於苞桑。

象曰：大人之吉，位正當也。

解曰：止跌回升，不可大意。挽回情勢，尚待觀察。

心得：處「否」之世居大人之位，停止與小人進逼之爭，暫時雖吉，但三陰齊進勢必帶來威脅。如同「繫於苞桑」之鳥巢有旦夕之危，所以要抱持著隨時滅亡之憂患意識，這樣的思維才是正當的。

占到此爻發動，占者所問之人事因應，當知此時此際尚不能鬆懈，危機尚在眼前，必須做好萬全的配套，以應必然之變。

易經占驗系列（〇七二）九七七八八八〈䷋否十二〉之〈䷬萃四十五〉

上九：傾否，先否後喜。

象曰：否終則傾，何可長也。

解曰：盡掃陰霾，苦盡甘來。誤會已解，握手言歡。

心得：「傾否」，即否極泰來。如同到寺廟抽籤，抽到下下籤，再壞不過如此。但想翻身還是要有所作為，沒有平白喜事會從天降下來的。就像過年一樣要除舊佈新，新年新氣象。

占到此爻發動，占者所問之人事因應，當知否塞已到終點的時刻，好好反省過去種種，為何有如今的場景，不應因循不合時宜之思維，而當集思廣益福至心靈。

易經占驗系列（〇七三）七七七七八九〈䷌同人十三〉之〈䷠遯三十三〉

初九：同人於門，無咎。

象曰：出門同人，又誰咎也。

解曰：緊急會商，共謀對策。傾聽意見，解決危機。

心得：〈同人卦〉是接在〈否卦〉之後，當人處在閉塞不通之際，就需要走出來與人同光和塵，不故步自封、不自以為是，反而積極尋求取得共識，如此就不會有人來怪罪了。

占到此爻發動，占者所問之人事因應，當知放下身段，所謂「三人行必有我師」，「三個臭皮匠勝過一個諸葛亮」的道理。

易經占驗系列（〇七四）七七七七六七〈☰☲同人十三〉之〈☰☰乾一〉

六二：同人於宗，吝。

象曰：同人於宗，吝道也。

解曰：自私心態，前途受阻。畫地自限，人事不達。

心得：此爻是〈同人卦〉的成卦之主。而主卦之主在於九五。「宗」在此指九三，「同宗」喻同內卦之卦體，所同者近。如同見識不夠廣容易被蒙蔽，所以「道」無法推行而受到阻礙之困難。

占到此爻發動，占者所問之人事因應，當知與人和同的道理，要有廣大的視野。告誡不可受限於狹隘的時空，如家族事業、祖傳一派之言，最好能與時俱進。

易經占驗系列（〇七五）七七七九八七〈☰☲同人十三〉之〈☰☳无妄二十五〉

九三：伏戎於莽，升其高陵，三歲不興。

象曰：伏戎於莽，敵剛也。三歲不興，安行也。

解曰：長期觀望，不謀近利。暗中監視，不露風聲。

心得：「伏戎於莽」，比喻此九三，部隊已出發展開行動。「升其高陵」，指九五居高臨下，掌握了九三之行動。若以九三之能力想來與九五對抗是有困難的，因此困守三年進退不得。

占到此爻發動，占者所問之人事因應，當知一切的困難都因剛愎自用所造成的，諸如與強權對抗。所以要記取教訓不可妄自行動，才能安然行事。

易經占驗系列（〇七六）七七九七八七〈☰☲同人十三〉之〈☴☲家人三十七〉

九四：乘其墉，弗克攻，吉。

象曰：乘其墉，義弗克也。其吉則困而反則也。

解曰：設定目標，自有收穫。切入核心，點到為止。

心得：此九四介於九三與九五間，因九三離九五較遠，所以敢妄自行動肆無忌憚。反觀九四「乘其墉」，指在上的九五近在眼前，一點也不敢貿然行動，可謂識時務者，所以為吉。

占到此爻發動，占者所問之人事因應，當知自己的處境與位階，不要做沒有把握之事，理性思索而不衝動。但難免有言說：做人太過於圓滑，見風轉舵人情難免。

易經占驗系列（〇七七）七九七七八七〈䷌同人十三〉之〈䷝離三十〉

九五：同人先號咷而後笑，大師克相遇。

象曰：同人之先，以中直也。大師相遇，言相克也。

解曰：大勢危急，幸得化解。針鋒相對，眾人調停。

心得：此爻與六二性質不同，但其心意相通。《易傳》說：「二人同心，其利斷金。同心之言，其臭如蘭。」然好事多磨，必須經過九三、九四的考驗，甚至需動用部隊般的陣勢方能克服。最終得以如願，是因為用中正耿直的態度所致。

占到此爻發動，占者所問之人事因應，當知事情沒有想像中的單純，你想要得的東西總會有競爭的對手。此時就必須應用智慧軟硬兼施，而且要合乎中道才能順利取得。

易經占驗系列（〇七八）九七七七八七〈䷌同人十三〉之〈䷰革四十九〉

上九：同人於郊，無悔。

象曰：同人於郊，志未得也。

解曰：公益之事，欣然接受。心存感激，無有憾事。

心得：同人之「郊」，猶如置身事外，不牽涉其中。處在「同人」之終並無應與，所以沒有悔恨之事。相對其志願是無法施行，也就無所得。

占到此爻發動，占者所問之人事因應，當知此時此際之所作所為，並無法得到別人的認同，應退一步反思，所謂「人到無求品自高」的道理。

易經占驗系列（〇七九）七八七七七九〈䷍大有十四〉之〈䷱鼎五十〉

初九：無交害，匪咎。艱則無咎。

象曰：大有初九，無交害也。

解曰：勿攀關係，辛苦經營。不談私情，堅守本分。

心得：處「大有」之世，居「大有」之初。人微言輕，無所交際，所以無所傷害。但單打獨鬥艱辛萬分，一切靠自己。凡事往正面思維，吃苦若吃補，這是「大有」出關考驗期。

占到此爻發動，占者所問之人事因應，當知此時此際沒有可以附麗依賴，自己必須時時咬緊牙關，來排除萬難以脫離困境，妥善彌補一切過失。

易經占驗系列（〇八〇）七八七七九七〈䷍大有十四〉之〈䷝離三十〉

九二：大車以載，有攸往。無咎。

象曰：大車以載，積中不敗也。

解曰：付出愈多，生意日隆。盛禮相待，日漸契合。

心得：「大車以載」，在此形容六五乘載九二。九二居中有君德，能得到君主之提拔重用，而有所發揮其長才。九二唯一為六五之正應，其所擔負的重責大任可想而知，因此必須以中庸之道全力以赴，方能立於不敗之地。

占到此爻發動，占者所問之人事因應，當知得到上級之賞識委以重任，此刻就必須好好充實內涵，以報效上級之所託付，不容有一些閃失。

易經占驗系列（〇八一）七八七九七七〈䷍大有十四〉之〈䷥睽三十八〉

九三：公用亨於天子，小人弗克。

象曰：公用亨於天子，小人害也。

解曰：獲利回報，匹夫難為。門當戶對，應所當為。

心得：此九三爻居在三公之位，（按《易緯》初爻士民，二爻大夫，三爻王公，四爻諸侯，五爻天子，上爻宗廟）。當位列三公其勢與天子相通，位高權重而以小人之心處其事，對全體而言危害甚重。

占到此爻發動，占者所問之人事因應，當知不應以小人之心，度君子之腹。所謂「君子坦蕩蕩，小人長戚戚」，所做的事必須與自己的身分適配才合「大有」之世。

易經占驗系列（〇八二）七八九七七七〈䷍大有十四〉之〈䷙大畜二十六〉

九四：匪其彭，無咎。

象曰：匪其彭，無咎，明辨晳也。

解曰：拋磚引玉，壯大聲勢。樸實無華，還算可以。

心得：處「大有」之世，近君之位。一切以六五之君唯命是從，不得使其聲勢威懾，以避免功高震主。唯在君臣之間斟酌拿捏其分寸，才得以明哲保身。此則乃從政治為官之道來做理解。

占到此爻發動，占者所問之人事因應，當知伴君如伴虎。凡處事必須低調圓融，對於剛強與柔弱之態勢要分辨清楚以利配合，總以成事而不礙眼為最高原則處之。

易經占驗系列（〇八三）七六七七七七〈䷍大有十四〉之〈䷀乾一〉

六五：厥孚交如，威如，吉。

象曰：厥孚交如，信以發志也。威如之吉，易而無備也。

解曰：排場盛壯，洋洋得意。氣宇軒昂，勢不可擋。

心得：此爻〈大有卦〉的成卦之主，也是主卦之主。眾陽來歸附，萬眾一心，彼此以誠相待。而且身為君主要與之交心，更重要的是有威嚴之勢與誠信。這樣才不須戒備叛變之情事發生。

占到此爻發動，占者所問之人事因應，當知身在眾星拱照之時，本身的威信不容有絲毫的鬆懈，始能確保其地位之安穩。

易經占驗系列（〇八四）九八七七七七〈䷍大有十四〉之〈䷡大壯三十四〉

上九：自天祐之，吉，無不利。

象曰：大有上吉，自天祐也。

解曰：得天獨厚，大吉大利。出自天意，一切順勢。

心得：孔子說：「天之所助者，順也。人之所助者，信也。履信思乎順，又以尚賢也。是以自天祐之吉無不利也。」此上九居在六五之上，為其所乘所附麗，不居功，不慕名。所以如同上天所祐，自然無所不利，因此把所有的成就皆歸於上天之庇佑。

占到此爻發動，占者所問之人事因應，當體悟順乎自然與人誠信相待，並且多接近賢明之善知識。而在成事之後要謙卑再謙卑，將所有成就歸諸於大家，這就是「大有」的最佳實踐。

易經占驗系列（〇八五）八八八七八六〈䷎謙十五〉之〈䷣明夷三十六〉

初六：謙謙君子，用涉大川，吉。

象曰：謙謙君子，卑以自牧也。

解曰：柔性訴求，有利經營。上善若水，順利共渡。

心得：此爻處「謙」之世，居「謙」之初，必須謙卑至再，以培養自己謙下之美德。山本比地高，然卻甘居其地下。然謙卑並非一時的而且要長期持之，用此精神以冒險患難必能解困而呈吉祥。

占到此爻發動，占者所問之人事因應，當知謙卑沒有下限。唯有謙卑的態度與韜光養晦來面對艱難之問題，諸事皆能迎刃而解。

易經占驗系列（〇八六）八八八七六八〈䷎謙十五〉之〈䷭升四十六〉

六二：鳴謙，貞吉。

象曰：鳴謙，貞吉。中心得也。

解曰：名氣享譽，固守不退。同氣相求，正人君子。

心得：此六二順承九三謂之「鳴謙。」與九三乃「謙」之成卦之主產生共鳴，扮演宣揚謙卑之美德而且是發自內心，並將固守謙卑，把心得予以分享。

占到此爻發動，占者所問之人事因應，當知效法學習善知識與善德性。用在當今的資訊最容易加以傳達，舉凡好的文章、好的善舉，均可透過各種管道鳴放出去，這就是「鳴謙」

之要旨。

易經占驗系列（〇八七）八八八九八八〈䷎謙十五〉之〈䷁坤二〉

九三：勞謙，君子有終，吉。

象曰：勞謙君子，萬民服也。

解曰：克勤克儉，必有所獲。腳踏實地，可以付託。

心得：〈謙卦〉是《易經》六十四卦中，一般皆認為最吉利的卦。此所以成為「謙」就在於此九三爻，一陽居於五陰之中，又高山居於平地之下，所以叫「勞謙。」孔子將此爻提出加以解釋說：有功勞而不自以為德，也不居功、不自傲，反而是最有德。

占到此爻發動，占者所問之人事因應，當知君子之「謙」非一時而是終身之「謙」，此所以能得吉，而為萬民之所遵從佩服。

易經占驗系列（〇八八）八八六七八八〈䷎謙十五〉之〈䷽小過六十二〉

六四：無不利，撝謙。

象曰：無不利，撝謙，不違則也。

解曰：無往不利，發揚光大。獨善其身，兼善天下。

心得：此爻居六五與九三的君臣之間，又在多懼之地，行住坐臥表現的三者均能獲利，是因爲他發揮了九三的「謙德」恰到好處，又符合六五之君意，所以說：「無不利。」

占到此爻發動，占者所問之人事因應，當知立身處世在於功臣與名君之間的拿捏，心態要非常健康，不嫉妒而且盡量將別人的功德傳遞，在適當的時機與適當的地點，適度的加以宣揚，獲利自然回歸。

易經占驗系列（〇八九）八六八七八八〈䷎謙十五〉之〈䷦蹇三十九〉

六五：不富以其鄰，利用侵伐，無不利。

象曰：利用侵伐，征不服也。

解曰：抵禦外侵，大獲勝利。訴諸行動，獲得共識。

心得：「不富」，因有不服。處謙卑之世，居六五之尊，對於一些冥頑不化之鄰國，用武力加以制伏使之歸順，沒有不利的。在《周易》作者的思想，對於謙卑是有條件的，不是一味的退讓，而是有不得已的手段。

占到此爻發動，占者所問之人事因應，當知有一些事並非想像中的理所當然，非常之時機與情勢，就必須做好斷然之處置絕不姑息，而應以眾人之利益為優先考量。

易經占驗系列（〇九〇）六八八七八八〈䷎謙十五〉之〈䷳艮五十二〉

上六：鳴謙，利用行師，征邑國。

象曰：鳴謙，志未得也。可用行師，征邑國也。

解曰：捍衛體制，強勢作風。忍耐有限，當頭棒喝。

心得：此爻唯一與九三相應，所以也有「鳴謙」之象，但條件沒有六二好。居「謙」之世，處「謙」之終，考驗與阻礙也相對的多。有時為了排除萬難也必須出兵，雖然是內部境內的邑國，也要有不得不的手段來征服。

占到此爻發動，占者所問之人事因應，當知用謙卑的態度，在處理事情必然會面對內部的阻撓，為了名揚謙道，在必要時就必須有一些非常的手段來克服障礙才能如願。

易經占驗系列（〇九一）八八七八八六〈䷏豫十六〉之〈䷲震五十一〉

初六：鳴豫，凶。

象曰：初六鳴豫，志窮凶也。

解曰：虛張聲勢，損失難免。放肆行為，有失風度。

心得：「豫」者，樂也。引申為懈怠也。「鳴謙吉」、「鳴豫凶」，兩者之不同處，在於是同樣發自內心但事態不同。以初六之鳴，要應合九四之豫主，受制於人而不能自主、提心吊膽，此所以凶的原因是人窮志短所致。

占到此爻發動，占者所問之人事因應，當知此時此際別無所求，唯能隨勢應和沒有主動權，但謹記人窮志不窮，方可避免於害。

易經占驗系列（○九二）八八七八六八〈☳☷豫十六〉之〈☳☵解四十〉

六二：介於石，不終日，貞吉。

象曰：不終日貞吉。以中正也。

解曰：行動快速，獲利保證。一言九鼎，可以付託。

心得：處「豫」之世，居「豫」之中，堅定如石、動靜果斷，不靠關係做本分之事。舉凡與九四之豫主有承、乘、比、應，有關係的諸爻皆不得安寧。就如同與一個名不正言不順的地方霸主相處，隨其喜怒而提心吊膽。而此六二卻能洞燭先機，所以「貞吉。」

占到此爻發動，占者所問之人事因應，當知堅守自己的立場，做任何決定當機立斷、不苟且，不存任何僥倖，這樣就是吉利的。

易經占驗系列（〇九三）八八七六八八〈䷏豫十六〉之〈䷽小過六十二〉

六三：盱豫悔，遲有悔。

象曰：盱豫有悔，位不當也。

解曰：如何調適，皆未得意。企盼注視，時機不合。

心得：「盱豫」，形容由下往上看，意謂著六三承九四，兩者皆處於不正之位，心態都是有問題的。用世俗的眼光來看，就是妄想得到有權勢之人的關愛眼神，心神不寧捉摸不定。

占到此爻發動，占者所問之人事因應，當知勢之所趨左右為難，能知悔悟實屬不易，所以告誡不為利誘而操之過急，不被威脅而遲疑應付，造成不利的結果。

易經占驗系列（〇九四）八八九八八八〈䷏豫十六〉之〈䷁坤二〉

九四：由豫，大有得。勿疑朋盍簪。

象曰：由豫，大有得，志大行也。

解曰：自由發揮，大有所得。朋友相處，緊密結合。

心得：此爻是〈豫卦〉之主，一切由自己做主，可從容悠閒無人能威脅，但上下都是陰爻。九四以陽居陰位，多疑之心難免，故告誡不可多疑。「朋盍簪」是形容髮簪將頭髮束在一起，象徵快速團結一條心，才能大有所得，大行其道。

占到此爻發動，占者所問之人事因應，當知時勢之所趨，應該緊密結合一些志同道合的仁人志士，做些利益公眾之事，不必懷疑也不必在意別人的看法。

易經占驗系列（○九五）八六七八八八〈䷏豫十六〉之〈䷬萃四十五〉

六五：貞疾，恆不死。

象曰：六五貞疾，乘剛也。恆不死，中未亡也。

解曰：癥結存在，長久不亡。確有問題，不致分離。

心得：「貞疾，恆不死。」從占卜的角度直言，占問疾病沒有立即的生命危險，依靠長期以來的占驗經驗。引申哲理而言，以六五之尊外表屈服於九四之臣，但內心是剛強而不從的，所以說「中未亡也。」

占到此爻發動，占者所問之人事因應，當知識實務者為俊傑，唯委屈以求全，時不我與徒嘆奈何！但對身體健康而言要持正面來應對，不可消極。

易經占驗系列（〇九六）六八七八八八〈䷢豫十六〉之〈䷢晉三十五〉

上六：冥豫，成有渝，無咎。

象曰：冥豫在上，何可長也。

解曰：老謀深算，守成不虧。暗中進行，成變無礙。

心得：「冥豫」，指豫樂已到盡頭。如同人盡情歡樂到深夜，總該休息了。「成有渝」，指事情發展到極限必會產生變化。整體而言，凡事都該有個分寸，還是要回到正常的規律。占到此爻發動，占者所問之人事因應，當知事情已到該轉化的時候了。重新前進到正常的途徑上，偏離正道的事都無法長期維繫。

易經占驗系列（〇九七）八七七八八九〈䷐隨十七〉之〈䷬萃四十五〉

初九：官有渝，貞吉。出門交有功。

象曰：官有渝，從正吉也。出門交有功，不失也。

解曰：差強人意，峰迴路轉。人事乍變，遇貴得解。

心得：《雜卦傳》說：「隨，無故也。」也就是說，隨時不要有包袱。初九「官有渝」

居〈隨〉之初，意謂隨著環境而改變而且往正向發展，所追求的方向是在外而能得到功名。這就是所謂「消否」之道也。

占到此爻發動，占者所問之人事因應，當知「消否」之道在於避開爭端，不可看到眼前近利而忽略可取、不可取；取之無道包袱隨身，以不失本分為原則。

易經占驗系列（〇九八）八七七八六七〈䷐隨十七〉之〈䷹兌五十八〉

六二：係小子，失丈夫。

象曰：係小子，弗兼與也

解曰：力求改善，不計損失。魚與熊掌，無法兼得。

心得：「隨」，有追隨之意。此爻有二解：比喻近比初九，便失去正應的九五「丈夫。」另也可解說係六三的「小子」而失去初九陽爻的「丈夫。」不管如何就是要往上追隨，但只能選擇一個。

占到此爻發動，占者所問之人事因應，當知凡事有捨才有得，力爭上游往上追隨，不可遲疑。如同求知識學問，見有德者即當追隨效法學習。

易經占驗系列（〇九九）八七七六八七〈䷰隨十七〉之〈䷰革四十九〉

六三：係丈夫，失小子。隨有求得，利居貞。

象曰：係丈夫，志舍下也。

解曰：拋磚引玉，固若金湯。掌握原則，見好就收。

心得：六三所係之「丈夫」是九四，所失的「小子」是六二。六三追隨九四可求到自己之所願，但要忠心對待施主不可有異心。因為此六三位不正，怕意志不堅會變節，所以有所告誡。

占到此爻發動，占者所問之人事因應，當知人往上爬，水往下流，勢之所趨當捨則捨，一旦創業有成可別忘初衷。

易經占驗系列（一〇〇）八七九八八七〈䷐隨十七〉之〈䷂屯三〉

九四：隨有獲，貞凶。有孚在道，以明何咎？

象曰：隨有獲，其義凶也。有孚在道，明功也。

解曰：見獵心喜，開誠佈公。坦言相待，不傷和氣。

心得：在追隨的過程，處在外卦之下。如同初九在內卦之下一樣，近在眼前之利益，雖是唾手可得，但君子愛財取之有道，才不會招來禍患。所以利益當前也必須講清楚說明白，才能明哲保身。

占到此爻發動，占者所問之人事因應，當知面臨人格尊嚴考驗，眼前之近利雖是誘人，但要以長遠的前途來思維，所以必須誠實面對利害關係，才不會有包袱纏身。

易經占驗系列（一〇二）八九七八八七〈䷐隨十七〉之〈䷲震五十一〉

九五：孚於嘉，吉。

象曰：孚於嘉，吉。位正中也。

解曰：予取予求，大有所獲。雙喜臨門，得其所願。

心得：此爻「孚於嘉」、九四「有孚在道」，兩者均有「孚。」《文言傳》說：「亨者嘉之會。」能促成九五之喜事，九四之功不可沒。因為九五之德居中且正，所以有人樂意追隨並幫忙促成其好事。

占到此爻發動，占者所問之人事因應，當慶幸平常之所為，所積之德得以回報，好事成雙。

易經占驗系列（一〇二）六七七八八七〈䷐隨十七〉之〈䷘無妄二十五〉

上六：拘係之，乃從維之。王用亨於西山。

象曰：拘係之，上窮也。

解曰：遵循慣例，飲水思源。緊密相連，如影隨形。

心得：此上六處隨之極，往上無所隨又不隨下。所以有用繩綑綁，勉強相隨之象。勉強相隨總是心不甘情不願，如同當年的文王要打通西戎之間，敵對變成友好，使之心服口服，才能長久相安無事。

占到此爻發動，占者所問之人事因應，當知人與人之間的相處，有時迫於無奈也會有一些手段，但為長久之計也必須慢慢修復彼此之間的嫌隙。

易經占驗系列（一〇三）七八八七七六〈䷑蠱十八〉之〈䷙大畜二十六〉

初六：幹父之蠱，有子考，無咎，厲終吉。

象曰：幹父之蠱，意承考也。

解曰：接掌父業，艱辛有成。人事交替，自然運行。

心得：何謂「蠱」，器具久而不用而蟲生，必致腐壞。引申至家庭、國家長久安逸弊端叢生。治「蠱」之初，如父犯的錯，由子來除去尚可補過，過程雖是艱辛甚至危險，但也是一種磨練，最終是吉利的。

占到此爻發動，占者所問之人事因應，當知繼承是來匡正過失，而且要有人願意承擔，開始的過程是很辛苦，到最後才能成功。

易經占驗系列（一〇四）七八八七九八〈☶蠱十八〉之〈☶艮五十二〉

九二：幹母之蠱，不可貞。

象曰：幹母之蠱，得中道也。

解曰：投資錯誤，不可固守。遇人不淑，須思應變。

心得：「幹」，有除去的意思。「蠱」，比喻積習已久的錯誤。此爻是占問要提出對母親錯誤觀念的建言所做的占卜，結果是不可行的。所以《小象》說：得用剛柔並濟的中道，不可直白。比如母親對父親的姑息或對兄弟姊妹的溺愛等等。

占到此爻發動，占者所問之人事因應，當知此事已非一朝一夕，處理的對象牽涉到至親所以比較棘手，因此要理出權宜之計，既不傷恩情又合於道義才能付諸行動。

易經占驗系列（一〇五）七八八九七八〈䷑蠱十八〉之〈[illegible]〉

九三：幹父之蠱，小有悔，無大咎。

象曰：幹父之蠱，終無咎也。

解曰：子承父業，遭受挫折。人事交替，大不如前。

心得：處理父親的事務，以陽居陽位，有過於剛愎自用。如同以硬碰硬毫無轉折，必將受到反彈，所以必須稍微修正，才能免其大的罪過。舉凡改革沉痾糾正，皆要硬中帶軟、迂迴曲折，最終都會有好結果。

占到此爻發動，占者所問之人事因應，當知事情有其高難度，不能直接了當用強硬的手段來處置。俗話說：「冰凍三尺，非一日之寒。」所以必須要有耐性與智慧，才能圓滿解決。

易經占驗系列（一〇六）七八六七七八〈䷑蠱十八〉之〈䷱鼎五十〉

六四：裕父之蠱，往見吝。

象曰：裕父之蠱，往未得也。

解曰：鬆懈父業，不可收拾。漫不經心，歧路亡羊。

心得：此爻雖是當位，但處在除弊佈新之世，當有變革之志。今「裕父之蠱」有鬆懈之義，若要除去錯誤的事物及病痛之事宜是要積極的，稍有延誤處理起來就會更加困難，所以有「往見吝」之告誡。

占到此爻發動，占者所問之人事因應，當知對事情的處理態度不可太本位主義，也不可推託延遲，將會使事情變得更惡化，導致得不償失。

易經占驗系列（一〇七）七六八七七八〈䷑蠱十八〉之〈䷸巽五十七〉

六五：幹父之蠱，用譽。

象曰：幹父用譽，承以德也。

解曰：繼往開來，欣欣向榮。出類拔萃，與有榮焉。

心得：《繫辭傳下》說：「二多譽，五多功。」處治「蠱」之世，以陰居陽位雖得陰柔之性，但能借用九二之剛德，以此來改正父親過去之弊端，因此得到興家立業之美譽。

占到此爻發動，占者所問之人事因應，當知此時之際所承受的是德性的發揮，如何在既有的基礎上稍作修正，讓其性質與功效能隨時代的潮流予以光大普傳。諸如《易經》象數、理、變占及《華陀五禽之戲》等等。

易經占驗系列（一〇八）九八八七七八〈䷑蠱十八〉之〈䷭升四十六〉

上九：不事王侯，高尚其事。

象曰：不事王侯，志可則也。

解曰：遠離政治，專心事業。高風亮節，不涉是非。

心得：《象傳》說：「終則有始，天行也。」此爻是「蠱」之終，有如朝代興衰、政黨輪替，天道之自然運行也。處在朝代更換之際，忠臣不事二主，是常有之事。所以其「志可則」，可以做為典範。

占到此爻發動，占者所問之人事因應，當知事情已成事實，此時已不是談治理之事而是在心境的轉換，去做自己認為有意義的事，在人格上還會受到尊重與讚許。

易經占驗系列（一〇九）八八八八七九〈䷒臨十九〉之〈䷆師七〉

初九：咸臨，貞吉。

象曰：咸臨，貞吉。志行正也。

解曰：創業維艱，得來不易。任勞任怨，患難與共。

心得：「臨」者，大也。「兌」為澤，沼澤、湖泊是容納雨水的地方，而澤被大地所包容。所以如此之相互包容可謂之大也。「咸」者，無心之感，所感者大也。君臨天下，正道以感人民百姓，所謂「民之所欲，常在我心。」因此志願得以實現。

占到此爻發動，占者所問之人事因應，當知用感化來處理事情才容易實現願望。讓彼此產生默契就是無心之感，凡事易成諸事順利。

易經占驗系列（一一〇）八八八八九七〈䷒臨十九〉之〈䷗復二十四〉

九二：咸臨，吉。無不利。

象曰：咸臨，吉無不利。未順命也。

解曰：與君同樂，共享成果。德足悅眾，難能可貴。

心得：以二陽感化四陰，為何能吉，又能各得其利？此卦乃十二消息卦，有其必然之勢，今已二陽茁壯，雖不及四陰，但其勢不可擋。此九二近臨六三，雖未能得其認同，但深知用誠心感化而不對立，最終大家皆各取所需。

占到此爻發動，占者所問之人事因應，當知陰陽有別，大人要有大量，委屈則可以求全。有些世間的事必須轉個彎才能完成，尤其是人性首重情感，通常必須透過動之以情加以感化。

易經占驗系列（一一一）八八八六七七〈䷒臨十九〉之〈䷊泰十一〉

六三：甘臨，無攸利。既憂之，無咎。

象曰：甘臨，位不當也。既憂之，咎不長也。

解曰：不務實際，休想獲利。口蜜腹劍，小心提防。

心得：處在不得不接受的地位，如同此爻二陽浸長〈臨〉將變〈泰〉，勢之所趨，不甘心也得接受。既然如此知道是時位的問題，而不是能力的問題，心態上也就沒有什麼好自責的。

占到此爻發動，占者所問之人事因應，當知來勢洶洶，軟硬兼施不得不讓位，時也、命也、運也，把逆境當成考驗，退一步海闊天空，處之泰然。

易經占驗系列（一一二）八八六八七七〈䷒臨十九〉之〈䷵歸妹五十四〉

六四：至臨，無咎。

象曰：至臨，無咎。位當也

解曰：賓至如歸，和氣生財。體貼入微，合作無間。

心得：「至」，《說文解字》說：「鳥飛從高下至地也。」此爻與初九之陽正應，完全順從配合。如同職務之交接，政黨之輪替。這是民主時代所應有之風範，也是時勢之所趨，所以《小象》說：所處之位，做正當的事也。

占到此爻發動，占者所問之人事因應，一切按照正常的手續與遊戲規則，主動積極配合行事做好無縫接軌，為所當為，恪盡職守，為後人做起良好的典範。

易經占驗系列（一一三）八六八八七七〈䷒臨十九〉之〈䷻節六十〉

六五：知臨，大君之宜，吉。

象曰：大君之宜，行中之謂也。

解曰：睿智領導，綽綽有餘。運籌帷幄，佳偶天成。

心得：「知臨」的知，即所謂「先知」，有先見之明。在事情尚未發生之時，就已能預料結果。如此卦爻象，在二陽浸長之際，雖六五尚遠，但已做最好因應對策的準備，所以一切都在掌握中，自然是吉利之象。

占到此爻發動，占者所問之人事因應，當知事實已擺在眼前，進退之道隨順因緣，有時候後退其實是在前進，就像農夫在插秧一樣，愈退成果愈前進。

易經占驗系列（一一四）六八八八七七〈䷒臨十九〉之〈䷨損四十一〉

上六：敦臨吉，無咎。

象曰：敦臨之吉，志在內也。

解曰：務實管理，收穫豐碩。競競業業，無庸置疑。

心得：「敦」，有樸實敦厚之意。從治理國家人民的角度而言，執政者用誠實敦厚的態度來治理天下，是可以得到人民的認同所以吉。至於「無咎」之道，即是在有所不足之間，交相磨合以達成共識。

占到此爻發動，占者所問之人事因應，當知事情能圓滿吉利，是因誠懇樸實的態度所感化而來，而且要採取主動付出善意。

易經占驗系列（一一五）七七八八八六〈䷓觀二十〉之〈䷩益四十二〉

初六：童觀，小人無咎。君子吝。

象曰：初六童觀，小人道也。

解曰：思維幼稚，難成大事。難勝大任，只可小用。

心得：此「觀」乃指宮觀，初六居最下，離所觀的九五甚遠，所以用兒童來表示。所謂童言無忌亦即如此。在《易經》的用語，「小人」所代表的是社會地位不高的民間百姓（升斗小民）。「君子」則指德高望重的仕紳。兩者對事情的看法與評論當然有所不同。

占到此爻發動，占者所問之人事因應，當知從本身的立場衡量身分與地位，來做判斷有些事該做不該做、該說不該說，才不會遭來羞辱。

易經占驗系列（一一六）七七八八六八〈䷓觀二十〉之〈䷺渙五十九〉

六二：闚觀，利女貞。

象曰：闚觀女貞，亦可醜也。

解曰：以管窺天，適合女性。相親之事，宜於女貞。

心得：處「觀」之世，居「觀」之二，離九五〈觀卦〉之主尚遠，所以以「闚觀」之象來形容。古時候女子之相親只能夠從門縫來看未來之丈夫，而不是對看之清楚，難免不夠周延。引申至對事情的看法以及所處的地位的卑微，所以《小象》說：「亦可醜也。」

占到此爻發動，占者所問之人事因應，當知對實際狀況與事實尚有一段距離，不可妄下結論。但如果是感情婚姻之事，對女方而言是可以進行的。

易經占驗系列（一一七）七七八六八八〈䷓觀二十〉之〈䷴漸五十三〉

六三：觀我生，進退。

象曰：觀我生，進退。未失道也。

解曰：問卷調查，始做決定。多做比較，方知取捨。

心得：〈觀卦〉是由上巽風、下坤土所組成的。《說卦傳》說：「巽為風，為進退……」此爻處在上下卦之際，在進退之間不易做抉擇，所以就必須透過「占卜」來輔助以做出安心合道的決策。即《繫辭傳》所謂的「人謀鬼謀，百姓與能。」

占到此爻發動，占者所問之人事因應，當知權宜通變之事，除了已知之表象之外，尚有一些意想不到的事，就必須透過不同的管道來加以分析判斷，以利進退。基本上內卦三爻皆宜退不宜進。

易經占驗系列（一一八）七七六八八八〈䷓觀二十〉之〈䷋否十二〉

六四：觀國之光，利用賓於王。

象曰：觀國之光，尚賓也。

解曰：公營事業，晉升有望。入幕之賓，公教為佳。

心得：此爻最接近九五，條件最好，最有利於為公家做事。這是從爻位而言，因為〈觀卦〉的諸爻皆以與九五之關係來取義的，因為此爻正當位，對整體環境的瞭解甚為透徹，所以最適宜為國爭光，為國君分憂解勞，成為坐上之賓。（幕僚之臣）

占到此爻發動，占者所問之人事因應，當知掌握天時、地利、人和，得以一展身手之時機已到，盡己之能予以發揮，必能得到賞識與重用。

易經占驗系列（一一九）七九八八八八〈䷓觀二十〉之〈䷖剝二十三〉

九五：觀我生，君子無咎。

象曰：觀我生，觀民也。

解曰：年終考核，高分無疑。提拔人才，優秀可用。

心得：此爻是〈觀卦〉之主，觀看一國之君的表現，可以從百姓之生活德性，反觀國君的施為。百姓生活過得好，民心安裕，就沒有人會造亂，所以也就不會有被推翻的危機。

占到此爻發動，占者所問之人事因應，當知民意如流水，做為上位者能安穩，完全維繫於屬下之支持。舉凡任何企業的生存，不僅老闆領導有方，最終就是員工的福利要好，才能永續經營。

易經占驗系列（一二〇）九七八八八八〈䷓觀二十〉之〈䷇比八〉

上九：觀其生，君子無咎。

象曰：觀其生，志未平也。

解曰：跨國經營，分擔風險。他山之石，可以借鏡。

心得：此上九爻在國君之後，所謂有其德而無其位。然雖處無位之地，而心繫國君和百姓之禍福，有憂國憂民之志，但心有餘而力不足，所以「志未平也。」

占到此爻發動，占者所問之人事因應，當知君子定義，有如大人之道。所關心的事並非一人飽暖而已，而是國家百姓之大事。也就是說心態上要有所調整，雖然不在其位，但必要的關心還是要表現出來。

易經占驗系列（一二一）七八七八八九〈䷔噬嗑二十一〉之〈䷢晉三十五〉

初九：屨校滅趾，無咎。

象曰：屨校滅趾，不行也。

解曰：防微杜漸，尚未有失。先發制人，不可姑息。

心得：「噬嗑」，有咬合校正之意。處「噬嗑」之世，居「噬嗑」之初。「屨校滅趾」，就是將犯罪的受刑人，戴上了腳鐐（刑具）。這又有深層之立意，比喻對初犯所做的處罰，使其不敢再犯案。這就是《繫辭傳》所說的「小懲大戒，小人之福也。」

占到此爻發動，占者所問之人事因應，當知在犯刑不重之時遭受懲罰，因此記取教訓反能因禍得福。比如酒駕之嚴格取締，對一些心存僥倖的人而言是恩而不是害。

易經占驗系列（一二二）七八七八六七〈䷔噬嗑二十一〉之〈䷥睽三十八〉

六二：噬膚滅鼻，無咎。

象曰：噬膚滅鼻，乘剛也。

解曰：從容應付，不可輕忽。提防交往，得寸進尺。

心得：此六二爻，乃居陰中、處陰位，是本卦最柔弱、最易咬嚼的部位，所以有「噬膚滅鼻」之象。六二近初九陽剛之動主，乘據其上而能沒有災咎，是因為初九已受過懲罰之故。

占到此爻發動，占者所問之人事因應，當知在交易過程的處理不可輕忽，看似越不起眼、越柔弱的事，也是危機潛藏之處，尤其與陽剛之人交往。

易經占驗系列（一一三）七八七六八七〈䷝噬嗑二十一〉之〈䷝離三十〉

六三：噬腊肉，遇毒，小吝，無咎。

象曰：遇毒，位不當也。

解曰：案情複雜，謹慎處理。動輒得咎，小心應付。

心得：「腊肉」是象徵審理法案介於「噬膚」與「乾胏」之間的難易。「遇毒」表示遭遇陷害。「小吝」，碰到小小的困難。這就是解卦的象、事、占，三個具體完整的解法。《小象》就是最早解讀爻辭的文獻。所以「遇毒」的原因在於所處的位置不恰當所致。

占到此爻發動，占者所問之人事因應，當知世上人心險惡，有些事並非想像中的理所當然，所以要多做衡量，不只要符合期待也要小心自身的安危。

易經占驗系列（一一四）七八九八八七〈䷔噬嗑二十一〉之〈䷚頤二十七〉

九四：噬乾胏，得金矢，利艱貞吉。

象曰：利艱貞吉，未光也。

解曰：精明幹練，突圍獲利。嚴守分寸，廉明之才。

心得：此爻之所以為〈噬嗑卦〉成卦之主，即《彖傳》所說的「頤中有物。」亦即所謂的「梗」，舉凡人世間的不如意也可叫「梗。」「乾胏」，指帶骨的肉乾。比喻執法者碰到棘手難辦的案件，此時得用剛直不阿的態度、鍥而不捨，艱難其事才能了結。

占到此爻發動，占者所問之人事因應，當知此事情之艱難程度，非有剛毅堅強之決心是無法解決。尚且會碰到重重挫折不易施展，故「未光也。」

易經占驗系列（一二五）七六七八八七〈䷔噬嗑二十一〉之〈䷘無妄二十五〉

六五：噬乾肉，得黃金，貞厲，無咎。

象曰：貞厲，無咎，得當也。

解曰：拿人錢財，替人消災。自我克制，不為利誘。

心得：此六五爻以陰爻居陽位，所以用「乾肉」來形容不易噬咬。因六五近上九之咬，因此占問的結果有危險，要免除罪咎就要有黃金般的堅貞，而且要處置得當。此爻其實也是在引申一個治獄的執法者，審案之剛正不移。

占到此爻發動，占者所問之人事因應，當知此事情在取捨之間所要考量的正當性，比如說一些不義之財以及不合公義的事，要想自身的地位要如黃金般，禁得起考驗才能免咎。

易經占驗系列（一二六）九八七八八七〈䷔噬嗑二十一〉之〈䷲震五十一〉

上九：何校滅耳，凶。

象曰：何校滅耳，聰不明也。

解曰：陷入太深，無法挽回。忠言逆耳，自食惡果。

心得：〈噬嗑卦〉，用獄的對象，初六以及此上九兩爻。初六罪輕較易校正；上九形容罪大惡極，所以必須用套上頭部看不到耳朵的刑具，以示重罪。通常會犯重罪的人，肇因為聰明反被聰明誤，所以《小象》說：「聰不明也。」

占到此爻發動，占者所問之人事因應，當知此事態嚴重凶險之狀。若是已成事實就要面對現實，坦白從寬，不可心存僥倖以致無法自拔。

易經占驗系列（一二七）七八八七八九〈䷕賁二十二〉之〈䷳艮五十二〉

初九：賁其趾，舍車而徒。

象曰：賁其趾，義弗乘也。

解曰：基礎造型，粉墨登場。標新立異，引來遐思。

心得：「賁」，有文飾之意。「賁其趾」，從近取諸身而言，乃在形容爻位之最下，文飾之始。初九受九二之文飾，文飾的物象是車子。車子象徵的是地位身分，今初九自忖其才德故不敢乘載，於時義而言是對的。

占到此爻發動，占者所問之人事因應，當知所處之世與所居之位，不可隨便接受他人之餽贈，所謂「無功不受祿」，反而能得到他人的敬仰。

易經占驗系列（一二八）七八八七六七〈☶☲賁二十二〉之〈☶☰大畜二十六〉

六二：賁其須。

象曰：賁其須，與上興也。

解曰：層次提升，正派經營。粉妝玉琢，清新可愛。

心得：此爻乃「離為火」之正位，施光之體，文飾之主。「須」，指頤上的鬍鬚，從爻位而言在九三，亦即六二在文飾九三，以下文上。所以《小象》說：「與上興也。」也就是說因依附而興盛。

占到此爻發動，占者所問之人事因應，當知所謂「嘴上無毛，辦事不牢。」除了自身的努力之外，尚且要有居上位的人來提攜，方能興盛發達。自己再好都不及別人的美言。

易經占驗系列（一二九）七八八九八七〈䷕賁二十二〉之〈䷚頤二十七〉

九三：賁如，濡如，永貞吉。

象曰：永貞之吉，終莫之陵也。

解曰：如獲甘霖，持續獲利。表裡如一，廝守終身。

心得：此爻在「賁」之世，所居之位最吃香，上下兩爻皆來文飾，猶如左右逢源，大享齊人之福一般。但六四與初九相應與，唯六二無應，故與六二可以永久相飾而忠貞，所以說：「永貞吉」，告誡對六二爻要永遠以誠相待。

占到此爻發動，占者所問之人事因應，當知前景一片大好，為長遠之計著想，不可高攀寧可下求。文飾雖很重要，但內涵與實際也要兼顧，這才是永續經營之道。

易經占驗系列（一三〇）七八六七八七〈䷕賁二十二〉之〈䷝離三十〉

六四：賁如皤如，白馬翰如，匪寇婚媾。

象曰：六四當位疑也。匪寇婚媾，終無尤也。

解曰：喜氣事業，充滿願景。春華秋實，門當戶對。

心得：「皤如」指潔白之意。「白馬翰如」指純白不雜，毅然前往。「匪寇」指九三。「婚媾」指初九。六四正應的對象是初九，今有九三的介入，所以必須表白內心的純潔，彼此用快速的行動來證明相許的決心，才得如願以償。

占到此爻發動，占者所問之人事因應，當知前程有阻，要做出真誠坦率的快速行動，才能擺脫不愉快的情境。也就是說談判交易等等，出現第三者不可任其存在，應速化解才不會有後遺症。

易經占驗系列（一三二）七六八七八七〈☶☲賁二十二〉之〈☴☲家人三十七〉

六五：賁於丘園，束帛戔戔。吝，終吉。

象曰：六五之吉，有喜也。

解曰：勵精圖治，小挫終吉。懷才隱遁，三顧茅廬。

心得：此爻受上九之文飾，因六五下而無應，上九亦無應，兩者處境相同。所以只能用薄禮彼此交心，一開始有碰到一些困難，最後還是得到圓滿的結果。此爻可引申一些隱居山林的隱士，如孔明等等後來都被請出來輔佐政事。

占到此爻發動，占者所問之人事因應，當知人生有時遇與不遇，所謂「得道多助。」重點在於真才實學有內涵，終不被埋沒。

易經占驗系列（一三二）九八八七八七〈䷕賁二十二〉之〈䷣明夷三十六〉

上九：白賁，無咎。

象曰：白賁無咎，上得志也。

解曰：純樸自然，眾人稱喜。君子之交，其淡如水。

心得：此爻即如《彖傳》所說：「剛上而文柔，小利有攸往。剛柔交錯，天文也。」上九文飾六五，也就是六五來依附上九。「白賁」是文飾的最高境界，如同一個創造者，從無變到有，所以說：「上得志也。」

占到此爻發動，占者所問之人事因應，當知外表的裝飾總有一定的限度，最終還是要回到原始點，再好的人、事、物都有物理般的賞味期，悟透此理就得治了。

易經占驗系列（一三三）七八八八八六〈䷖剝二十三〉之〈䷚頤二十七〉

初六：剝床以足，蔑貞凶。

象曰：剝床以足，以滅下也。

解曰：危機呈現，不得輕忽。床第失和，引爆之初。

心得：〈剝卦〉，按十二消息卦而言是九月卦，秋冬之交，萬物剝落凋零。所以「剝」者，落也。此爻若從占夢的角度來說，夢到床腳剝落，將無安身之地，此時若是輕視不理，就如同拋棄正道，就會有凶險之事發生。

占到此爻發動，占者所問之人事因應，當知除了做夢之外，無形中得到善意的提示不可忽視而應正視，此事件的傷害是由下而逐步上升的。

易經占驗系列（一三四）七八八八六八〈䷖剝二十三〉之〈䷃蒙四〉

六二：剝床以辨，蔑貞凶。

象曰：剝床以辨，未有與也。

解曰：芒刺在背，緊急求援。得寸進尺，越演越烈。

心得：所謂「床辨」，比喻床足與床身之間。在形容其接近人身傷害的程度漸深，在此之時而不加以重視，有其必然的凶險將發生。因為此爻離上九之陽爻太遠，如同人無貴人之相助而進入蒙昧之中。

占到此爻發動，占者所問之人事因應，當知此際愈陷愈深，要盡快尋求啟蒙者，來指導迷津以脫離險境，將傷害化解至最輕。

易經占驗系列（一三五）七八八六八八〈䷖剝二十三〉之〈䷳艮五十二〉

六三：剝之，無咎。

象曰：剝之無咎，失上下也。

解曰：壯士斷腕，處置得宜。去之為快，無有損失。

心得：此卦一陽五陰，六三居五陰之中，獨與上九相應。可比喻為小人之中的君子，所以《小象》說：「失上下四爻而居中道。」換句話說：小人是因為沒有得到呼應而為小人，反之亦可為君子。

占到此爻發動，占者所問之人事因應，當知雖處小人得勢之際，亦不同流合污，站在正義的立場，做出正確的回應，使整體事件得以就此止住。但得罪上下左右親朋好友在所難免。

易經占驗系列（一三六）七八六八八八〈䷖剝二十三〉之〈䷢晉三十五〉

六四：剝床以膚，凶。

象曰：剝床以膚，切近災也。

解曰：沈痾難起，迴轉不靈。最壞打算，做好準備。

心得：層層剝削，由床腳床板以致床席，然後傷及皮膚，近切身之凶險。在處「剝」之世，居上下皆陰又無應與之位，可以說寸地無光，所謂「近墨者黑」也。

占到此爻發動，占者所問之人事因應，當知此時此際的情境凶險是在所難免，由於過於柔弱、沒有主見所致，所以應該尋求眾人之原諒，允許有將功折罪的機會，讓悔恨可以消亡減輕一些罪惡感。

易經占驗系列（一三七）七六八八八八〈䷖剝二十三〉之〈䷓觀二十〉

六五：貫魚，以宮人寵，無不利。

象曰：以宮人寵，終無尤也。

解曰：評鑑優良，名利雙收。出類拔萃，深受賞識。

心得：所謂「貫魚」，以六五聯繫下面四陰取象，喻魚為陰物。又可解古時射魚的一種比賽。整體而言如同太監對宮人之管理，以服侍皇上，讓後宮魚貫有序而不爭寵，就不會造成紛亂，對大家而言都得到好處，所以最終沒有人抱怨。

占到此爻發動，占者所問之人事因應，當知要有秩序地分配，才能長久共享共榮，尤其處上位者的分享態度，都是被下位的人所觀摩。

易經占驗系列（一三八）九八八八八八〈☶☷剝二十三〉之〈☷☷坤二〉

上九：碩果不食，君子得輿，小人剝廬。

象曰：君子得輿，民所載也。小人剝廬，終不可用也。

解曰：一線生機，所得不同。貴賤有別，近貴遠賤。

心得：碩大的果實，不能食用必有其原因。比如說：絲瓜可以保留其種子與曬乾後的絲瓜布，做更有力的用途。「君子得輿」，形容親民而得到人民的擁戴。「小人剝廬」，比喻與人民作對，失去民心無所庇護。此爻也暗示著綜卦的概念，「剝」極反「復。」

占到此爻發動，占者所問之人事因應，當知得失總在一念之間，君子小人於斯分辨。所謂「留得青山在，不怕沒材燒」，道理也在此爻。

易經占驗系列（一三九）八八八八八九〈☷☳復二十四〉之〈☷☷坤二〉

初九：不遠復，無祇悔，元吉。

象曰：不遠之復，以修身也。

解曰：及時修正，扶搖直上。知錯能改，福至心靈。

心得：「復」者，循環反覆也。在十二消息卦而言，「復」乃「坤」之後，經六陰之後一陽來復，即所謂的「七日來復，反復其道，利有攸往。」所以說：發現錯誤在很快的時間及時修正，以此用來修身養性，當然是大吉之象。

占到此爻發動，占者所問之人事因應，當知機會出現了就要好好把握，一旦發現有問題就必須馬上修正，做事業如同修身的道理是一樣的。

易經占驗系列（一四〇）八八八八六七〈䷗復二十四〉之〈䷒臨十九〉

六二：休復，吉。

象曰：休復之吉，以下仁也。

解曰：喜悅而返，行事必成。春風得意，來去自如。

心得：此卦每爻都有「復」，「復」即代表初九之一陽生。六二的「休復」之所以吉，是以中正之體來依附下面的初九，也就是說：用正道與正人君子相隨，是美好的事。

占到此爻發動，占者所問之人事因應，當知在最有利的條件之下，與有仁德之人一起反省檢討共創未來，這是一件非常美好的事。

易經占驗系列（一四一）八八八六八七〈䷣復二十四〉之〈䷣明夷三十六〉

六三：頻復，厲，無咎。

象曰：頻復之厲，義無咎也。

解曰：事與願違，知難而退。眉頭深鎖，有憂無患。

心得：「頻」有急迫之意。今居不正之位，急躁地想回復正道，難免有些唐突。信心殺力不足，無法堅定。就如同錯了又再犯，犯了又改正，雖然反覆改正有些危險，但在道義之上，還是值得原諒的。

占到此爻發動，占者所問之人事因應，當知輕諾必寡信，多易必多難的道理。但有時也不要太苛求，可以給彼此多一些機會與時間，朝正道而攜手向前行。

易經占驗系列（一四二）八八六八八七〈䷗復二十四〉之〈䷲震五十一〉

六四：中行，獨復。

象曰：中行，獨復。以從道也。

解曰：上下相通，獨佔鰲頭。秉持中道，唯我獨尊。

心得：「中行」，指此爻居五陰之中，上下各二陰。「獨復」，單獨與初九相應。只有象與事而沒有占驗。從「道」而言是沒有所謂的吉凶。《老子道德經》第二十五章說：「人法地，地法天，天法道，道法自然。」此六四居「人」位，效法初九之「地」位，不謀而合。

占到此爻發動，占者所問之人事因應，當知處在特殊的環境之下，凡事當附從正道來行動，不管如何也要處變不驚、處之泰然，做對的事不可遲疑。

易經占驗系列（一四三）八六八八八七〈䷗復二十四〉之〈䷂屯三〉

六五：敦復，無悔。

象曰：敦復，無悔。中以自考也。

解曰：再三考量，終無後悔。敦厚老實，相處無憂。

心得：「敦」，有厚實之象。離初九之「復」主甚遠，唯託六四來依附初九。相信此時之初九，雖只是一陽微生，勢必茁壯。反思自己能依附而不自負，心中再也沒有什麼可以悔恨了。

占到此爻發動，占者所問之人事因應，當知天道所要扶持之事，即便是一絲絲的希望也會成功，反之要消滅的事，再強硬也無法對抗。所以有道之士當三思此道理。

易經占驗系列（一四四）六八八八八七〈䷗復二十四〉之〈䷚頤二十七〉

上六：迷復，凶。有災眚，用行師，終有大敗，以其國君凶。至於十年不克征。

象曰：迷復之凶，反君道也。

解曰：迷失方向，虧損累累。執迷不悟，終不可用。

心得：「迷復」，比喻遠離了正道而不知悔改，將會有天災人禍降臨。如以此心態發兵打仗必敗無疑，連國家元首都有生命危險。整個國軍元氣大傷，用十年的時間來休養生息都無法回復，可見違反正道的後果如此慘重。

占到此爻發動，占者所問之人事因應，當知偏離正道不知醒悟，大者可以亡國，小者傾家蕩產。此爻在告誡這些性格都是平常不知不覺中所養成的。

易經占驗系列（一四五）七七七八八九〈䷘无妄二十五〉之〈䷋否十二〉

初九：無妄，往吉。

象曰：無妄之往，得志也。

解曰：先馳得點，繼續奮鬥。認識交往，可更深入。

心得：《繫辭傳》說：「《易》有聖人之道四焉，以言者尚其辭，以動者尚其變……」〈無妄卦〉是從〈遯卦〉變來，即《象傳》的所謂「剛自外來而主於內」，所以此爻是「無妄」之主，因而掌「無妄」之權，故其行動可以實現自己的願望。

占到此爻發動，占者所問之人事因應，當知天命之所在，以退為進，化消極為積極來實現自己心中的期望。做自己有興趣、對眾生有幫助的事即是天命也。

易經占驗系列（一四六）七七七八六七〈䷘无妄二十五〉之〈䷉履十〉

六二：不耕穫，不菑畬，則利有攸往。

象曰：不耕穫，未富也。

解曰：因勢利導，創造利潤。有上進心，值得交往。

心得：「無妄」，沒有虛妄，一切遵行正道之謂。處「無妄」之世，居中正之位，凡事順天而行，不妄想不勞而獲，不妄想不耕而有熟田，一分耕耘才會有一分收穫。所以沒有付出辛苦的代價，從未有富有的人。

占到此爻發動，占者所問之人事因應，當知天道酬勤的道理。付出多少自然就有多少收穫。俗話說：「小富由儉，大富由天。」此爻在告誡人們，不可妄想不努力而有成就。

易經占驗系列（一四七）七七七六八七〈䷘无妄二十五〉之〈䷌同人十三〉

六三：無妄之災，或繫之牛，行人之得，邑人之災。

象曰：行人得牛，邑人災也。

解曰：無妄之災，花錢消災。交友不慎，遭受波及。

心得：此六三的條件不中不正，卻不滿足自己的本分，又愛慕虛榮去做與本分不相當的事而招來無妄之災。如同村落的牛走失了，被路人順手牽走，卻連累了整個村民遭受損失，害人害己。

占到此爻發動，占者所問之人事因應，當知一些正確的思維不可誤用。比如說：「在哪裡跌倒，就從哪裡爬起。」這是正面的鼓勵，但若用錯地方，如賭博賭輸了，還想從賭場贏回來。

易經占驗系列（一四八）七七九八八七〈䷘无妄二十五〉之〈䷩益四十二〉

九四：可貞，無咎。

象曰：可貞，無咎。固有之也。

解曰：有口皆碑，安心無慮。肯定忠貞，可為顧問。

心得：此爻的角色以陽爻居陰位，能剛能柔，可塑性很強。在「無妄」之世不妄動、不躁行，堅守可行之正道，發揮動靜合宜之功，將固有之潛能適時地展現出來，是沒有咎責的。

占到此爻發動，占者所問之人事因應，當知為所當為，不求分外之功名也不迴避該承擔之責任，把自己最擅長的貢獻出來。俗話說：「該來的跑不掉，該去的留不住。」

易經占驗系列（一四九）七九七八八七〈䷘无妄二十五〉之〈䷔噬嗑二十一〉

九五：無妄之疾，勿藥有喜。

象曰：無妄之藥，不可試也。

解曰：心理錯覺，勿亂投資。只是誤會，勿須解釋。

心得：從占卜的角度來看，此爻辭直白的說，占問疾病是否要用藥物治療，得出的結果不必用藥而自然可癒。在生活的實踐之中，諸如節氣的變化，尤其四時八節交接節氣的前後，更是明顯在身體上產生不適感，等節氣過後就恢復。

占到此爻發動，占者所問之人事因應，當知疾病的治療，並不一定要用藥物，有時可透過運動，有時需要心靈的啟發，總之就是要對症尋求有效地治療，不可病急亂投醫。

易經占驗系列（一五〇）九七七八八七〈䷘无妄二十五〉之〈䷐隨十七〉

上九：無妄行，有眚。無攸利。

象曰：無妄之行，窮之災也。

解曰：已屆退休，不必妄求。無須寄望，有害無益。

心得：此爻與六三相應，六三處無妄之災之地，上九呼應其行，這是人禍無利可圖。錯誤的思維尚且不知予以糾正還配合行動，必然是窮途末路之災禍。如同溺愛子女以及誤交損友一般的下場。

占到此爻發動，占者所問之人事因應，當知無妄之災其來有自，告誡我們不存非分之想、不慕虛榮，不可指望的事只有受傷害的份，更不用說有利可圖。

易經占驗系列（一五一）七八八七七九〈䷙大畜二十六〉之〈䷑蠱十八〉

初九：有厲利已。

象曰：有厲利已。不犯災也。

解曰：危機出現，圖謀解圍。故態復萌，速做了斷。

心得：《象傳》說：「天在山中，大畜。君子以多識前言往行，以蓄其德。」俗話說：「不聽老人言，吃虧在眼前。」處「大畜」之世，居「大畜」之初。要能夠聽一些危險負面警告的話，才能有所警戒而不會遭遇災難。

占到此爻發動，占者所問之人事因應，當知眼前所面臨的處境是有危險的，應即刻停止行動，不然未來所帶來的麻煩將更困難。

易經占驗系列（一五二）七八八七九七〈☶☰大畜二十六〉之〈☶☲賁二十二〉

九二：輿說輹。

象曰：輿說輹，中無尤也。

解曰：暫停營業，全面檢討。脫胎換骨，拭目以待。

心得：九二居中，所想的事比較合乎中道。「輿說輹」，如同汽車進入保養廠，在做例行性之檢修一樣。用在人事上而言，就是內部檢修，為了永續經營這樣的調配是必要的。

占到此爻發動，占者所問之人事因應，當知事業經營的過程，門面整修、通路的調整，都是維繫公司形象、創新品質不可或缺的必要模式。

易經占驗系列（一五三）七八八九七七〈☰☶大畜二十六〉之〈☶☱損四十一〉

九三：良馬逐，利艱貞，日閑輿衛，利有攸往。

象曰：利有攸往，上合志也。

解曰：運輸事業，日有精進。重視養生，持之以恆。

心得：《說卦傳》說：「乾為良馬。」在此象徵乾三連，比喻三匹馬競相追逐，在做體能訓練與駕馭馬車加緊練習，以備運輸、戰爭之用。這些工作都是非常艱辛，而且是必然要投入的。

占到此爻發動，占者所問之人事因應，當知事業經營之能成功，都必須經過長期的奮鬥以及各部門的溝通協調，磨合出最具邊際效益的生產量，才能為公司謀最大福利。

易經占驗系列（一五四）七八六七七七〈☰☶大畜二十六〉之〈☲☰大有十四〉

六四：童牛之牿，元吉。

象曰：六四元吉，有喜也。

解曰：保險得宜，大吉有喜。因勢利導，觀念正確。

心得：古代牧養的生活經驗是非常寶貴。「童牛之牿」，在描述小牛犢之角在成長之初即戴上護具，並非在限制牠，反而是在保護牠，所以說：大吉，而且是有喜。舉凡防範於未然都是好事。

占到此爻發動，占者所問之人事因應，當知「保險」的重要概念。保險有健身修性防範未然，還有個人、全家種種有關的各式保險，應在能力所及愈早愈好，這是在做良善之事，也是在做負責任的事。

易經占驗系列（一五五）七六八七七七〈䷙大畜二十六〉之〈䷈小畜九〉

六五：豶豕之牙，吉。

象曰：六五之吉，有慶也。

解曰：通權達變，步步高升。循循善誘，居安思危。

心得：「豶豕之牙」，指的是將飼養的公豬閹割去其勢之後變得溫順，牠的牙齒就不會傷人，因此容易畜養使之肥胖。在古時之農業社會是重要的副業，可以貼補家用並且可以說是有機農業的先驅。所以說：「吉，有慶也。」

占到此爻發動，占者所問之人事因應，當知凡事不可逆其勢而當順其勢，借助前人的經驗，用對方法不但有所收穫，而且也將經驗分享值得慶賀也。

易經占驗系列（一五六）九八八七七七〈䷊大畜二十六〉之〈䷊泰十一〉

上九：何天之衢，亨。

象曰：何天之衢，道大行也。

解曰：四通八達，無往不利。神通廣大，任重道遠。

心得：肩負著上天的使命，必須過五關斬六將，才能大行其道而暢通無阻。這些的磨練是一步一腳印累積而促成的，如同學習道術，包含山、醫、命、卜、相等五術，皆要有所涉獵甚至精通，方能大行其道。

占到此爻發動，占者所問之人事因應，當知時機已屆成熟，順應時勢之自然可以自由發揮，藉以檢驗過去修行之成果予以大證其道。

易經占驗系列（一五七）七八八八八九〈䷚頤二十七〉之〈䷖剝二十三〉

初九：舍爾靈龜，觀我朵頤，凶。

象曰：觀我朵頤，亦不足貴也。

解曰：在職怨職，愈換愈差。請教專家，勿信讒言。

心得：〈頤卦〉的觀點，從上艮止、下震動，象徵上下顎，近取諸身，做為飲食與語言之功能。此卦以初九和上九兩陽爻，比喻有實力、有能力養人的君子。但此爻確反其道而行，捨棄自我之靈龜養氣，羨慕於六四之大塊朵頤，所以得此凶象。

占到此爻發動，占者所問之人事因應，當知本身是有能力處置的，而不應妄自菲薄、不知自重，求人不如求己，過分的依賴與奢求，將會自損貴氣。

易經占驗系列（一五八）七八八八六七〈䷚頤二十七〉之〈䷨損四十一〉

六二：顛頤，拂經於丘頤，征凶。

象曰：六二征凶，行失類也。

解曰：僥倖圖利，虧失老本。思維反覆，不可寄望。

心得：此六二陰爻無自養之能力，初九是內卦養主，今違反經常之道不受其養而求助於上九，直接打擊到同類的六五（有其位而無其德）。在道義行為上來說是錯誤的，所以有「征凶」之占驗。

占到此爻發動，占者所問之人事因應，當知求人的方向不能搞錯，不然除了把事情耽誤了，甚至連累到自己的親人或相關之人，將來的行事作為就會失去別人的信任而無法成功。

易經占驗系列（一五九）七八八六八七〈䷚頤二十七〉之〈䷕賁二十二〉

六三：拂頤，貞凶。十年勿用，無攸利。

象曰：十年勿用，道大悖也。

解曰：違背公道，永難成就。依賴成性，永不錄用。

心得：此六三是接著六二而來，離初九更遠，所以不得不求助於相應的上九，但處「頤」之世，頤養要合乎正道，自體內卦之震主初爻才是養主。這就是〈頤卦〉卦辭所說的「自求口實。」舉凡違反卦辭原則，所占問必凶。

占到此爻發動，占者所問之人事因應，當知處境之艱難，乃前因於過去所作所為違反了正道，如同不當所得等等。今將面臨長時間之考驗，必須好好反省不要做無謂抗爭。

易經占驗系列（一六〇）七八六八八七〈䷚頤二十七〉之〈䷔噬嗑二十一〉

六四：顛頤，吉。虎視眈眈，其欲逐逐，無咎。

象曰：顛頤之吉，上施光也。

解曰：再接再厲，生機無限。設定目標，志在必得。

心得：頤養當以養正為吉。如內卦三爻皆凶，可以說為口腹之慾。外卦三爻皆吉，可以視為求道之養，屬於精神層面。即使如同老虎般之貪婪，志在必得的追逐也是可以被接受的，不管對上或對下皆可得其所願。

占到此爻發動，占者所問之人事因應，當知正道、真理的追求沒有上下之分，在有所不理解之時當全力去追求，一旦開悟又不吝分享有緣之同好，有此心境自能得到上天諸多惠施。

易經占驗系列（一六一）七六八八八七〈䷚頤二十七〉之〈䷩益四十二〉

六五：拂經，居貞吉。不可涉大川。

象曰：居貞之吉，順以從上也。

解曰：以逸待勞，一反常態。心如止水，另類思考。

心得：此六五爻陰居陽位，當處頤養之世，雖有位而無德，便會失去民心，無民可用，所以無法涉險濟難。唯能守住正道順從有德之上九，在權衡利害之際，不應當做無畏的冒險。

占到此爻發動，占者所問之人事因應，當知自己的能力與當下之資源環境是無法勝任的，權宜之計只能依附在有實權能力的長上貴人，這也是借力使力之良策。

易經占驗系列（一六二）九八八八八七〈䷚頤二十七〉之〈䷗復二十四〉

上九：由頤，厲吉，利涉大川。

象曰：由頤，厲吉，大有慶也。

解曰：自由經營，履險如夷。大家風範，為所當為。

心得：此爻是全卦條件最好的，可以擔負起頤養之重責大任，但有德無位而大得民心，此時要防功高震主之危險，所考慮的層面要周到，如同涉險渡大川，要有舟有楫，尚要人員充足，時間許可、風浪可成等諸多因素配合始能成事。

占到此爻發動，占者所問之人事因應，當知責任之重大，非一人所能成事，也要考慮諸多因素。在現實生活中由諸多案例是可反覆思維的，目的就是集合大眾來一起成事，才是最值得慶賀。

易經占驗系列（一六三）八七七七七六〈䷛大過二十八〉之〈䷪夬四十三〉

初六：藉用白茅，無咎。

象曰：藉用白茅，柔在下也。

解曰：步步為營，不無小補。及時補救，小心謹慎。

心得：從「大過」的卦象觀之，本末皆弱。因為中間的四陽爻大過於上下兩陰爻而取象，亦有「大坎」之險象。所以處「大過」之初，須小心行事。如同災難臨頭，首先應尋求心靈慰藉，此時藉由虔誠的祭拜，「藉用白茅」以為墊，聊表恭敬之心來化解危機。

占到此爻發動，占者所問之人事因應，當知沒有什麼解決不了的事，但能謙卑柔下，恭敬虔誠感動對方，必能得到諒解與幫助。

易經占驗系列（一六四）八七七七九八〈䷛大過二十八〉之〈䷞咸三十一〉

九二：枯楊生稊，老夫得其女妻，無不利。

象曰：老夫女妻，過以相與也。

解曰：大器晚成，生機無限。掌握要領，知其可為。

心得：在〈大過卦〉中，此爻是最有生機，用物理現象來理解，乾枯的枝幹長出了嫩芽，生機無限。如同老夫為了傳宗接代，娶了年幼的少女為妻，雖然在年紀上大過很多，但其綿延子孫的目的意義重大，所以說沒有什麼不利的。

占到此爻發動，占者所問之人事因應，當知責任之重大，「不易」中有「變易」，一些看似過分的事，但權宜輕重其意義上要能互蒙其利。

易經占驗系列（一六五）八七七九七八〈䷛大過二十八〉之〈䷮困四十七〉

九三：棟橈，凶。

象曰：棟橈之凶，不可以有輔也。

解曰：每況愈下，不可收拾。無法承受，不可倚重。

心得：一間房子最重要的支柱在於棟樑，但棟樑無法負荷承擔時，就會彎曲傾折。用在國家棟樑，比喻重要的賢良之士，若賦予超過他的本能，產生過勞就會有痛失英才之凶，所以就無法再來輔佐國家了。

占到此爻發動，占者所問之人事因應，當知再有多大的能力也是有限的，一旦超過本分就會產生反效果，所以要能愛才惜才，甚至自己也不可逞能，才不至損失慘重。

易經占驗系列（一六六）八七九七七八〈䷛大過二十八〉之〈䷯井四十八〉

九四：棟隆，吉。有它吝。

象曰：棟隆之吉，不橈乎下也。

解曰：適可而止，擴充無益。名符其實，勿再奢求。

心得：棟樑隆大是很好，但如果下面的支撐力太小就會有危險。在此比喻國家的棟樑之材，不可大材小用，這樣就會耗損人才，浪費國家資源無法人盡其才。

占到此爻發動，占者所問之人事因應，當知凡事不應求大，要適才適用、適得其所。如同居住的空間太大，住的人卻太少，反而不見得有好處。

易經占驗系列（一六七）八九七七七八〈䷛大過二十八〉之〈䷟恆三十二〉

九五：枯楊生華，老婦得其士夫。無咎無譽。

象曰：枯楊生華，何可久也？老婦士夫，亦可醜也。

解曰：別出心裁，在商言商。心態問題，歡喜就好。

心得：「枯楊生華」，是從枝葉開出的花朵，顯而易見，花開花謝是不會長久，有其時效性。就像太老的姊弟戀一樣，大部分是不會長久。如同流行的東西也有賞味期，一旦過了熱情也會隨之消失。所以說：年齡懸殊的苟合，實在不是一件好事。

占到此爻發動，占者所問之人事因應，當知凡事不應追求時髦，變易中有其不易，畢竟一時的衝動，難抵擋長久的現實，所以要慎思而為。

易經占驗系列（一六八）六七七七七八〈☱☴大過二十八〉之〈☰☴姤四十四〉

上六：過涉滅頂，凶，無咎。

象曰：過涉之凶，不可咎也。

解曰：大難臨頭，勇氣可嘉。危如累卵，冒險犯難。

心得：「大過」到了極點，有如涉水過河，水深足以滅頂之象。但若熟諳水性就能脫離險境，免遭滅頂之凶。用在國家棟樑人才而言，雖然說肩負的任務已到不堪負荷，甚至犧牲了性命，在精神上是值得嘉許而不可有所追究的。

占到此爻發動，占者所問之人事因應，當知凡事不應有標準答案，有些是在情理法上是可以斟酌的。只要盡心盡力，問心無愧就不會在良心上有所咎責了。

易經占驗系列（一六九）八七八八七六〈☵☵坎二十九〉之〈☵☱節六十〉

初六：習坎，入於坎窞，凶。

象曰：習坎入坎，失道凶也。

解曰：掉入陷阱，險遭套牢。險惡之輩，勿被設計。

心得：「坎」有險陷、艱難之意。用於人事有有陰險之計；用於遭遇有坎坷不順利。處坎險之世，居坎險之初，不思尋求脫離艱險之道，反而陷入艱險之中。就如同坑洞之下又有坑洞，愈陷愈深。這正是遭遇凶險的所在原因。

占到此爻發動，占者所問之人事因應，當知會遭遇到如此凶險，是因為偏離正道，存心不良所致。此爻亦在告誡，要遵循正道才是真理。

易經占驗系列（一七〇）八七八八九八〈䷜坎二十九〉之〈䷇比八〉

九二：坎有險，求小得。

象曰：求小得，未出中也。

解曰：不幸之中，尚有大幸。逆向思考，選用優點。

心得：此九二所面臨之艱險是大險，因相應的九五也深陷其險難中，自顧不暇。為能求得六三彼此在患難之中相互支援，謀求出險之道而已。但還是要繼續努力，因猶在危險之中，尚未完全脫離險境。

占到此爻發動，占者所問之人事因應，當知解決困境之道，先求有再求多，先求近再求遠，從容易的下手再漸及困難。這就所謂「求小得。」

易經占驗系列（一七二）八七八六七八〈☵坎二十九〉之〈☵井四十八〉

六三：來之坎坎，險且枕，入於坎窞，勿用。

象曰：來之坎坎，終無功也。

解曰：愈陷愈深，短期無望。險象環生，不可接近。

心得：此六三爻處在上坎下坎交接之間，可以說是險中又險，所以要枕戈待旦，先暫且停下以尋求九二的支援。此時此刻不可輕舉妄動而掉入深淵，不然到最後想幫忙的人也使不上力，所以說：「徒勞無功。」

占到此爻發動，占者所問之人事因應，當知目前所面臨之風波不斷，不是一己之力所能處理，先求自身的冷靜，再懇求近身之至親好友來幫忙。若自不量力，只會把事情搞得更糟糕而已。

易經占驗系列（一七二）八七六八七八〈☵坎二十九〉之〈☱困四十七〉

六四：樽酒簋貳，用缶。納約自牖，終無咎。

象曰：樽酒簋貳，剛柔際也。

解曰：市場供需，進口酒食。酒後真言，盡釋前嫌。

心得：「納約自牖」，古時地窖出入之口。處「坎」險之世一切從簡，所以用一樽酒兩盤小菜，用瓦杯盛酒，即所謂通俗的粗菜薄酒。總體而言，就是六四與九五利用小酌的機會來商討出險之妙計，最終得到瞭解脫之道，就在巧妙之間。

占到此爻發動，占者所問之人事因應，當知天無絕人之路，有時請人吃個飯，把面臨的困境述予相知，尤其是自己所尊敬的人，只要誠心誠意，就能找到曙光而得予解脫。

易經占驗系列（一七三）八九八八七八〈䷜坎二十九〉之〈䷆師七〉

九五：坎不盈，祇既平，無咎。

象曰：坎不盈，中未大也。

解曰：開源節流，收支平衡。不自驕滿，值得學習。

心得：處「坎」險之世，居九五之尊，位高權重。負荷其重大的艱險，必須不盈滿保持低調，接納下屬的意見以謀求化解險困之道，自能得到平安。在此之時只暫且脫離險境，尚不能做大事，所以說：「中未大也。」

占到此爻發動，占者所問之人事因應，當知越居高位所處理的事，想像的空間層次就有所不同，一切當以平安順遂為原則，不求有功但求無過，絕不「自以為大」自戒。

易經占驗系列（一七四）六七八八七八〈䷜坎二十九〉之〈䷺渙五十九〉

上六：係用徽纆，寘於叢棘，三歲不得，凶。

象曰：上六失道，凶三歲也。

解曰：受限法令，不得解圍。積重難返，萬劫不復。

心得：此上六爻的爻辭在敘述一個罪人，用繩子綁著被放置在四周戒備森嚴的牢獄之中，三年（比喻多年）的時間不得釋放，為何會如此之凶兆？究其原因是違反正道而行，也就是誤入歧途。

占到此爻發動，占者所問之人事因應，當知已到無法挽救的地步，必須乖乖去接受面對應有的處罰。此在告誡「歹路不可行」沒有任何僥倖，走過必留下痕跡，有任何非分之想速速遠離吧！

易經占驗系列（一七五）七八七七八九〈䷝離三十〉之〈䷷旅五十六〉

初九：履錯然，敬之無咎。

象曰：履錯之敬，以辟咎也。

解曰：有益健康，敬慎不敗。井然有序，恭敬如宜。

心得：「離」者，麗也。離為火，火必因附木而榮。所以火不能自現，必有所附麗而明。「履」者，禮也。處文明之世，居文明之初，當以恭敬的心來醫煩躁交錯的病，因此可以避開災禍的肇端。

占到此爻發動，占者所問之人事因應，當知人能受到別人的尊重，是因為本身秉持著恭敬的態度來處事。舉凡一切行、住、坐、臥都要審慎不可躁急，就可避開無謂的災禍。

易經占驗系列（一七六）七八七七六七〈☲離三十〉之〈☲大有十四〉

六二：黃離，元吉。

象曰：黃離元吉，得中道也。

解曰：如日中天，拔得頭彩。大而化之，可以依託。

心得：「黃離」有二意，其一指黃色的鸝鳥（倉庚鳥）叫聲可讓蠶寶寶開始活動生長，以致吐絲等等有利人民之用途。其二從太陽東升的時間而言，第二爻處中正之位，如同日麗中天無所不照。所以說：「元吉。」舉凡處事一切當以中庸之道為之。

占到此爻發動，占者所問之人事因應，當知目前所呈現在眼前的景象情勢一片大好，自然有人來歸附示好，不求而自得，因為已經掌握了至要之中道。

易經占驗系列（一七七）七八七九八七〈䷝離三十〉之〈䷔噬嗑二十一〉

九三：日昃之離，不鼓缶而歌，則大耋之嗟，凶。

象曰：日昃之離，何可久也。

解曰：日漸衰退，亡羊補牢。人無遠慮，必有近憂。

心得：太陽過了中午必然是西下，這是天文每日觀察可得。《易經》這部書，藉由天理而推人事。此爻告誡少年、中壯年當及時努力，一旦進入老年就得順應自然。若不知生死之道乃順其自然而徒增傷悲，只有壞處而沒有好處。

占到此爻發動，占者所問之人事因應，當知努力必須與時俱進，一旦面對必然無法改變之事，就必須在心態上做適度的調適，不然只會使事情更惡化而且是無法長久。

易經占驗系列（一七八）七八九七八七〈䷝離三十〉之〈䷕賁二十二〉

九四：突如其來如，焚如，死如，棄如。

象曰：突如其來如，無所容也。

解曰：飛來橫禍，希望滅絕。凶惡之極，難能預料。

心得：《說卦傳》說：「離為甲冑，為戈兵。」因而此爻在敘述戰爭之慘烈狀況。兩軍交戰兵不厭詐，尤其是不加防備的一方，突然遭受火攻之悽慘之狀，是難以想像的，連一點容身之地也無可倖免。

占到此爻發動，占者所問之人事因應，當知事出突然而難能避免，但其實很多事情都是其來有自，是否有鄭重其事才是關鍵。所以此占乃在告誡，平常對任何事不可太輕忽，應當適度的粉飾以消弭潛在之危機。

易經占驗系列（一七九）七六七七八七〈☲離三十〉之〈☰同人十三〉

六五：出涕沱若，戚嗟若，吉。

象曰：六五之吉，離王公也。

解曰：楚楚可憐，哀兵必勝。軟性訴求，終得體諒。

心得：此六五爻乃延續著九四爻，來形容戰爭所帶來的悲慘，使國君體恤軍民，哀傷至淚流滿面如滂沱大雨，感慨如此這般。因此用哀兵之計求上九的王公大人來討回公道。所謂

「哀兵者勝」的道理即在於此，所以得吉。

占到此爻發動，占者所問之人事因應，當知前車之鑑不可覆蹈。既然事情已經發生了，如何挽回才是最重要，就是要懷著悲憤的心情，再尋求有影響力的貴人來支助，一舉解決度過難關。

易經占驗系列（一八〇）九八七七八七〈☲☲離三十〉之〈☳☲豐五十五〉

上九：王用出征，有嘉折首。獲匪其醜，無咎。

象曰：王用出征，以正邦也。

解曰：抓住重點，沒有後患。主動出擊，擄獲芳心。

心得：此爻從「離」火炎上的性質而言，是六五附麗的對象，所以稱為王，用以出征討伐逆賊。出兵的目的只是為了平定叛亂、安定國家，因此只要擒賊擒首，並沒有傷及無辜之意，此乃「無咎」之道。

占到此爻發動，占者所問之人事因應，當知在現實生活當中，時常出現一些害群之馬，身為一個領導者就得借力使力，把源頭抓到盡速處理，才不會傷及無辜也不至將事態擴散。

易經占驗系列（一八一）八七七七八六〈䷞咸三十一〉之〈䷰革四十九〉

初六：咸其拇。

象曰：咸其拇，志在外也。

解曰：點到為止，測試階段。初次相逢，略有感應。

心得：「咸」者，無心之感也。自三十一卦以後稱之為下經，上經大多談天地之事，下經講人倫，以精神交感為出發。處交感之世，居交感之初。如同人身腳之大拇趾，隱喻交感尚微、尚無交情，所以必須往上向前發展，付出更多的心力。

占到此爻發動，占者所問之人事因應，當知此階段的印象是非常重要的，若表現不好，未來想要讓人改變初識的印象就很難了。所以此爻在告誡，人與人間的第一印象是人際關係的第一步。

易經占驗系列（一八二）八七七七六八〈䷞咸三十一〉之〈䷛大過二十八〉

六二：咸其腓，凶。居吉。

象曰：雖凶居吉，順不害也。

解曰：尚未穩定，按兵不動。踰越身分，有失莊重。

心得：「腓」指小腿，感應比拇趾稍上。小腿肉是用來支撐行走的，但它本身是依附在大腿上而不能自主的。所以藉由此象提示占卜的結果，行動主凶，居住不動則吉，由此可見趨吉避凶之道。

占到此爻發動，占者所問之人事因應，當知人與人之交往尚淺，彼此認識不深就得保持距離，不可自我感覺良好，不然動則得咎，最好是順應自然才不會受到莫名的傷害。

易經占驗系列（一八三）八七七九八八〈䷞咸三十一〉之〈䷬萃四十五〉

九三：咸其股，執其隨，往吝。

象曰：咸其股，亦不處也。志在隨人，所執下也。

解曰：介入太深，隨便不得。一再冒犯，適得其反。

心得：「澤山咸」內卦「艮」以靜止為德。感應在腰下腿上，在上下之際甚難控制。容易受到外力的牽引，被牽者鼻子走，最後的結果就會遭遇羞辱，進而陷入困境之中，這就是無法堅持自主，又不聽勸止所帶來的困難。

占到此爻發動，占者所問之人事因應，當知受到外來的誘惑被利慾薰心，還以為天上掉下來的禮物，可想而知最後的結果是人財兩失。此乃告誡之意味，要冷靜、不可執意衝動。

易經占驗系列（一八四）八七九七八八〈䷞咸三十一〉之〈䷦蹇三十九〉

九四：貞吉，悔亡。憧憧往來，朋從爾思。

象曰：貞吉悔亡，未感害也。憧憧往來，未光大也。

解曰：近悅遠來，顧客滿意。魚雁往返，心意底定。

心得：感應已發展到了心思所在之處，所以才有「憧憧往來」之象。從此跡象可以想像到雙方已發展到情同意合的地步，但還有一些該顧慮的事，因此想聽聽好朋友的意見來加以斟酌。雖然不是很光明正大，但可避免往後的一些不必要困難。

占到此爻發動，占者所問之人事因應，當知人的第六感在日常生活是可以加以參考判斷，是有利無害的，再配合一些善知識之人的建議，就可避免一些自我感覺良好的糊塗事發生。

易經占驗系列（一八五）八九七七八八〈䷞咸三十一〉之〈䷽小過六十二〉

九五：咸其脢，無悔。

象曰：咸其脢，志末也。

解曰：大公無私，可以長久。相互依偎，無怨無悔。

心得：此卦從腳趾、小腿，到腰甚至到心，這些都在比喻人之有為所產生的缺點。至此到「脢」，指背脊肉，無所私自感應以喻無為之思，無為則隨順自然，當然就沒有悔恨之事發生。

占到此爻發動，占者所問之人事因應，當知人有私心是一般常情，結果就是讓人覺得志向不夠遠大，若身為一個有為的領導人，所要關心的就是廣泛而不是身邊和親近的。

易經占驗系列（一八六）六七七七八八〈䷞咸三十一〉之〈䷠遯三十三〉

上六：咸其輔，頰，舌。

象曰：咸其輔，頰，舌。滕口說也。

解曰：飲食行業，反應愈烈。肌膚雖親，不可妄斷。

心得：上六爻像在口，口包含了輔頰舌。口的作用在於飲食言語，言語作用在於感應人。然此象要表達的是靜止的狀態，而用嘴巴是動態的，所以與本意似有相違背。處〈咸卦〉之極，非用心之相感而是耍嘴皮，所感必虛而不實。

占到此爻發動，占者所問之人事因應，當知所謂「三寸不爛之舌」，用在正道當然是好，但口蜜腹劍就要提防。此爻在告誡不要被甜言蜜語所迷惑而損失。

易經占驗系列（一八七）八八七七七六〈䷟恆三十二〉之〈䷡大壯三十四〉

初六：浚恆，貞凶。無攸利。

象曰：浚恆之凶，始求深也。

解曰：要求太多，無益反害。過於勢利，拒絕往來。

心得：〈恆卦〉的主旨是能相互溝通，能應時變化且用正道才能長期持久。此初六處恆常之世，要先求有再求多。反之，即「浚恆，始求過深」，要求太多讓人無法接受，有欲速則不達之反效果，所以無利可圖。

占到此爻發動，占者所問之人事因應，當知細水才能長流，貪乃貧之根。此爻在告誡求人之多，反觀付出也要多，不平衡的對待總是不會長久，當然就沒有利益可言。

易經占驗系列（一八八）八八七七九八〈䷟恆三十二〉之〈䷽小過六十二〉

九二：悔亡。

象曰：九二悔亡，能久中也。

解曰：剛健得中，於事無悔。就是這樣，沒有怨言。

心得：〈恆卦〉是由上「震」下「巽」所組合而成，有雷、有風是長久之常態。但此卦不見其八卦正位，故六爻不見其全吉。唯六五之「貞婦人吉」，以及此九二「悔亡。」在六十四卦之中，占到時大都不是很理想。其實也在反映人生，恆心是件不容易的事。

占到此爻發動，占者所問之人事因應，當知悔恨能消亡，乃能長久以合乎中道行事即可。想面面俱到反而把事情搞得灰頭土臉，凡事心安，有多少能力就做多少事才能持之以恆。

易經占驗系列（一八九）八八七九七八〈䷟恆三十二〉之〈䷧解四十〉

九三：不恆其德，或承之羞，貞吝。

象曰：不恆其德，無所容也。

解曰：難以持續，得人資助。個性反覆，應做修正。

心得：此爻可以從《論語》「人而無恆，不可做巫醫」這句話來體會。一個人的常性是不容說變就變的，一旦喜怒無常經常展現，那就無法得到讓身邊的人加以包容，在世俗的環境就難以生存，當然就收入有限了。

占到此爻發動，占者所問之人事因應，當知一切的惡果都是個性使然，不知利他則利己的空間就受限，所以在此告誡善行、善事不可隨便說說。化解方法盡可少說而多做。

易經占驗系列（一九〇）八八九七七八〈䷟恆三十二〉之〈䷭升四十六〉

九四：田無禽。

象曰：久非其位，安得禽也。

解曰：徒勞無功，沒有收穫。合適人選，尚未出現。

心得：九四說：田獵無所獲，是因為沒有堅守崗位而沒有田獵的收穫。從爻位而言，以陽居陰位，位不當也，也就是處在不正當的位。然《易經》之解卦向來所重視的是德、位、時，此爻居恆久之世，處在近君大臣之位，當知變通才合乎正道。

占到此爻發動，占者所問之人事因應，當知沒有好結果，一無是處。此爻乃在告誡人們，不可守株待兔，被不當的思維所影響，發現苗頭不對就應該改變策略，才不會延誤時機。

易經占驗系列（一九一）八六七七七八〈䷟恆三十二〉之〈䷛大過二十八〉

六五：恆其德，貞婦人吉。夫子，凶。

象曰：婦人貞吉，從一而終也。夫子制義，從婦凶也。

解曰：營收利潤，女穩於男。適合女性，不宜男性。

心得：〈恆卦〉的德性，因男女而有別。古時婦女當以忠貞齊家為貴；反觀男人當以在外打拼，須隨時代的潮流而發揮其開創性。所以此爻所標示的吉凶，恰似給後來的金錢卦做了示範。如女占問丈夫之事宜，當以官鬼爻為用神；男問太太之事宜，則以妻財爻為用神。

占到此爻發動，占者所問之人事因應，當知占到同一卦，因所問的標的不同就會有不同的結果。時代已在劇烈變遷中，很難分辨男女的性質，但有一點值得省思的是變與不變，才是吉凶的關鍵。也就是要合乎時宜的權變才符合恆久之道。

易經占驗系列（一九二）六八七七七八〈䷟恆三十二〉之〈䷱鼎五十〉

上六：振恆，凶。

象曰：振恆在上，大無功也。

解曰：風險太高，無法掌握。不夠穩定，不可依賴。

心得：恆常之性已到盡頭，此時當以安定為重而不務求其有功。《老子道德經・第二十六輜重章》說：「重為輕根，靜為躁君……輕則失根，躁則失君。」以此章來形容此爻是非常貼切的。

占到此爻發動，占者所問之人事因應，當知時機已過，不必再過分的追求。躁動只會讓事情惡化，對於事實是無法改變，所以告誡行動無功可言，反之冷靜思考反而有益。

易經占驗系列（一九三）七七七七八六〈䷠遯三十三〉之〈䷌同人十三〉

初六：遯尾，厲。勿用，有攸往。

象曰：遯尾之厲，不往何災也。

解曰：禍期將到，遠離要快。小人得勢，不可眷戀。

心得：「遯」者，退也。小人之進則君子之退，宜待時而興。在隱退之世，居其退之初，以「尾」做為象徵。然而不是說退就能退，像此爻想退已來不及，所以就必須暫且觀望，等到適當時機才行動，才不會遭遇危險。

占到此爻發動，占者所問之人事因應，當知勢之必然所歸，已無法強求任其所為。以其用盡心思想去改變，倒不如退而求其次，潛移默化以退為進，等到適當時機再行處理反而有效果。

易經占驗系列（一九四）七七七七六八〈䷠遯三十三〉之〈䷫姤四十四〉

六二：執之用黃牛之革，莫之勝說。

象曰：執用黃牛，固志也。

解曰：隱退之心，不可動搖。心意已定，無所改變。

心得：在〈遯卦〉之中，唯此爻沒有「遯」字。《易經》常以寡御眾，因此為成卦之主而與九五爻正應。所以隱遁之心的堅決，如同用黃牛堅韌的皮革綁住，無法解開。以此隱喻心志之堅定，以避開小人之得勢所帶來的禍患。

占到此爻發動，占者所問之人事因應，當知用盡心思要把人留住，在小人得勢之際是無法做到的。此卦在告誡面對不利的情勢，不可為人情、財利之誘惑而失去戒心。越王勾踐的大臣文種就是活生生的案例。

易經占驗系列（一九五）七七七九八八〈䷠遯三十三〉之〈䷋否十二〉

九三：係遯，有疾厲。畜臣妾吉。

象曰：係遯之厲，有疾憊也。畜臣妾吉，不可大事也。

解曰：虛應故事，等待時機。逢場作戲，轉移目標。

心得：從爻位的關係而言，九三近六二，在隱退之際容易有牽扯不清之關係，就如同人有病在身的危險一樣。所以就必須先放鬆心情，把身體養好以待時機之到來。就像畜養臣妾，也是在鞏固自己的內在實力以枕戈待旦。

占到此爻發動，占者所問之人事因應，當知此時面臨的情境是要以拖待變，但又不能表現得太好，反而要讓人覺得不精進而有頹廢之象。其實就是障眼法的一種策略。

易經占驗系列（一九六）七七九七八八〈䷠遯三十三〉之〈䷴漸五十三〉

九四：好遯，君子吉，小人否。

象曰：君子好遯，小人否也。

解曰：見好就收，難能可貴。好聚好散，各留餘地。

心得：此九四爻處「遯」之世，與初六相應之象。如同與既得利益的人共享好處，而能審時度勢毅然決然放棄不當得利隱遁而去。唯有正人君子才能做到，對一般小人是無法想像的。

占到此爻發動，占者所問之人事因應，當知利益好處人人會想去爭取，但見好就收可就不是人人能做到，內心的抉擇需由漸進式才能想通，所以一般凡夫俗子是很難理解。畢竟非法所得是留不住，社會版屢見不鮮。

易經占驗系列（一九七）七九七七八八〈䷠遯三十三〉之〈䷷旅五十六〉

九五：嘉遯，貞吉。

象曰：嘉遯之吉，以正志也。

解曰：急流勇退，值得嘉許。功成身退，美不勝收。

心得：《文言傳》說：「亨者嘉之會，嘉會足以合禮。」處「遯」之世，居九五之尊，對隱退之事而言，是任誰都無法勸阻的。就如同政治人物所做的退讓抉擇，是足以讓人稱讚有加的。所謂的「上台靠機會，下台靠智慧」就是最佳寫照。

占到此爻發動，占者所問之人事因應，當知身居舉足輕重的地位，對於隱退之事，在最好的時機堅決地提出是會得到嘉許，也可給後人帶來最佳的典範。

易經占驗系列（一九八）九七七七八八〈䷠遯三十三〉之〈䷞咸三十一〉

上九：肥遯，無不利。

象曰：肥遯，無往不利。無所疑也。

解曰：高點出脫，大發利市。禪讓美德，難望項背。

心得：在整個〈遯卦〉而言，此上九條件最好，離二陰爻最遠，完全不受任何干擾，所以叫「肥遯」，表示悠遊自在。在時機上從容不迫，在人事上沒有牽扯，因此對全體而言皆能得利而無所懷疑。

占到此爻發動，占者所問之人事因應，當知人生難得享受無拘無束的時刻，就得好好的把握。就如同退休的老人家，在條件許可的環境下到處去遊逛一下，對家內的年輕人來說也是不錯的選擇。

易經占驗系列（一九九）八八七七七九〈䷡大壯三十四〉之〈䷟恒三十二〉

初九：壯於趾，征凶。有孚。

象曰：壯於趾，其孚窮也。

解曰：出師不利，必然受損。逞強好鬥，想必魯莽。

心得：「大壯」，《象傳》說：「君子以非禮弗履。」這句話是用來保護強壯與勇敢的態度。處「大壯」之世，居「大壯」之初，卦辭說撞傷及腳趾，前進出征打仗，戰敗是必然的。

用在占卜的經驗都是應驗的。最主要的原因在於躁動，而且得不到上層的信任所致。

占到此爻發動，占者所問之人事因應，當知任何行動與計畫不可輕敵，輕敵必敗。而且要得到大眾的認同，才不會窮途末路。這爻除了告誡之外，還提示「外應」的可信度，所謂不好的預兆不可鐵齒。

易經占驗系列（二〇〇）八八七七九七〈䷡大壯三十四〉之〈䷶豐五十五〉

九二：貞吉。

象曰：九二貞吉，以中也。

解曰：恰到好處，固守有利。文武雙全，恩威並濟。

心得：處於「大壯」之世，有初九的前車之鑑以後，在做任何行動就必須謹守中道。最好能透過占卜以示謹慎，不然就會像快速行駛於太直線的車道，容易鬆懈而恍神以致發生車禍之憾事一樣。所以就必須更加小心行事。

占到此爻發動，占者所問之人事因應，當知所占問的結果是吉利的，會有所收穫的。但大前提是要用既中且正的態度行事，這樣的成果才能豐碩壯大。

易經占驗系列（二〇一）八八七九七七〈䷡大壯三十四〉之〈䷵歸妹五十四〉

九三：小人用壯，君子用罔，貞厲。羝羊觸藩，羸其角。

象曰：小人用壯，君子罔也。

解曰：勉強必傷，審慎可解。有勇無謀，自暴其短。

心得：此爻以小人、君子、籬笆、羝羊角等等，極盡比喻爻象。九三剛愎自用與上六相應，如同一個自負的人與老謀深算的人對陣。就是剛猛的公羊，用羊角去觸籬笆，被卡住無力所施的寫照。但君子就不會做出這樣的蠢事了。

占到此爻發動，占者所問之人事因應，當知一時衝動所帶來的危險，帶給日後不盡的後遺症。此爻在告誡凡事要用智慧不可用蠻力，所謂君子動口，不動手也。

易經占驗系列（二〇二）八八九七七七〈䷡大壯三十四〉之〈䷊泰十一〉

九四：貞吉悔亡。藩決不羸，壯於大輿之輹。

象曰：藩決不羸，尚往也。

解曰：難關已過，前進無妨。克服障礙，可以任用。

心得：此九四的條件相對的好，是因為有前面初九、九二以及九三的經驗，所以能把藩籬的障礙清除，減少敵對反向合作。就如同壯於「大輿之輹」，就可以勇往直前，穩如泰山之強壯。

占到此爻發動，占者所問之人事因應，當知最大的敵人就是自己與內部的組織。所以必須接受最親近的人考驗與磨練，才能一致對外。放下我執與偏見則無往不利，事事通暢。

易經占驗系列（二〇三）八六七七七七〈䷡大壯三十四〉之〈䷪夬四十三〉

六五：喪羊於易，無悔。

象曰：喪羊於易，位不當也。

解曰：喪失資源，自我調適。自作自受，怪不得誰。

心得：〈大壯卦〉以內卦喻為羊，外卦喻為籬笆。此爻以陰居陽位，不但沒有阻擋反而有助羊之勢。此卦乃十二消息陽息之卦，有必然之趨勢，即使居尊位也不得不退讓，所以說：「位不當也。」

占到此爻發動，占者所問之人事因應，當知認清時勢之所趨，不要為難前來接替的人反而要暗中資助，雖然內心有萬般的無奈，但已時不我與。此爻乃告誡人生舞台有起有落，識時務者為俊傑。

易經占驗系列（二〇四）六八七七七七〈䷡大壯三十四〉之〈䷍大有十四〉

上九：羝羊觸藩，不能退，不能遂，無攸利。艱則吉。

象曰：不能退，不能遂，不詳也。艱則吉，咎不長也。

解曰：進退兩難，務必解圍。腳踏兩船，智慧抉擇。

心得：此爻在此比喻與九三用力、用智相互鬥法的結果，是卡在艱難中動彈不得，所以說：無所利，也就是說無利可圖。若能各退一步艱難其事，災咎就不會很長久了。

占到此爻發動，占者所問之人事因應，當知化解紛爭的方法，不是硬碰硬而是退讓。所謂「退一步海闊天空」的道理意即此爻。此爻亦在告誡不要沒事找事，把自己帶入不可自拔的地步。

易經占驗系列（二〇五）七八七八八六〈䷢晉三十五〉之〈䷔噬嗑二十一〉

初六：晉如摧如，貞吉。罔孚裕，無咎。

象曰：晉如摧如，獨行正也。裕無咎，未受命也。

解曰：寬宏大量，不可小氣。積極進取，又行正道。

心得：〈晉卦〉由「離為火」有戈兵之象，和「坤為地」有眾人之象所組成。因此可以引申為征戰之象，再加上卦爻辭就更加貼切。此爻居「晉」之世，處「晉」之初，首先要摧毀對方之要塞堡壘，之後擄獲俘虜要寬厚對待，須得到上級的命令才可以處置。

占到此爻發動，占者所問之人事因應，當知兩軍交戰貴在神速，用在商場也要掌握機先。商場如戰場，凡事所採取的態度均應對事而不對人。

易經占驗系列（二〇六）七八七八六八〈䷢晉三十五〉之〈䷿未濟六十四〉

六二：晉如愁如，貞吉。受茲介福，於其王母。

象曰：受茲介福，以中正也。

解曰：祖上有德，晉用大吉。得其庇蔭，善加安排。

心得：戰爭的過程沒有絕對的勝利，但有所憂患才會有所警覺，才不會大意。更須得到祖上的庇蔭，在精神上之鼓舞更充滿必勝之決心。戰爭是不得已的，並非窮兵黷武，所以說：「受茲介福，以中正也。」

占到此爻發動，占者所問之人事因應，當知最大的禍患就是輕敵，輕敵必喪失警覺心，所以心懷慈憫之心才能得到無形的資助，用在商場上更是不可或缺的基本元素。

易經占驗系列（二〇七）七八七六八八〈☲☶晉三十五〉之〈☲☶旅五十六〉

六三：眾允，悔亡。

象曰：眾允之志，上行也。

解曰：眾志成城，勝券在握。一致推崇，義無反顧。

心得：所謂「眾志成城」即如此爻「眾允」之象。此六三爻條件雖不是最好，但能得到眾多人信任，對於出兵打仗就能有信心，而心中也就沒有憂悔之事可掛慮，自然能勇往直前，一路暢行無阻攻無不破。

占到此爻發動，占者所問之人事因應，當知個人之事小，眾人之事大，拋開個人之意識而以眾人之事為己任，自能得到眾人之祝福與期待而順利成功。此爻主要在告誡團結力量大，無堅不摧的道理。

易經占驗系列（二〇八）七八九八八八〈☲☷晉三十五〉之〈☶☷剝二十三〉

九四：晉如鼫鼠，貞厲。

象曰：鼫鼠貞厲，位不當也。

解曰：行動遲緩，施展不開。尸位素餐，避之為宜。

心得：「鼫鼠」，就是一般所謂的五技鼠，能飛不能過屋，能緣不能窮木，能游不能渡谷，能穴不能掩身，能走不能先人。雖有五技而無一專成，在此形容無專精而居要位，用於指揮作戰是非常危險。

占到此爻發動，占者所問之人事因應，當知用人不當的後果，以及自身的能力是不足以擔當大任。此爻乃在告誡團體中的人，會有成事不足而敗事有餘混居其中，主事者當知警惕。

易經占驗系列（二〇九）七六七八八八〈晉三十五〉之〈否十二〉

六五：悔亡，失得勿恤，往吉，無不利。

象曰：失得勿恤，往有慶也。

解曰：失而復得，放心投資。無需提防，心胸坦蕩。

心得：戰爭的成敗乃兵家常事，但最重要的是要記取教訓，過程難免有得失，勇往直前爭取最後的勝利才是值得慶賀的，不戰而能屈人之心，就是「往吉無不利。」戰爭是殘酷的，當以和平解決讓彼此損傷降至最少才是最有利的。

占到此爻發動，占者所問之人事因應，當知過程有失而復得之象，因用人不當、對事不明，當及時反省使悔恨消亡，最後的結果總算是成功的。此爻在告誡事業的進行當時時謹慎，能在第一時間發現問題予以緊急處置。

易經占驗系列（二二〇）九八七八八八〈☲☷晉三十五〉之〈☳☷豫十六〉

上九：晉其角，維用伐邑，厲吉，無咎，貞吝。

象曰：維用伐邑，道未光也。

解曰：行動失控，緩謀對策。鑽牛角尖，枉費心機。

心得：戰爭到最後，最不得已的就是肉搏戰。但若是內戰而非敵人，則潛藏的危機是無法消彌的。此爻的占辭非常特別也非常曲折，這正是內戰典型的寫照。從危險到吉，又要善於補過，最終困難才開始。

占到此爻發動，占者所問之人事因應，當知外面的敵人雖然危險，但還沒自己內部同僚的可怕。此爻在告誡我們平常就得心胸坦蕩，才不會被自己的人來掀底，所以說：「維用伐邑，道未光也。」

易經占驗系列（二一一）八八八七八九〈䷣明夷三十六〉之〈䷎謙十五〉

初九：明夷於飛，垂其翼。君子於行，三日不食。有攸往，主人有言。

象曰：君子於行，義不食也。

解曰：失意階段，盡不如意。出門在外，難獲禮遇。

心得：「明夷」，光明受創也。「明夷」也是一種鳥，在此比喻臣民遇到昏君時的態度。首先如同「垂其翼」的鳥不動聲色，一旦有機會逃走就拼命遠走高飛，連三餐都顧不得吃。但昏君尚不知臣民為何要離開而猶在怪罪！

占到此爻發動，占者所問之人事因應，當知人生的境遇遇人不淑就不要眷念，此時宜保持安全是最重要的。此爻告誡遇到不可託付終身的人事，就應迅速遠離不可遲疑。

易經占驗系列（二一二）八八八七六七〈䷣明夷三十六〉之〈䷊泰十一〉

六二：明夷，夷於左股，用拯馬壯，吉。

象曰：六二之吉，順以則也。

解曰：出了紕漏，盡力挽回。遇到困難，尋求關說。

心得：處「明夷」之世，居「明夷」之中。傷到了左股，比喻傷勢不是很嚴重，用強壯的馬迅速來載離到安全之地，順勢脫困。所以說：「用拯馬壯，吉。」此爻從商周之交戰史而言，比喻文王被紂王關在羑里七年，最後用盡全力才得以獲釋。

占到此爻發動，占者所問之人事因應，當知受傷不重之時，就要傾盡全力來加以治療，尤其在人力、物力、時間上的掌握，必須順從專業人員的建議才會得到安泰的效果。

易經占驗系列（二一三）八八八九八七〈䷣明夷三十六〉之〈䷗復二十四〉

九三：明夷於南狩，得其大首不可疾貞。

象曰：南狩之志，乃大得也。

解曰：鞠躬盡瘁，忠心耿耿。金銀財寶，健康第一。

心得：從商周交戰的史實而言，內卦比喻文王西周之地，外卦則指紂王殷商之地。此九三爻在形容武王準備討伐無道的紂王，志在必得但不可急躁。若從爻位而言，就是九三欲除去上六，為民除害的心志乃大得其所願也。

占到此爻發動，占者所問之人事因應，當知改變現況已在燃眉之急，但以首惡為目標。必須做好萬全的準備而不可急躁，此事不是為個人而是為眾人，以明去暗為志。

易經占驗系列（二一四）八八六七八七〈䷣明夷三十六〉之〈䷶豐五十五〉

六四：入於左腹，獲明夷之心，於出門庭。

象曰：入於左腹，獲心意也。

解曰：不合體制，自我放逐。獲知心意，當知出路。

心得：此爻在外卦，若從兩派六宗之史實而言，比喻商紂的大臣微子。孔子說：殷有三仁，此其之一。爻辭的大意暗喻，微子近在紂王的身邊，如同左右手，對紂王的一舉一動已然徹底的瞭解其暴虐無道，於是明哲保身，遂出朝廷之門以遠害。

占到此爻發動，占者所問之人事因應，當知善解人意深入觀察，輔佐的對象的心思已非昔日，到了該離開的時候了。

易經占驗系列（二一五）八六八七八七〈䷣明夷三十六〉之〈䷾既濟六十三〉

六五：箕子之明夷，利貞。

象曰：箕子之貞，明不可息也。

解曰：韜光養晦，堅守到底。有志難伸，所遇非人。

心得：此爻直接以箕子的史實來形容。箕子乃紂王之父執長輩，為了求全怕紂王傷害親恩之名，所以佯狂以躲過一劫。不但保全九族以及自身，並將治國大法（《尚書》中的洪範九疇有六十五字）交給武王。所以說：文明不可熄滅。

占到此爻發動，占者所問之人事因應，當知身負重任，不是一己之私而是顧全大局。此爻對現世的政治提出了非常正面的典範。

易經占驗系列（二一六）六八八七八七〈䷣明夷三十六〉之〈䷕賁二十二〉

上六：不明晦。初登於天，後入於地。

象曰：初登於天，照四國也。後入於地，失則也。

解曰：不知天高，做法自斃。只重眼前，不重結果。

心得：所謂「不明晦」，表示自身不明卻又隱晦。如同硬要表現其光明而實際上是昏昧的。此爻是〈明夷卦〉成卦之主，在隱喻商紂王在位治國的始末，開始執政時如日中天受萬民擁戴，後來由於妲己之故，荒淫暴虐、殘害忠良，終究被武王推翻而跳火自焚亡，因而改朝換代。

占到此爻發動，占者所問之人事因應，當知處順境是最危險的，荒廢事業到頭一場空。

此爻最主要在告誡我們，人生處世之道不可沒有原則要遵道而行。

易經占驗系列（二一七）七七八七八九〈䷤家人三十七〉之〈䷴漸五十三〉

初九：閑有家，悔亡。

象曰：閑有家，志未變也。

解曰：有備無患，從小練起。手藝嫻熟，自然無憂。

心得：「家人」這一卦由兩女組成，「巽」長女六四與「離」中女六二，均得八卦之正位，所以卦辭說：「利女貞。」貞者，正也。此爻如同教育的起點在於家庭。《象傳》說：「風自火出，家人。君子以言有物，行有恆。」「閑有家」，學習的重點就在於此，腳踏實地、持之以恆，所以《小象》說：心志不會改變也。

占到此爻發動，占者所問之人事因應，當知任何事情要在開始就要制定規則，治之於未亂，最好約法三章始能專心一志，漸進成長無從變節。

易經占驗系列（二一八）七七八七六七〈䷤家人三十七〉之〈䷈小畜九〉

六二：無攸遂，在中饋。貞吉。

象曰：六二之吉，順以巽也。

解曰：掌握得宜，飲食無缺。悠閒自在，後顧無憂。

心得：此爻是標準女主內的爻象（利女貞）。「無攸遂」，專心在份內的崗位上。「在中饋」，做好一家三餐的飲食以及祭拜上帝和祖先之事。民以食為天，所以飲食大計是攸關一家之成敗，使男主人無後顧之憂的賢內助。

占到此爻發動，占者所問之人事因應，當知凡事要專心專責，「吃飯皇帝大」，各司所職，尤其在飲食的健康以及祭拜的得宜均不可馬虎，由此可看出一家的興衰榮枯，順理合宜則大吉。

易經占驗系列（二一九）七七八九八七〈☲☴家人三十七〉之〈☴☳益四十二〉

九三：家人嗃嗃，悔厲，吉。婦子嘻嘻，終吝。

象曰：家人嗃嗃，未失也。婦子嘻嘻，失家節也。

解曰：嚴苛有成，兒戲致敗。嚴加管教，必無後患。

心得：此九三爻因陽居陽位，處內卦之上，有過剛之象，恨鐵不成鋼。用在家庭教育而言，雖有過於嚴苛，但稍加調適彼此溝通還是有利的。反之用寬鬆的態度，嘻嘻哈哈成了習慣，將來要改過就很困難了。

占到此爻發動，占者所問之人事因應，當知寧可嚴厲以待也不可兒戲一般，習慣是長久養成。善者結果，惡者結業，不可不加警惕。

易經占驗系列（二二〇）七七六七八七〈䷤家人三十七〉之〈䷌同人十三〉

六四：富家，大吉。

象曰：富家大吉，順在位也。

解曰：購屋置產，經營有道。宜室宜家，理財有方。

心得：此爻是女主人的第二項工作「理財。」俗話說：大富由天，小富由儉。精打細算，量入為出。《老子道德經・第三十三章》說：「知足者富。」所以說：一個家庭除了收入支出平衡之外，就是能知足常樂，因此大吉大利。

占到此爻發動，占者所問之人事因應，當知得到賢內助就能興家立業，推及到公司的財務部健全專業，讓公司無後顧之憂，必能獲得最大利益。

易經占驗系列（二二一）七九八七八七〈䷤家人三十七〉之〈䷕賁二十二〉

九五：王假有家，勿恤，吉。

象曰：王假有家，交相愛也。

解曰：賀客盈門，蓬蓽生輝。貴人到來，憂患可解。

心得：此爻正可顯現出一個成功的男人，背後必有賢慧的妻子做靠山。所謂修身、齊家、治國、平天下的道理也在此。父慈子孝、兄友弟恭、夫唱婦隨，彼此交相敬愛，這就如同《老子道德經・第五十四章》說：「善建者不拔，善抱者不脫，子孫以祭祀不輟。……修之於家，其德乃餘。」所以說：不必擔憂，吉祥如意。

占到此爻發動，占者所問之人事因應，當知門庭若市、家道興旺。事業要能成功須從愛家人手，自然就能愛大家，人家也會來交互相愛，所謂人脈就是金脈、人潮就是錢潮。

易經占驗系列（二三二）九七八七八七〈䷤家人三十七〉之〈䷾既濟六十三〉

上九：有孚，威如，吉。

象曰：威如之吉，反身之謂也。

解曰：戒備森嚴，高枕無憂。器宇軒昂，託付終身。

心得：成功的家庭最重要的是存在著信任感。誠信相感皆由上而下，有好的榜樣威信就自然確立，所以說：「大吉。」如同居家周遭警衛森嚴，對生活而言就能安全無虞。

占到此爻發動，占者所問之人事因應，當知信是成功的基本要素，口碑的重視自能產生威望，用在商場而言就是品質保證，有此盛名自能大發利市。用在人品，眾望所歸則無往不利。

易經占驗系列（二二三）七八七八七九〈䷥睽三十八〉之〈䷿未濟六十四〉

初九：悔亡，喪馬勿逐，自復。見惡人，無咎。

象曰：見惡人，以辟咎也。

解曰：失而復得，勇於面對。逕自反省，見怪不怪。

心得：「睽，小事吉。」在睽孤之世，只能做些小事，因為志氣不相通。在〈睽卦〉中，初九與九四因同性不相應互相排斥，故有「喪馬」、「惡人」之象。在現實的生活中，因意見不合的人事屢見不鮮，但表象順從的人事不見得是正面的，所以要面對而不應逃避。

占到此爻發動，占者所問之人事因應，當知人生不如意常十有八九，面對〈睽卦〉也是一種考驗，勇於面對一時的謙卑善下，換得坦然無礙的愧疚，何樂而不為！

易經占驗系列（二二四）七八七八九七〈䷥睽三十八〉之〈䷔噬嗑二十一〉

九二：遇主於巷，無咎。

象曰：遇主於巷，未失道也。

解曰：見機行事，固執不得。反應靈敏，順理成章。

心得：處睽孤之世，居九二之中，以應六五之主，簡約相會於小巷。在現實生活之中，有很多事是可做而不可說，或者可以私下而不可公開的。所以就必須在體制之外，或透過第三者來處理非常時期的權宜之計。

占到此爻發動，占者所問之人事因應，當知必須有受到委屈的心理準備，但以不違失常道為原則。交易談判不易讓雙方都能非常滿意，此時當審時度勢，總比僵持不下好，有時退一步反而海闊天空。

易經占驗系列（二二五）七八七六七七〈䷥睽三十八〉之〈䷍大有十四〉

六三：見輿曳，其牛掣，其人天且劓，無初有終。

象曰：見輿曳，位不當也。無初有終，遇剛也。

解曰：前程受阻，繼續努力。雖有缺失，終會改進。

心得：此爻的象，雖不當位但與上九相應，過程曲折，先異而後同。所以爻辭說：牛不聽使喚，車子有人拖住；有受刑人鼻子被割、腳被剁。一開始得不到認同，最終因改變其習性才得到好結果。

占到此爻發動，占者所問之人事因應，當知要有自知之明，在事情不甚明朗之際不該硬碰硬，最好尋求更多人的共識，才符合異中求同之意旨。

易經占驗系列（一二六）七八九八七七〈䷥睽三十八〉之〈䷨損四十一〉

九四：睽孤，遇元夫。交孚，厲，無咎。

象曰：交孚，無咎。志行也。

解曰：職無貴賤，堅持有成。出身寒微，誠信以待。

心得：在「睽」乖違之世，孤獨是無法避免的，在此時不期而遇同德之人，當以誠信相交，雖然有危險，但志同道合也就沒有什麼災咎了。〈睽卦〉基本上都是先存異而後求同。

占到此爻發動，占者所問之人事因應，當知雖在高位，但尚在睽孤之世必須放下身段，以謀求同道同德就能度過此危機。心念的轉變是很重要的，往往在逆境中反而有更多的突破。

易經占驗系列（二二七）七六七八七七〈䷥睽三十八〉之〈䷉履十〉

六五：悔亡。厥宗噬膚，往何咎。

象曰：厥宗噬膚，往有慶也。

解曰：宗族合作，共享其榮。慎用同宗，亦可有成。

心得：此六五居尊位，處睽乖之世當有所檢討改進，如何讓悔恨消亡。首先要連結同族宗親，因本是血脈相親見面總有三分情，自然能獲得相助。通常會選擇聚會而有酒宴的時機更加容易接受。所以說：「厥宗噬膚。」（比喻容易親近）

占到此爻發動，占者所問之人事因應，當知需要得到眾多支持的事情，首先要得到自己人的認同，選舉就是最好的證明。在此也在告誡我們，平常宗親的聯繫必須時時保持以備不時之需。

易經占驗系列（二二八）九八七八七七〈䷥睽三十八〉之〈䷵歸妹五十四〉

上九：睽孤，見豕負塗，載鬼一車。先張之弧，後說之弧。匪寇婚媾，往遇雨則吉。

象曰：遇雨之吉，群疑亡也。

解曰：智慮多端，仍獲佳績。用人不疑，疑人不用。

心得：在睽孤之世，居上九之極。對彼此之成見都是很深，所以將對方比喻成骯髒的豬以及邪惡的鬼，這乃人之常情。等誤會慢慢消解以後就會慢慢釋懷，就如同用雨水之洗清一樣。

占到此爻發動，占者所問之人事因應，當知固執成見將是造成人與人之間誤會的重要因素，通常可以借助婚姻或結盟來化解，或是其他外力來解冤。有道之士當主動放下並釋出善意，如同自天降雨而化解之吉利一般。

易經占驗系列（二二九）八七八七八六〈䷦蹇三十九〉之〈䷾既濟六十三〉

初六：往蹇，來譽。

象曰：往蹇來譽，宜待也。

解曰：面對險阻，自我挑戰。善加鼓勵，勝過責備。

心得：「蹇」，難也。四大難卦之一，此難乃行動中之難也。處險難之世而居險難之初，見險而能知止，對於時勢的判斷可以說是果斷分明，是值得稱讚的。所以說：權宜之計，應該等待時機而不冒進。

占到此爻發動，占者所問之人事因應，當知審時度勢是智慧的表現，等待也是一種抉擇。人人都有碰到蹇難之時，此時此際與其責難還不如讚美與鼓勵。

易經占驗系列（二三〇）八七八七六八〈䷦蹇三十九〉之〈䷯井四十八〉

六二：王臣蹇蹇，匪躬之故。

象曰：王臣蹇蹇，終無尤也。

解曰：內憂外患，一肩承擔。患難之中，始見真情。

心得：「王」指九五，「臣」指六二。「蹇蹇」，比喻蹇難重重。此爻乃忠臣之象徵，與九五正應，上承九三，但本身乃陰柔之質，實難承擔此大難，可以說是心有餘而力不足。所以說：終究不會遭受怨尤，因為不是自身之事而是眾人之事。

占到此爻發動，占者所問之人事因應，當知凡事盡力而為，不要在意別人的看法，有些事是不需解釋的。在此告誡我們，為自己的職責堅守其崗位，在患難中才能表現真實的我。

易經占驗系列（二三一）八七八九八八〈䷦蹇三十九〉之〈䷇比八〉

九三：往蹇，來反。

象曰：往蹇來反，內喜之也。

解曰：前進無望，稍作等待。知難而退，並非莽夫。

心得：此爻在進行中遇到困難，返回探求解難之道。這就是《象傳》所說：「山上有水，蹇。君子以反身修德。」九三有過剛不中、剛愎自負的個性，但在此蹇難之際有此德性實屬不易，所以說「內喜之」，也就是說讓人喜出望外。

占到此爻發動，占者所問之人事因應，當知能改個性就能改變命運，退步有時是在前進，農夫插秧也是退步走。碰到困難試著去解決它，有時內心還會充滿法喜。

易經占驗系列（二三二）八七六七八八〈䷦蹇三十九〉之〈䷞咸三十一〉

六四：往蹇，來連。

象曰：往蹇來連，當位實也。

解曰：並肩作戰，衝破難關。借力使力，互蒙其利。

心得：蹇難已越過險阻的山頭，但還在險難當中（因互卦中有坎象），此時尚不可以放鬆，更應連結所有的力量，誠實以告無所隱瞞，共同面對問題、解決問題。如同颱風雖已遠離，但隨後挾帶的豪雨更應防範。

占到此爻發動，占者所問之人事因應，當知環境的險阻，非個人能力所及可以處理，必須串聯眾多人力資源整合，不然稍有閃失更會連累波及到其他，所以不可輕忽，更應面對現實。

易經占驗系列（二三三）八九八七八八〈䷦蹇三十九〉之〈䷎謙十五〉

九五：大蹇，朋來。

象曰：大蹇朋來，以中節也。

解曰：事關重大，同心協力。德化感召，熱烈響應。

心得：所謂「大蹇」就是說：九五之君的蹇難，也就是全體大家的蹇難。此時必須有忠臣賢良來輔助。如同《老子道德經・第七十八章》說：「受國之垢，是謂社稷主；受國不詳，是為天下王。」這就是領導者用中正的節操在處理蹇難之事，自然能得到群臣擁護協助。

占到此爻發動，占者所問之人事因應，當知一個人的領袖特質常在蹇難中展現出來，而能承擔又符合中道中節，必在平時就已養成，在此之時就能一呼百應。

易經占驗系列（二三四）六七八七八八〈䷦蹇三十九〉之〈䷴漸五十三〉

上六：往蹇，來碩，吉。利見大人。

象曰：往蹇來碩，志在內也。利見大人，以從貴也。

解曰：不分彼此，大量大福。楚材晉用，共創未來。

心得：此上六居蹇難之極，也就是度過蹇難之意，那又如何能得吉？就是利於見到九五之大人，以及內卦相應的九三爻。在《易經》的作者以陽實而陰虛看待，所以上六陰虛不足以濟蹇難，因此必須得到九五與九三兩陽爻支助才能濟難成功。

占到此爻發動，占者所問之人事因應，當知經驗的純熟是漸漸累積而成，雖然本身能力不及，一旦碰到蹇難之時，便能得到有力人士和平常有良好互動的親朋好友來幫忙，所以說：「志在內也。」

易經占驗系列（一二三五）八八七八七六〈䷧解四十〉之〈䷵歸妹五十四〉

初六：無咎。

象曰：剛柔之際，義無咎也。

解曰：接觸之初，抽絲剝繭。剛柔交際，拿捏得宜。

心得：〈解卦〉是接〈蹇卦〉而來，《雜卦傳》說：「解者，緩也。」當蹇難解散之際，休養生息為首要，不可有所煩擾。此爻處解難之世，居解難之初，以柔居下，上應九四，是謂剛柔相濟。所以說處理得恰到好處，無有過咎也。

占到此爻發動，占者所問之人事因應，當知危機之化解是靠著剛柔適中，一切合乎人情義理。天地都有雷雨化解旱象，何況人豈不能施恩赦過。此爻亦告誡我們，冤宜解，不宜結。

易經占驗系列（一三六）八八七八九八〈☳☵解四十〉之〈☳☷豫十六〉

九二：田獲三狐，得黃矢，貞吉。

象曰：九二貞吉，得中道也。

解曰：截獲商機，勝過預期。擄獲芳心，人財兩得。

心得：從象數的角度而言，這裡的「三狐」指除六五外之三個陰爻。「得黃矢」指九二本爻，居中得剛。從義理而言，九二乃受六五之託來除去三狐（比喻危害之小人），那如何除去才好呢？就得必須合乎中道才能有所得。

占到此爻發動，占者所問之人事因應，當知為了正義挺身而出，讓宵小知難而退，不是魯莽行動而是要用智取，有時只是點到為止，只要目的達到就可以。

易經占驗系列（二三七）八八七六七八〈䷧解四十〉之〈䷟恆三十二〉

六三：負且乘，致寇至，貞吝。

象曰：負且乘，亦可醜，自我致戎，又誰咎也。

解曰：不當得利，遭來盜掠。身分不配，終遭羞辱。

心得：此六三爻以陰居陽位，不中不正，處解難之世，居下卦之上。有小人居上位之象，如同一個幹粗活的工人，卻乘在高貴的車上有點違反倫常，一旦被盜賊盯上就想取而代之，這是因為身分不配所造成的困難。

占到此爻發動，占者所問之人事因應，當知不要做一些與身分不配的事，尤其是物質慾望以及權力的慾望要恰如其分，不然一定會帶來災難與羞辱。這些都是自己所造成，只能怪罪自己與別人沒關係。

易經占驗系列（二三八）八八九八七八〈䷧解四十〉之〈䷆師七〉

九四：解而拇，朋至斯孚。

象曰：解而拇，未當位也。

解曰：見好就收，不可流連。堅信不移，須知分析。

心得：《繫辭傳下・第二章》說：「近取諸身。」「解而拇」，「拇」，指腳拇趾，比喻初爻及下爻，也就是九四近比之六三以及相應之初爻，此兩爻都是卦中象徵的小人。因此要遠離小人才能取得君子信任。

占到此爻發動，占者所問之人事因應，當知人在江湖身不由己，要脫離此環境必須將一些不利的因素除去，尤其是身邊陰邪之小人。如此一來才有善知識的貴人願意親近，但必須先端正其位。

易經占驗系列（二三九）八六七八七八〈䷧解四十〉之〈䷮困四十七〉

六五：君子維有解，吉。有孚於小人。

象曰：君子有解，小人退也。

解曰：獲利均霑，心服口服。迎刃而解，有福同享。

心得：此六五是主卦之爻，相應於九二爻。從政治的角度而言，稱之為虛君、實臣。賢臣願為君主效命，首先必須清君側，將一些讒言小人驅除。那又如何才能證明哪些是佞臣小人呢？讓那夥人吃不開、沒出路，自然就不必解而自退了。

占到此爻發動，占者所問之人事因應，當知有其位，當要有其德，尤其小人環繞周遭，若不解去小人就無法得到君子的認同，這是身為領導者該果斷之時，不然受困的還是自己。

易經占驗系列（二四〇）六八七八七八〈䷧解四十〉之〈䷿未濟六十四〉

上六：公用射隼於高墉之上，獲之，無不利。

象曰：公用射隼，以解悖也。

解曰：順理成章，受之無愧。手到擒來，一切在我。

心得：從卦象爻位而言，此爻乃處在〈解卦〉的最高位，當蹇難已解除，但尚有在高牆上的頑抗狠毒小人。所以以「射隼」來比喻，除惡務盡去之為快，才能完全化解可能再衍生的危機。

占到此爻發動，占者所問之人事因應，當知凡事要有萬全準備，站對位子以居高臨下之姿來洞察，不可有所遺留，確保沒有後遺症，則所作所為皆得當而「無不利。」

易經占驗系列（二四一）七八八八七九〈䷨損四十一〉之〈䷃蒙四〉

初九：已事遄往，無咎。酌損之。

象曰：已事遄往，尚合志也。

解曰：燃眉之急，當機立斷。處理明快，辦事俐落。

心得：《雜卦傳》說：「損益，盛衰之始也。」「損」有減損之意，損下以益上，如同人民納稅給政府。若從變卦的角度來看，此〈損卦〉乃從〈泰卦〉而來，所以為確保「持盈保泰」就必須將已成之事忘掉，繼續向前邁進，所以說：斟酌減損以益上。

占到此爻發動，占者所問之人事因應，當知在有能力之時，應當適度的幫助需要幫助的人，而且速度要快，救急如救火。但救急之外，尚須做必要的輔導使其脫離困窮，這是最合損益之道。

易經占驗系列（二四二）七八八八九七〈䷨損四十一〉之〈䷚頤二十七〉

九二：利貞，征凶。弗損，益之。

象曰：九二利貞，中以為志也。

解曰：暫無利圖，多做考慮。不得不失，勿下斷語。

心得：本義占問有利，征伐打戰失敗。不要損己反能增益，為何？這是有哲理的，就舉個例子來解釋；朋友借貸是常有之事，如今之詐騙事件層出不窮，不明借貸原因就借出，不但害人還害己。反之，問清楚委婉拒絕，就是「弗損益之」了。

占到此爻發動，占者所問之人事因應，當知損益必須合乎中道，不要被人情世故盲目的拖累，尤其借貸之事必須審慎評估，考量自己的承擔範圍，如此才不會懊惱。

易經占驗系列（二四三）七八八六七七〈䷨損四十一〉之〈䷙大畜二十六〉

六三：三人行，則損一人；一人行，則得其友。

象曰：一人行，三則疑也。

解曰：合作關係，三人難配。權宜輕重，總有去留。

心得：此爻乃「持盈保泰」之卦變，成卦之主。損下益上，講的就是此六三當損之爻。引申出三人行必損一人，此乃由「一陰一陽之謂道」而來，所以有三就會產生疑惑了，最主要是要致一之道的緣故。

占到此爻發動，占者所問之人事因應，當知默契是來自相互感應，反之相互猜疑就不能成事。此爻辭是具有抽象的哲理，用在人際感情以及自然界的生化衍息，都有其象徵的意義，值得費心思索。

易經占驗系列（二四四）七八六八七七〈䷨損四十一〉之〈䷥睽三十八〉

六四：損其疾，使遄有喜，無咎。

象曰：損其疾，亦可喜也。

解曰：如釋重負，調整得宜。確實改過，去惡遷善。

心得：此爻之所謂「疾」，除了疾病之外也包括一些阻礙難行之事或缺失。除了必須本身積極努力之外，更必要有人來幫忙。就如同身體有一些毛病總覺得不安心，能在最短的時間得到有效的治療，這也是值得喜賀的。

占到此爻發動，占者所問之人事因應，當知碰到任何問題，包括健康等都應盡速處理不得拖延。將可能發展的錯事化解於無形，所以說：「有喜，無咎。」

易經占驗系列（二四五）七六八八七七〈䷨損四十一〉之〈䷼中孚六十一〉

六五：或益之十朋之龜，弗克違，元吉。

象曰：六五元吉，自上祐也。

解曰：利圖多方，水到渠成。經濟優渥，難違美意。

心得：大象出現〈☲離卦〉，以中虛取象，此六五爻以陰柔之君，得到九二剛中之臣，又得到上九之助，上九又將六三損之，一併給六五，這就是「或益之」，也就是多方面的獲得，有好的人才如「龜」之神靈相助，是不能拒絕的，所以說：「大吉。」

占到此爻發動，占者所問之人事因應，當知虛懷若谷，謙必受益。呈在眼前的寶物必是天意使然，無須拒絕，當有所運用，有是德必得其應。

易經占驗系列（二四六）九八八八七七〈䷨損四十一〉之〈䷒臨十九〉

上九：弗損，益之，無咎。貞吉，利有攸往，得臣無家。

象曰：弗損益之，大得志也。

解曰：良心事業，行之大利。面面俱到，眾相追求。

心得：老子說：「損之又損以至無為，無為而無不為。」此思想用在此爻是非常恰當，因損極而益是天道自然之運行，「人法地，地法天，天法道，道法自然。」所以說：《易經》是天人之學意即在此。此爻的精神是「損」的最高境界，不損人而能益己。

占到此爻發動，占者所問之人事因應，當知做對的事就不要怕付出，累積到一定的能量，自然就會得到應有的回報，追隨者也會形影不離、常相左右。

易經占驗系列（二四七）七七八八八九〈䷩益四十二〉之〈䷓觀二十〉

初九：利用為大作，元吉，無咎。

象曰：元吉，無咎。下不厚事也。

解曰：大興土木，更新建設。能幹之才，善加利用。

心得：「益」者，增益也。取損上陽、益下陰之象，可以用作「消否」之道。此爻是「震」卦之主，為動主故有所作為，可以稱職其事。但所處之地位只在庶民，無法承擔過重的壓力，尚須六四來做後盾方能完備於建築工事。

占到此爻發動，占者所問之人事因應，當知有能力還須有地位來相輔相成，才能成就大事業。眾人之事更應有眾多人來認同，一意孤行再好的事也會造成誤解，多一分尊重就減一分阻力，這樣就能增益無窮。

易經占驗系列（二四八）七七八八六七〈䷩益四十二〉之〈䷼中孚六十一〉

六二：或益之十朋之龜，弗克違，永貞吉。王用享於帝，吉。

象曰：或益之，自外來也。

解曰：如獲至寶，長期看好。好的建言，永守不變。

心得：此爻與〈損卦〉六五取象同，所謂的「綜卦」之由來以此可證也。但此爻位在下，條件遠不及六五之君位，所以說：君王當為上帝竭誠享祀，臣子應當為國君永遠效忠。因為得到君上之重用，如獲至寶以顯其能、盡其才，為國奉獻理所當然。

占到此爻發動，占者所問之人事因應，當知有其身分、有其地位方能大展長才，這些都必須建立在平常誠信以待諸事物，所得到應有的回報，之後尚須堅持不容有所懈怠，以確保永貞之吉。

易經占驗系列（二四九）七七八六八七〈䷩益四十二〉之〈䷤家人三十七〉

六三：益之用凶事，無咎。有孚中行，告公用圭。

象曰：益用凶事，固有之也。

解曰：天然災害，秉公求償。依法行政，合理處置。

心得：此爻的所謂「凶事」用現在的語言就是天然災害，以台灣常見的災害就是颱風所帶來的農作損害，必須依照損害程度由公家統一補助辦法來加以辦理，這些經費平常都有編列在預算之中，只要持有單據依法申報均可得到合理的補償。

占到此爻發動，占者所問之人事因應，當知人無遠慮，必有近憂。平常就必須有儲蓄，以及保險的概念與準備。也就是說：有備才能無患，不可存有僥倖之心思，自能心安理得。

易經占驗系列（二五〇）七七六八八七〈䷩益四十二〉之〈䷘無妄二十五〉

六四：中行，告公從，利用為依遷國。

象曰：告公從，以益志也。

解曰：創造環境，孟母三遷。徵詢認可，付諸行動。

心得：〈益卦〉在《象傳》說：「見善則遷，有過則改。」與此爻有關的是遷都之事，遷都不管古今都是大事，遷都不外是要國泰民安，所以必須取得公眾的認同才能有所行動，用在當今而言，就是要做「公投」以符合大眾的利益為依歸。

占到此爻發動，占者所問之人事因應，當知住居風水環境的選擇會影響全家的成敗，所以要符合自然不可倒行逆施。一旦發現有「要煞」就必須做好制煞或遷居以利全家之平安，古時有「孟母三遷」之故事為憑。

易經占驗系列（二五一）七九八八八七〈䷩益四十二〉之〈䷚頤二十七〉

九五：有孚惠心，勿問，元吉。有孚，惠我德。

象曰：有孚惠心，勿問之矣。惠我德，大得志也。

解曰：善有善報，洪福齊天。真心對待，自有感應。

心得：身為一國之君，首重的是國君的心思是否以百姓的幸福為前提。只要對百姓的政策有利就不必再徵求同意，一旦施行後讓百姓蒙受其利，自然就會由衷感謝政府德政，上下一心各得其志，所以說：始終吉祥如意。

占到此爻發動，占者所問之人事因應，當知今日的獲益回報均在平常的惠心付出。能把大眾的事當成自己的事來關心的人，自然不求而自得。一個人的心思心量有多寬，格局就會有多大。

易經占驗系列（二五二）九七八八八七〈䷩益四十二〉之〈䷂屯三〉

上九：莫益之，或擊之，立心勿恆，凶。

象曰：莫益之，偏辭也。或擊之，自外來也。

解曰：求援不得，遷怒環境。行為偏差，嫉妒成性。

心得：損上益下是此〈益卦〉之基本精神。從政治學角度而言，當統治者一旦將既有符合民眾的福利措施免除掉，百姓必將全力反擊，反擊的力道將是來自四面八方，所以說：「立心勿恆，凶。」此爻乃告誡在上位者，信守承諾的重要性。

占到此爻發動，占者所問之人事因應，當知不可輕然諾，一旦允諾必當信守，不然所遭受的損失將是無法估量。千萬不要找理由來毀棄承諾，信譽可是無價之寶不可不信。

易經占驗系列（二五三）八七七七七九〈䷪夬四十三〉之〈䷛大過二十八〉

初九：壯於前趾，往不勝，為咎。

象曰：不勝而往，咎也。

解曰：自不量力，咎由自取。灰頭土臉，不知輕重。

心得：「夬」者，決也。五陽決一陰也；君子道長，小人道消也。處決去小人之世，居決去之初，可謂人小鬼大，鞭長莫及。逞強而行有如「壯於前趾」，出師即有不利之徵兆。所以說：不但不能成事，反而有打草驚蛇之咎過。

占到此爻發動，占者所問之人事因應，當知躁動的後果，不但害己還會鑄成大的過錯。

很多事並非表面看得那麼單純，其實蘊含者很多錯綜複雜的因素在其中，所以說：「多易必多難。」

易經占驗系列（二五四）八七七七九七〈䷪夬四十三〉之〈䷰革四十九〉

九二：惕號，莫夜有戎，勿恤。

象曰：有戎勿恤，得中道也。

解曰：保全事業，不必擔憂。朝思暮想，全神貫注。

心得：處決去小人之世，以陽居中，行中道來對待此際之勢。展開全面警戒，自入暮至黑夜無有鬆懈，就不必擔心敵人來侵襲。這就是說明做好萬全準備之後，胸中自有制敵之道了，不像初九之有勇無謀而壞事。

占到此爻發動，占者所問之人事因應，當知公共的事物是人人有責，當去除自掃門前雪之私念，必須視同共同之利害才能獲得平安。所謂「城門失火，殃及池魚」的道理也在此爻顯現。

易經占驗系列（二五五）八七七九七七〈䷪夬四十三〉之〈䷹兑五十八〉

九三：壯於頄，有凶。君子夬夬，獨行，遇雨若濡，有慍，無咎。

象曰：君子夬夬，終無咎也。

解曰：顏面受損，獨自反省。一意孤行，時遭屈辱。

心得：此爻是唯一與成卦之主的上六相應，而上六是君子所要決去的小人，必然受到波及，有如臉部受創傷而傷及面子一般。九三是剛直的君子，當必想盡辦法來解釋，雖同流而不合污，在情緒難免會失控，但最後得到諒解而盡釋前嫌。

占到此爻發動，占者所問之人事因應，當知人際關係的重要性，不可因為小惠而見惡於眾人。但也必須有相當的決心與意志才能擺脫誘惑，最好的方法就是劃清界線，不可拖泥帶水而受牽連。

易經占驗系列（二五六）八七九七七七〈䷪夬四十三〉之〈䷄需五〉

九四：臀無膚，其行次且（趑趄），牽羊悔亡，聞言不信。

象曰：其行次且（趑趄），位不當也。聞言不信，聰不明也。

解曰：行動困難，難人之言。遲疑不決，不獲信任。

心得：此爻在形容坐立難安，把臀部的皮都磨破了。處決去小人之世，居不正之位，又無法克制自己且不聽別人的勸告，一味的躁動如剛狠的公羊。此時唯有稍安勿躁，才能免於鑄成大錯之憾。

占到此爻發動，占者所問之人事因應，當知身處在尷尬的位置，既不能進也不能退之際，想做又做不好，不做又過意不去。最好的方法就是耐心的等待，讓有能力的人在前引導，自己只在背後默默幫忙，這樣就不會添麻煩了。

易經占驗系列（二五七）八九七七七七〈䷪夬四十三〉之〈䷡大壯三十四〉

九五：莧陸夬夬，中行，無咎。

象曰：中行無咎，中未光也。

解曰：運轉正常，左右兼顧。下定決心，無有偏差。

心得：此爻乃〈夬卦〉之主，近比於成卦之主，關係匪淺影響甚深，如同莧菜感陰氣之最多。況人非草木總有割捨不下之情愫，一時之間說斷絕就斷絕確實有難處，所以就必須下定堅決除去的心，秉公處理才可免咎，但在心中思想上不免會有牽累，所以說：「中未光也。」

占到此爻發動，占者所問之人事因應，當知看似簡單的事，一旦牽扯到親密感情就很難排除，尤其要讓昭示眾信又要合乎中道，在內心而言是不容易的。

易經占驗系列（二五八）六七七七七七〈䷪夬四十三〉之〈䷀乾一〉

上六：無號，終有凶。

象曰：無號之凶，終不可長也。

解曰：有苦難言，面對審判。沒話可說，無法挽救。

心得：〈夬卦〉是十二消息卦中的三月卦，時當「穀雨」，陽氣之流行有其必然之勢。此爻是所以成為〈夬卦〉之主，以其一陰居五陽之上，如同小人乘據在君子之上，耀武揚威、觸犯眾怒，所以說：最終有凶險之報。也就是說：小人得勢無法長久。

占到此爻發動，占者所問之人事因應，當知相應的對手將面臨失敗的結局。此爻乃告誡我們，不可做人人欲去之為快的小人，必然沒有好結果。

易經占驗系列（二五九）七七七七七六〈䷫姤四十四〉之〈䷀乾一〉

初六：繫於金柅，貞吉。有攸往，見凶。羸豕孚蹢躅。

象曰：繫於金柅，柔道牽也。

解曰：不務正業，必遭俘虜。見微知著，本性難改。

心得：「姤」者，遇也。五陽遇一陰，一陰始萌，如同「履霜，堅冰至」，必然之勢。作《易》者以陰爻喻小人、喻羸豕；以九二喻「金柅。」此爻整體而言，有象、有事、有吉、有凶，最後說豬雖瘦弱可以制止，但強壯後就不易控制，確實如此，所以說：一陰初生即要處理，不可任其發展，最後就不可收拾。

占到此爻發動，占者所問之人事因應，當知事態的發萌，在開始就不可輕忽，往後的發展必然走向負面，且必受牽連而遭受損失。

易經占驗系列（二六〇）七七七七九八〈䷫姤四十四〉之〈䷠遯三十三〉

九二：包有魚，無咎。不利賓。

象曰：包有魚，義不及賓也。

解曰：主權在我，不做附庸。積極主動，不利被動。

心得：此爻是〈姤〉卦的關鍵，能制止事態的發生。以初六比喻「魚」，魚是潛藏的陰物，又當時令「夏至」之時，食物最容易腐壞，所以庖廚就必須注意鮮度，不可讓來賓吃到不新鮮的飲食。以此隱喻對賓客的敬重，對諸多細節考慮周到。

占到此爻發動，占者所問之人事因應，當知要注意時令之細節，引申至人事的變化，凡事到此為止不要再連累他人，這是對事情果斷以及勇於承擔的正義人士之所為。

易經占驗系列（二六一）七七七九七八〈䷫姤四十四〉之〈䷅訟六〉

九三：臀無膚，其行次且（趑趄），厲，無大咎。

象曰：其行次且（趑趄），行未牽也。

解曰：望塵莫及，徒嘆奈何。行動不便，難以接受。

心得：此九三爻過剛而不中，遇到事情剛愎自用。然處在姤遇之時，居內卦之上，想有所行動但幫不上忙，內心又無法平靜，進退不得，所以有「臀無膚」之象。雖有危險，但有九二居中處理，所以也就沒有什麼大的過錯。

占到此爻發動，占者所問之人事因應，當知解決事情有輕重緩急，沒有必要非我不可的心態。只要有更適合的人才，在最快的時間、做最好的處理就可以了，不會有什麼人來怪罪。

易經占驗系列（二六二）七七九七七八〈䷫姤四十四〉之〈䷸巽五十七〉

九四：包無魚，起凶。

象曰：無魚之凶，遠民也。

解曰：一無所得，應防災難。名不符實，難以接受。

心得：此九四爻是唯一與初六相應之爻，從關係上而言，應由他出面處理才對，但遠水救不了近火之故，所以無法得到人民的理解。但如果要強力介入反而會生起事端，只能順勢而為不必多做他想。

占到此爻發動，占者所問之人事因應，當知事情只要解決了就好，不必非一定要自己才行，審時度勢權宜輕重緩急，才不會遭致損傷。雖有關係但不可動用，反而造成事端。

易經占驗系列（二六三）七九七七七八〈䷫姤四十四〉之〈䷱鼎五十〉

九五：以杞包瓜，含章，有隕自天。

象曰：九五含章，中正也。有隕自天，志不舍命也。

解曰：品質保證，得天獨厚。有才有能，上天垂愛。

心得：「含章」在爻辭共出現兩次，〈坤卦〉六三爻：以陽居陰，有包容含藏章美之意。此九五爻以至尊之位來包容初六之陰，就如同用高貴的枸杞來包容低賤的瓜類一樣。「有隕自天」如同天命之下達，自然順遂，就是一國之君包容之大，百姓就會聽命行事。

占到此爻發動，占者所問之人事因應，當知在什麼地位要做什麼事，才能得到人們的認同，也就是說展現包容寬宏大量、一言九鼎，自然就會有人追隨於後，忠心捨命效力。

易經占驗系列（二六四）九七七七七八〈䷫姤四十四〉之〈䷛大過二十八〉

上九：姤其角，吝，無咎。

象曰：姤其角，上窮吝也。

解曰：設限過高，不利進行。曲高和寡，如何共鳴。

心得：「姤」遇到了極點，到了角落，而角又有械鬥之意。此爻如同常人所說「不打不相識。」畢竟上九與初六距離太遠，有如天涯海角，本來就沒什麼熟識，更不用說交情，碰到事情溝通困難在所難免，但稍加說明解釋也就沒事了。

占到此爻發動，占者所問之人事因應，當知不期而遇，人事不明，用強硬態度處理事情必定會遭遇困難，而且會造成無法彌補的大過失。若能心存「人情留一線，日後好相見」就可免除過錯了。

易經占驗系列（二六五）八七七八八六〈䷬萃四十五〉之〈䷐隨十七〉

初六：有孚不終，乃亂乃萃。若號，一握為笑。勿恤，往無咎。

象曰：乃亂乃萃，其志亂也。

解曰：集思廣益，混亂難免。握手言歡，冰釋盡解。

心得：「萃」之卦象，乃澤水上於地上。有水斯有財，有水積聚的地方就有人、畜來彙聚，如世界各大著名的湖泊。初六處萃聚之世，居初之地，上應九四但又遙望九五，從卦象而言，所以是心智錯亂的所在。但經過一番斡旋之後，一切困惑就化解了。

占到此爻發動，占者所問之人事因應，當知人多就有不同的意見，混雜吵鬧在所難免，各種附勢就會產生，此時就要打定主意不可高攀，衡量自己的德性以符合相聚相資，這樣就不會心迷意亂。

易經占驗系列（二六六）八七七八六八〈䷬萃四十五〉之〈䷮困四十七〉

六二：引吉，無咎。孚乃利用禴。

象曰：引吉，無咎。中未變也。

解曰：神授指引，獲利報恩。貴人引薦，知恩圖報。

心得：六二的「引」，如張弓射箭之象，專心一致。引申為六二對九五之提拔，內心之誠服忠貞不二。又如人對神明之虔誠恭敬，即使用粗食飯菜來祭拜，也會感格神明而得到庇佑。

占到此爻發動，占者所問之人事因應，當知以至誠之心和人相處，必然得到賞識與提攜推薦而遠離困境，一旦追隨，功成名就必不變節，心中永誌不忘滴水之恩。

易經占驗系列（二六七）八七七六八八〈䷬萃四十五〉之〈䷞咸三十一〉

六三：萃如，嗟如，無攸利。往無咎，小吝。

象曰：往無咎，上巽也。

解曰：共謀無利，不可鐵齒。哀聲嘆氣，用之不得。

心得：此六三近九四、九五兩陽爻而不能萃聚，求之徒勞無功遂轉往上六，雖得同道收留但不是正應，感覺不到真心之對待。因此內心感嘆但又無可奈何，所以只能看事辦事，勉為其難謙遜以對。

占到此爻發動，占者所問之人事因應，當知面臨相聚之困難，光是嘆氣發牢騷是無濟於事的，只能硬著頭皮看人臉色，走一步算一步，慢慢體會箇中滋味之前因後果。

易經占驗系列（二六八）八七九八八八〈䷬萃四十五〉之〈䷇比八〉

九四：大吉，無咎。

象曰：大吉，無咎，位不當也。

解曰：諸事大吉，財不露白。配合無間，嚴守分寸。

心得：此九四爻之所以能大吉，乃因近比內卦之三陰爻，眾望所歸之故。又何以能無咎呢？因有德而無位，有位者在九五，所以一切當尊九五而不可逾越彼此之分寸，以輔佐為前提，則得萃聚之功。

占到此爻發動，占者所問之人事因應，當知表象的榮景雖然看是一片大好，但要注意周遭的環境，也要瞭解自己本身的地位，恰如其分地結合共享，不可自大自以為尊，方可明哲保身。

易經占驗系列（二六九）八九七八八八〈䷬萃四十五〉之〈䷏豫十六〉

九五：萃有位，無咎。匪孚，元永貞，悔亡。

象曰：萃有位，志未光也。

解曰：投資得宜，可以確保。身居要位，不分尊卑。

心得：此九五居尊位而德有不足之君，對於臣下及萬民而言，是無法獲得欣悅誠服的。

為長治久安就不得不下定決心修德以服萬眾，所謂「得民者昌，失民者亡」亦即在此，在《易經》的作者以德、位、時三者兼具，才堪得稱聖君。

占到此爻發動，占者所問之人事因應，當知有好的地位還要配上好的才華，才能讓人信服，不然時時會懷疑地位不保，所以最好的方法就是不斷精進以利永續經營。

易經占驗系列（二七〇）六七七八八八〈䷬萃四十五〉之〈䷋否十二〉

上六：齎咨涕洟，無咎。

象曰：齎咨涕洟，未安上也。

解曰：地位不保，心有準備。觸景傷情，不禁落淚。

心得：萃聚已到終極，對下無應，就如同一個老人家到了晚年無所依託，回想未來的人生不禁黯然淚下，傷心至極（涕洟）。若有如今之長照關懷，其實也不必太過憂慮（無咎）。

占到此爻發動，占者所問之人事因應，當知每個人都會面臨一些傷心不如意之事，在平常就必須要多參與一些慈善之事，到了晚年就不必煩惱孤獨伶仃，自然會得到好的回報。

易經占驗系列（二七一）八八八七七六〈䷭升四十六〉之〈䷊泰十一〉

初六：允升，大吉。

象曰：允升，大吉。上合志也。

解曰：順勢攀升，繼續發展。眾人推舉，得心應手。

心得：地中生木，卦之象。《象傳》說：「君子以順德，積小以高大。」此初六處地之下，最合乎本旨，所以斷占結果「大吉。」《易經》本於物理，合乎科學。《老子道德經・第六十四章》說：「合抱之木，生於毫末。」相互輝映《象傳》之旨。

占到此爻發動，占者所問之人事因應，當知凡事合乎自然之理，就能得到應有之回報。得到眾人之祝福，就會有好的結果。順勢而升急之不得，必定要合上級之意才能得志。

易經占驗系列（二七二）八八八七九八〈䷭升四十六〉之〈䷎謙十五〉

九二：孚乃利用禴，無咎。

象曰：九二之孚，有喜也。

解曰：充滿信心，須知回饋。誠信之人，得以任用。

心得：此九二誠信居中，有剛中之德，與六五之君相應，自能得到接見重用，即爻辭中的所謂「利見大人」取象之所由。如同一個虔誠的信眾在祭拜之時，不必三牲酒禮，只要簡約的粗食飯菜，也能得到神明的感格而受福。

占到此爻發動，占者所問之人事因應，當知凡事要以坦誠相對待，重點更要有真才實學，還必須謙卑自持，這樣的信念到哪裡都會得到人家的喜悅，貴人處處顯現。

易經占驗系列（二七三）八八八九七八〈䷭升四十六〉之〈䷆師七〉

九三：升虛邑。

象曰：升虛邑，無所疑也。

解曰：百尺竿頭，更進一步。虛以受人，百無禁忌。

心得：此九三屬「巽」體之上，往前升到上卦之「坤」體，空虛無礙，所以有「升虛邑」之象。樹木從地下慢慢攀升而起，至此已茁壯。以此隱喻文王用柔順之道治理國家，因此聲望很高，沒有反對的聲浪來阻礙其施政。

占到此爻發動，占者所問之人事因應，當知一切按部就班，順其自然之勢成長其事業，成功發展是毫無疑問的。

易經占驗系列（二七四）八八六七七八〈䷭升四十六〉之〈䷟恆三十二〉

六四：王用亨於岐山。吉，無咎。

象曰：王用亨於岐山，順事也。

解曰：凱旋歸來，殷薦祖考。有恩必報，飲水思源。

心得：此爻乃有關文王到岐山祭拜所做的占卜，為了革命事業能得到天地神明、祖考的庇佑，以便能順利進行，除了無形的幫助之外，自己本身的努力還要持之以恆、不可懈怠。所以說：「吉，無咎。」

占到此爻發動，占者所問之人事因應，當知心靈的寄託，習慣的祭祀有利於事業順利的進行，雖主觀有形的努力是必然，若加上客觀無形的力量來相輔相成，料可得長久意外之功。

易經占驗系列（二七五）八六八七七八〈䷭升四十六〉之〈䷯井四十八〉

六五：貞吉，升階。

象曰：貞吉升階，大得志也。

解曰：論功行賞，地位崇高。步步高升，備受禮遇。

心得：此六五之君是〈升卦〉之主，本身主宰升遷之大權。九二有中德而求升於朝廷任事，條件人品忠誠，均符合主政者之要求。如此君臣慶會，可謂皆大歡喜，有志一同為天下效力。

占到此爻發動，占者所問之人事因應，當知用人之道除了人謀之外，也須配合一下鬼謀（即占卜）。在主客觀相參之下求才，比較能得到適才適用之好幫手，來共創事業、分享盈餘。

易經占驗系列（二七六）六八八七七八〈☷☴升四十六〉之〈☷☴蠱十八〉

上六：冥升，利於不息之貞。

象曰：冥升在上，消不富也。

解曰：研發升級，永無止息。勤奮不懈，精神可嘉。

心得：「冥升」，比喻沒有主宰，順其自然的不斷發展。此爻已升到極點，處於陽息陰消之際，所謂的「消息」是歷經時空之傳遞。「升」的發展過程，前有「萃」聚，後有「困」境，所以還是要邊修正邊整頓，才能消於不富（不自滿）而成其事。

占到此爻發動，占者所問之人事因應，當知自我提升是要順應自然，將經驗的累積去腐存菁，確立其方向與目標永不止息、永不散漫，就會變得高尚輕鬆其所從事之大事。

易經占驗系列（二七七）八七七八七六〈䷮困四十七〉之〈䷹兌五十八〉

初六：臀困於株木，入於幽谷，三歲不覿。

象曰：入於幽谷，幽不明也。

解曰：受陷已深，三年不解。雖處逆境，未必絕望。

心得：〈困卦〉有二義，其一由卦象而得，「澤上無水」資源耗盡；其二由三陰爻居上下困住三陽爻，是君子之受困於小人。此初六在此比喻小人害人害己，遭受杖打如坐株木之痛苦，被關入地牢，三年不得見天日。

占到此爻發動，占者所問之人事因應，當知事情已發展至不可收拾的地步，自作自受。由於不明事理所致，如今只能面對現實，利用機會好好反省未必不是好事。

易經占驗系列（二七八）八七七八九八〈䷮困四十七〉之〈䷬萃四十五〉

九二：困於酒食，朱紱方來。利用享祀，征凶，無咎。

象曰：困於酒食，中有慶也。

解曰：天理昭彰，賞罰分明。化險為夷，止步觀望。

心得：此爻是受困的君子。當受困酒食之際，又有九五來尋求解困之道，此時最好的選擇就是祭祀，以祈求神靈支助來解困惑之方。結果示意出征打仗不利，時機未到，要彙聚多方之意見以取得共識，所以說：過程中「紙上談兵」也是權宜之計亦值得慶賀。

占到此爻發動，占者所問之人事因應，當知解「困」之道借酒澆愁是無法改變的，而是要尋求精神的感通，盲目衝動行事只會更糟糕。利用同德同道來集思廣益，過程中會有好的結果。

易經占驗系列（二七九）八七七六七八〈䷮困四十七〉之〈䷛大過二十八〉

六三：困於石，據於蒺藜，入於其宮，不見其妻，凶。

象曰：據於蒺藜，乘剛也。入於其宮，不見其妻，不祥也。

解曰：明知不法，造次必凶。不辨善惡，妻離子散。

心得：〈困卦〉乃四大難卦之一，此爻又是困得最凶的一爻。前有九四的大石，後有九二的蒺藜，進退皆困，回到宮中老婆也不見了。追究其因，做了不應該做的事，連家人都無法諒解。自不量力，害人又害己的回報。

占到此爻發動，占者所問之人事因應，當知為非作歹的下場，除了面對法律的制裁之外，還要面對家庭破碎，這些都是做了太過份，讓天人無法容忍之事的結果，以此告誡懸崖勒馬。

易經占驗系列（二八〇）八七九八七八〈䷮困四十七〉之〈䷜坎二十九〉

九四：來徐徐，困於金車，吝，有終。

象曰：來徐徐，志在下也。雖不當位，有與也。

解曰：拘束緩解，靜待脫困。值得商議，將功補罪。

心得：此爻與初六雖不正但相應與，憐憫之心是一般人常有的，但要解救一個陷在艱難中的人卻是不容易，必會受到一些阻礙。如同《象傳》所說：「澤上無水，困。君子以致命遂志。」也就是說：如果出發點是善的，只要用盡全力也必能完成使命的。

占到此爻發動，占者所問之人事因應，當知人在困頓之時阻礙就特別多，真所謂禍不單行。但這只是上天的有意考驗，困難愈多經驗愈豐富，最終還是會脫離險境，沒有氣餒的思維，只有逆爭上游的決心。

易經占驗系列（二八一）八九七八七八〈䷮困四十七〉之〈䷧解四十〉

九五：劓刖，困於赤紱，乃徐有說，利用祭祀。

象曰：劓刖，志未得也。乃徐有說，以中道也。利用祭祀，受福也。

解曰：不安獲解，酬神還願。網開一面，祖上有德。

心得：人人都會碰到困難，但此九五之尊的困難，所面對的壓力是何其大，如同割鼻、砍腳，上下均不安。所以尋求解脫之道就不計形式，只要上下一心一起祈求上天降福、赦過宥罪，這也是常道之妙理。

占到此爻發動，占者所問之人事因應，當知解困之法，對於身居高位的人會面臨面子的問題，但要放下身段，不是偏方而是心靈安頓，包括祭解、唸經、點燈、佈施等，其有效最重要。

易經占驗系列（二八二）六七七八七八〈☱☵困四十七〉之〈☰☵訟六〉

上六：困於葛藟，於臲卼，曰動悔，有悔，征吉。

象曰：困於葛藟，未當也。動悔有悔，吉行也。

解曰：身處險境，順勢而為。徬徨不安，且盡人事。

心得：此上六處「困」之極，終將脫困。有初六（喻葛藟）與六三（喻臲卼）前車之鑑，知道小人的行為是不當的，至此當及時悔過，痛改前非勇於認錯，這也是小人解困之道。人生最難得在鑄下大錯之前能想到後果，這也是〈訟卦〉說的「做事謀始」之義。

占到此爻發動，占者所問之人事因應，當慶幸沒有與小人同流合污，做出傷天害理的事，而能懸崖勒馬，這樣的行動是值得嘉許的。

易經占驗系列（二八三）八七八七七六〈䷯井四十八〉之〈䷄需五〉

初六：井泥不食，舊井無禽。

象曰：井泥不食，下也。舊井無禽，時舍也。

解曰：荒廢不修，了無生機。不知進取，勞燕分飛。

心得：〈井卦〉在《易經》中是有實象的卦，它在過去日常生活中，扮演著非常重要的角色。所謂市井小民，比喻「井是人民生活的重心。」此爻處「井」之地，居「井」之初，是最讓人容易忽略，甚至遺忘之所；也可比喻國家地方之行政區域欠缺管理。

占到此爻發動，占者所問之人事因應，當知此時此際已無所取用之處，這是只知享用而不整修，自私自利的結果。這也可告誡我們，身體的健康是需要注意保健，不可任其老化，有保養絕對是有幫助的。

易經占驗系列（二八四）八七八七九八〈☵☴井四十八〉之〈☵☶蹇三十九〉

九二：井谷射鮒，甕敝漏。

象曰：井谷射鮒，無與也。

解曰：積弊日深，累及無辜。頹廢之至，有待振興。

心得：〈井卦〉以陽爻為有水，此九二處在內卦之下，雖有水但滲透於外而成谷，曠日廢時已久，便有「鮒魚」寄生，就如同盛水的甕敝壞而不能使用一樣。在此引申人才未能得到妥善的應用，無法得到提拔以適才適用，將資源白白浪費一樣。

占到此爻發動，占者所問之人事因應，當知此時此際時不我與，生不逢時徒嘆奈何。最好的方法是除了本業之外，多參加一些慈善性的工作來增加自己的能見度，將自己推銷出去。

易經占驗系列（二八五）八七八九七八〈☵☴井四十八〉之〈☵☵坎二十九〉

九三：井渫不食，為我心惻，可用汲。王明，並受其福。

象曰：井渫不食，行惻也。求王明，受福也。

解曰：滄海遺珠，極力爭取。有才不施，難寄厚望。

心得：此九三爻，陽剛居內卦之上，不但有水而且清澈之象。在此隱喻一個有才能，但性過剛而無法得到主政者的重用，讓人覺得有些惋惜，若是明君能舉用賢才的話，將能報效國家福及百姓人民，全體蒙受其福。

占到此爻發動，占者所問之人事因應，當知有能力還要有人賞識，如何把資源變成資產就必須配合時機，這是急不得的，但機會總是留給準備好的人來實現其抱負的。在此告誡人們要有耐心，才不會陷入不可自拔的險境。

易經占驗系列（二八六）八七六七七八〈䷯井四十八〉之〈䷛大過二十八〉

六四：井甃，無咎。

象曰：井甃無咎，修井也。

解曰：技術改良，除舊佈新。懂得修治，不計前嫌。

心得：六四爻是陰爻，在〈井卦〉之世而言是砌石修井，使井壁堅固不會讓水滲透成谷。在此時尚未能濟物養人但能自治，以此比喻賢人，在未出仕為公家做事之前，要先使自己完備，以待來日晉用之時更加完善。

占到此爻發動，占者所問之人事因應，當知資源能源源不斷，除了既有的基礎之外，更重要的是維修使之不浪費。人也因不斷地補充調養才能充滿活力，為每天的事業奮鬥不懈。

易經占驗系列（二八七）八九八七七八〈䷯井四十八〉之〈䷭升四十六〉

九五：井洌，寒泉食。

象曰：寒泉之食，中正也。

解曰：清涼有勁，廣受歡迎。一股清流，銘感五內。

心得：「井洌」，井水甘甜清潔。乾潔的寒泉所出來的水是人們所喜愛飲用的。此爻只有說「事」與「象」，沒有斷占之辭，說明〈井卦〉以出井為用、為功，所以還不能言吉。就像一個有才有德的賢人已經準備就緒，即將大展雄才大略為天下人民所期待。

占到此爻發動，占者所問之人事因應，當知肩負重責大任集於一身，也是眾人所依附，應以仁義中正之胸懷，步步提升得以適用，共同創造美好的未來。

易經占驗系列（二八八）六七八七七八〈䷯井四十八〉之〈䷸巽五十七〉

上六：井收，勿幕。有孚，元吉。

象曰：元吉在上，大成也。

解曰：舊雨新知，川流不息。應對如流，大受歡迎。

心得：〈井卦〉之《彖傳》說：「巽乎水而上水，井。井養不窮也。」就是在解此爻。井水以出水才能發揮其功用，所以說井道大成，「有孚元吉。」在此也隱喻為政者用至誠之心來養護人民百姓，使其生活無有憂慮。

占到此爻發動，占者所問之人事因應，當知取之不盡、用之不竭的資源，在此之時可享用，也是收成之好時機，可以順其勢成其業，好好把握並分享之獲福匪淺。

易經占驗系列（二八九）八七七七八九〈䷰革四十九〉之〈䷞咸三十一〉

初九：鞏用黃牛之革。

象曰：鞏用黃牛，不可以有為也。

解曰：加強準備，蓄勢待發。行動之初，馬虎不得。

心得：「革」，去故也。由卦象「兌」澤在上，「離」火在下，水火相息，勢必改革。此爻處改革之世，居改革之初，在行動而言要非常緊密，在思想而言要非常堅決，如同用黃牛皮綑綁之堅硬牢固，不可任意妄為，才不會打草驚蛇。

占到此爻發動，占者所問之人事因應，當知改變已迫在眼前，決心是不可有所動搖的，但在準備尚未周全是不可冒然行動。在此告誡欲速則不達的道理。

易經占驗系列（二九〇）八七七七六七〈䷰革四十九〉之〈䷪夬四十三〉

六二：巳日乃革之，征吉，無咎。

象曰：巳日革之，行有嘉也。

解曰：時機成熟，有利改革。選對時辰，忠誠以告。

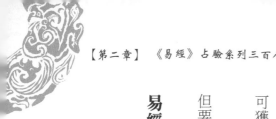

心得：革命的時機已非常明顯，征伐的大事也經九五的認可，征伐之事勢在必行，因為天時、地利、人和已然具足，所以說：此時將舊的政權改革掉，產生新的領導者的行動，將可獲得成功而得到人民的嘉許。

占到此爻發動，占者所問之人事因應，當知積弊固久，改革之事是可以做而且會成功，但要得到上級的授命，以及時機和多數的認同，才能一舉去故革新。

易經占驗系列（二九一）八七七九八七〈䷰革四十九〉之〈䷐隨十七〉

九三：征凶，貞厲。革言三就，有孚。

象曰：革言三就，又何之矣。

解曰：一波三折，克服成功。冷靜思考，研議再三。

心得：九三剛而不中，有過剛之象。雖革命之志必須堅決，但革命之行動過程必須剛柔相濟，所以說：有前面的「征凶」之斷占，危險當前。因此就必須將行動思想做最適當的調整，不厭其煩地反覆討論，以取得全體共識，唯改革別無去路。

占到此爻發動，占者所問之人事因應，當知任何改革之行動，最怕的是剛愎自用，必然面對失敗的命運。最好的是在未付出慘痛的教訓前，就先學會溝通沙盤推演以符合現實面，才不會陷入困境。

易經占驗系列（二九二）八七九七八七〈䷰革四十九〉之〈䷾既濟六十三〉

九四：悔亡。有孚，改命吉。

象曰：改命之吉，信志也。

解曰：同心協力，變革成功。適度調整，得到認同。

心得：此九四是〈革卦〉中唯一不正之爻，所以說：「悔亡。」但以陽居陰，柔在內剛在外，很容易適時調整，以符合剛柔相濟之功。才能適應在革命的過程中無法預期的變數，這樣的改革才能成功。

占到此爻發動，占者所問之人事因應，當知窮則必變，變則亨通，通暢則能長久，唯其過程是要透過不斷溝通與調整才得到成功的，但信心的堅定更是成功的保障。

易經占驗系列（二九三）八九七七八七〈䷰革四十九〉之〈䷶豐五十五〉

九五：大人虎變，未占有孚。

象曰：大人虎變，其文炳也。

解曰：掌握優勢，無往不利。直覺判斷，信心滿滿。

心得：此爻事〈革卦〉之主，革命已成功了，改革的方針、改革的目的非常的清楚明朗。就像老虎的毛色，在秋天時的改變一樣鮮明。所以說：明顯的事不須透過占卜就自然知道結果了。

占到此爻發動，占者所問之人事因應，當知改變的政策要讓大家清楚明瞭，而且要在對的時機來施行。對全體有益的事，合乎眾人的共識，改革必能成功。

易經占驗系列（二九四）六七七七八七〈䷰革四十九〉之〈䷌同人十三〉

上六：君子豹變，小人革面。征凶，居貞吉。

象曰：君子豹變，其文蔚也。小人革面，順以從君也。

解曰：各安其位，稍作休息。洗心革面，且守勿攻。

心得：此爻接著「虎變」而來，以「虎」為國君，則「豹」為文武大臣。「小人」則指一般庶民百姓。革命一旦成功改朝換代，就必須按照新政府所頒發的政令來實施。此時當求安定，讓人民得以休息養生，不得再動干戈這才是大家想要的。

占到此爻發動，占者所問之人事因應，當知由改朝換代推及到公司改制或換經營團隊，對管理階層或員工，難免一時無法適應但必須做好調整，不利做出抗爭的情事，好好守住自己的崗位就是最佳的抉擇。

易經占驗系列（二九五）七八七七七六〈䷱鼎五十〉之〈䷍大有十四〉

初六：鼎顛趾，利出否。得妾以其子，無咎。

象曰：鼎顛趾，未悖也。利出否，以從貴也。

解曰：利空出盡，得其所願。去除故弊，新納才子。

心得：「鼎」取象自卦德「離」火「巽」木，木生火以烹飪。又從卦爻取象初六為鼎足，九二、九三、九四，三陽爻為鼎腹，六五爻為鼎耳，上九為金鉉（扛鼎之用）。從烹飪的常態引申至傳宗接代的生命延續，在此爻可會心體悟。

占到此爻發動，占者所問之人事因應，當知由「鼎」理解生生不息，舊的不去新的不來，不斷取新，不可執著，當權宜輕重緩急。

易經占驗系列（二九六）七八七七九八〈䷱鼎五十〉之〈䷷旅五十六〉

九二：鼎有實，我仇有疾，不我能即，吉。

象曰：鼎有實，慎所之也。我仇有疾，終無尤也。

解曰：既得利益，不被分奪。真才實學，鮮有對手。

心得：「鼎有實」，從烹飪的常理，食物厚實的就會沉在最底層。在此比喻有才華實力的人在基層就比較會低調沉穩，因為本身處事非常謹慎；一般的競爭者想要來與之較量爭奪是不會受影響的。

占到此爻發動，占者所問之人事因應，當知利益當前必有所爭逐，但對方的實力不若己，所以說：最後沒有什麼損失。此爻告誡我們實力就是王道，紮實的功夫是日積月累而磨練出來。

易經占驗系列（二九七）七八七九七八〈䷱鼎五十〉之〈䷿未濟六十四〉

九三：鼎耳革，其行塞。雉膏不食，方雨虧悔，終吉。

象曰：鼎耳革，失其義也

解曰：錯誤判斷，幸虧解厄。知錯能改，終能得吉。

心得：「鼎」以耳而見用，今鼎耳毀壞所以無法舉動，食物也無法享用。如同一個幹練之賢才，得不到居上位的推舉而得以任用。幾經折騰之後才得到青睞，即「方雨虧悔」之意。就卦爻象言，六五之虛君來求助於九三之良臣，得以為國效力，所以說：「終吉。」

占到此爻發動，占者所問之人事因應，當知千里馬要有伯樂才能發揮其效用，當必須有時間的考驗與機遇，急不得。此爻告誡我們，只要合乎道理的事沒有辦不成的，不可中途氣餒。

易經占驗系列（二九八）七八九七七八〈䷱鼎五十〉之〈䷑蠱十八〉

九四：鼎折足，覆公餗，其形渥，凶。

象曰：覆公餗，信如何也？

解曰：嚴重失誤，不堪設想。糊裡糊塗，不可收拾。

心得：在「鼎」之世，最重要的是鞏固新政權，居大臣之位而用人不當，就會把整個執政團隊推垮。如同鼎足折斷就會把煮熟的食物傾瀉無疑，使全體王公大臣等無以飲食，這是非常嚴重的錯誤，所受的責罰自然不輕。以象義來引申自然可以體會。

占到此爻發動，占者所問之人事因應，當知個人事小，攸關群體事態嚴重，慘重的教訓都是由於輕忽習慣所致。此爻告誡我們，居其位要謀其政，不可尸位素餐，不可失信於自己良心，即時振作才不會帶來憾事。

易經占驗系列（二九九）七六七七七八〈䷱鼎五十〉之〈䷫姤四十四〉

六五：鼎黃耳，金鉉，利貞。

象曰：鼎黃耳，中以為實也。

解曰：同舟共濟，一舉成功。用盡心思，終能如願。

心得：從卦爻象而言，「鼎耳」指六五本身；「金鉉」則指上九。鼎的作用非一己之力所能承擔，而是要上下一心團結合作。如同上九扮演舉鼎之人，舉九二是有實力之賢才給六五之虛君為用，共同為天下謀福利。所以說：「利貞。」要用對的人來承擔大任。

占到此爻發動，占者所問之人事因應，當知耳朵是用來聽的，聽到有益的如雷貫耳，耳聰才能目明，務實是最合乎中道。

易經占驗系列（三〇〇）九八七七七八〈䷱鼎五十〉之〈䷟恆三十二〉

上九：鼎玉鉉，大吉，無不利。

象曰：玉鉉在上，剛柔節也。

解曰：加官晉祿，雙喜臨門。完美無缺，接近完人。

心得：此爻比喻大功告成，與〈井卦〉之上六有異曲同工之妙，鼎以烹飪致養為功。「玉」之珍貴於「金」，在於溫潤剛柔有節。享祭上帝、養聖賢當以恆久為義，所以必須剛柔隨時調劑，才能持續使鼎養不窮。

占到此爻發動，占者所問之人事因應，當知人才之培育非一朝一夕，如今得以充分享用，過程就必須隨時做適當的調整，可剛可柔才是長久之道，也是大吉大利之道。

易經占驗系列（三〇一）八八七八八九〈䷲震五十一〉之〈䷏豫十六〉

初九：震來虩虩，後笑言啞啞，吉。

象曰：震來虩虩，恐致福也。笑言啞啞，後有則也。

解曰：有驚無險，恢復很快。鎮定自若，一笑置之。

心得：〈震卦〉是繼〈鼎卦〉而來，當政權穩固之後就要恐懼修身，以不變應萬變。「震」為雷、為動、為長子、為太子，所以為祭主，有安邦定國之重責大任。雷電瞬息間而至，雖有恐懼但能立即鎮定，由於經驗豐富故能因循原則，輕鬆應付而得吉。

占到此爻發動，占者所問之人事因應，當知雖有驚恐之事發生，但都有其配套的措施，不斷累積經驗，準備應變的能力更駕輕就熟，所以能從容談笑自如。此爻告誡我們，有備才能無患，危機意識不可懈怠。

易經占驗系列（三〇二）八八七八六七〈䷲震五十一〉之〈䷵歸妹五十四〉

六二：震來厲，億喪貝。躋於九陵，勿逐，七日得。

象曰：震來厲，乘剛也。

解曰：受到波及，先損後益。不夠鎮定，運氣尚佳。

心得：此爻離「震」主最近，所受的波及影響程度最深。當雷動之時應速遠離落雷區以免受遭殃，離得愈遠愈安全，不要在意身外之物盡可拋開，驚雷之動只是一時的，不用多久就會回復平靜。

占到此爻發動，占者所問之人事因應，當知不要在長官盛怒之下與之爭辯，才能有效避開鋒頭，以時間換取空間，此時逞強不會有好結果。此爻告誡我們要時時注意周遭的情境變化，以不變應萬變。

易經占驗系列（三〇三）八八七六八七〈䷲震五十一〉之〈䷶豐五十五〉

六三：震蘇蘇，震行無眚。

象曰：震蘇蘇，位不當也。

解曰：所傷不重，復原可行。遠離恐懼，慢慢甦醒。

心得：此爻乃陰居陽位，處不正之地，震動之極，所以有「震蘇蘇」之象。在此形容一個人受到稍微的驚嚇，就表現出一副精神渙散、無精打采之模樣。所以就必須強力振作，才不會造成人為錯失而惹禍。

占到此爻發動，占者所問之人事因應，當知生活懶散、毫無企圖心也沒有目標，如此下去的後果是可預期的。此爻在告誡我們要活就要動，而且要在對的地方動才有意義，作用才會光大。

易經占驗系列（三〇四）八八九八八七〈䷲震五十一〉之〈䷗復二十四〉

九四：震遂泥。

象曰：震遂泥，未光也。

解曰：劇烈震盪，不動即滅。意識不清，設法改變。

心得：此爻的爻象居在四陰之中，上下各兩陰，形成「大坎」之象，如同陷入泥沼之中無法脫身。因此無法自拔以脫離險境，所以《象傳》說：未能光彩以面對這驚恐之世。

占到此爻發動，占者所問之人事因應，當知此時此地的環境動彈不得，但不能氣餒，必須從頭做起方有回復的機會。此爻告誡我們涉世未深就不要做能力所不及之事，而且平常要多增廣見聞才會靈光。

易經占驗系列（三〇五）八六七八八七〈䷲震五十一〉之〈䷐隨十七〉

六五：震往來厲，億無喪，有事。

象曰：震往來厲，危行也。其事在中，大無喪也。

解曰：嚴重衝擊，尚有要事。雄心壯志，接受考驗。

心得：此爻與六二爻均有「震來厲」，「厲」就如同《象傳》所說的「恐懼修身。」但六五居君位，牽繫著整個社稷的安危，所以說：「震往來厲。」更加要謹慎處理。國家之大事除了戰爭就是祭祀，這兩件大事要處理妥當，才能確保國家之安全。

占到此爻發動，占者所問之人事因應，當知身居領導地位，所要關心的是全面性，當以整個大局來做考量，隨時隨地做適當的調整，以符合全體的利益。此爻告誡我們隨時要面對突發狀況，不斷的反覆思考各種應變策略。

易經占驗系列（三〇六）六八七八八七〈䷲震五十一〉之〈䷔噬嗑二十一〉

上六：震索索，視矍矍，征凶。震不於其躬，於其鄰，無咎。婚媾有言。

象曰：震索索，中未得也。雖凶無咎，畏鄰戒也。

解曰：膽識不足，難成其事。身心欠佳，姻緣且慢。

心得：此爻在形容一個處在極度震動不安的情境，全身不自在、恐懼驚慌，如此出兵作戰必打敗仗。雷電所波及的是在鄰近的人，而非自身之處，尚不會有立即危險，此時也必須做好應變準備，才不會遭受親人責備。

占到此爻發動，占者所問之人事因應，當知一個人失敗不是沒有原因，平常沒有承受壓力的勇氣，不願也不敢試圖嘗試，導致一事無成乃必然的結果。此爻告誡我們對平常的「梗」要面對它、解決它，養成習慣就會自然化解驚恐。

易經占驗系列（三〇七）七八八七八六〈☶艮五十二〉之〈☲☶賁二十二〉

初六：艮其趾，無咎。利永貞。

象曰：艮其趾，未失正也。

解曰：底部健康，永久不衰。專一致志，且能長久。

心得：「艮」為山，其德為「止。」「艮其背」，近取諸身；背亦有「止」義。「艮其趾」，「趾」之始，從腳趾開始，止其所當止，而且是長久始終之旨。此爻可以說：是止於至善；如山的底部不可動搖才不會崩壞。

占到此爻發動，占者所問之人事因應，當知立志下定決心做有益之事，就要像山一樣屹立不動，不可找理由來掩飾而改變。此爻也在提示我們足底的健康，是長生久視的基礎。

易經占驗系列（三〇八）七八八七六八〈☶艮五十二〉之〈☶☴蠱十八〉

六二：艮其腓，不拯其隨，其心不快。

象曰：不拯其隨，未退聽也。

解曰：違反自然，有礙健康。太過刻意，不得歡心。

心得：「腓」，指小腿肉，在人身的腳趾上至膝蓋下的後方。此爻上承九三〈艮卦〉之主，本身自知無法改變其行動，但只能順著附和，結果必當會出事。若不配合又會讓對方感到不快樂，所以是莫可奈何！

占到此爻發動，占者所問之人事因應，當知處在人心相背之時，明知不可為但又能如何！只好強忍做本身所不願做的事，心理是不愉快的。此爻告誡我們，有些果報是無法輕易改變的，該面對的就面對吧！

易經占驗系列（三〇九）七八八九八八〈䷳艮五十二〉之〈䷖剝二十三〉

九三：艮其限，列其夤，厲薰心。

象曰：艮其限，危薰心也。

解曰：通過關卡，意外收穫。層層考驗，心領神會。

心得：此九三爻居在上下二陰之中，猶如深陷於坎陷之中，此時心中的焦慮危及，上下左右備受壓力，有如將全身撕裂般的痛苦。為何如此這般，因為九三過剛而不中，不知變通之故。

占到此爻發動，占者所問之人事因應，當知剛愎自用的結果必然要接受重大的考驗，此時的心境若能轉化，也能深刻體認因禍得福之不易。

易經占驗系列（三二〇）七八六七八八〈䷳艮五十二〉之〈䷷旅五十六〉

六四：艮其身，無咎。

象曰：艮其身，止諸躬也。

解曰：通過健檢，健康無礙。瞭若指掌，及於身內。

心得：此六四猶如過關斬將之象。當位，以陰居陰，處靜止之時，止其所當止。如同《象傳》：「兼山艮，君子以思不出其位。」與所謂「不在其位，不謀其政」有異曲同工之妙。

占到此爻發動，占者所問之人事因應，一切但求自己做起，做自己份內之事，一動不如一靜。此爻告誡我們，人生如過客的旅人，看不慣的事太多了，以其「多言數窮，不如守中。」不言之教，無為之事，潛移默化，急不得。

易經占驗系列（三二一）七六八七八八〈䷳艮五十二〉之〈䷴漸五十三〉

六五：艮其輔，言有序，悔亡。

象曰：艮其輔，以中正也。

解曰：循序漸進，輔助有成。左右共治，有條有理。

心得：〈艮卦〉已到人身之頭部，口舌之部位，專司飲食與言語。飲食是個人之事，而言語行動是眾人之事。尤其處在君位，君無戲言，所以要確保其政令之施行當有其程序，以及施行細則和配套措施不可有所胤亂，這樣才不會有悔恨的事發生.

占到此爻發動，占者所問之人事因應，當知飯可隨意吃，話不可信口開河。一個人的誠信都在言談中展露無遺，說該說的話，注意自已的身分地位，這樣就不會惹出不必要的風波。此爻告誡我們，要用中正之道論事，避免我執之智識障。

易經占驗系列（三一二）九八八七八八〈䷳艮五十二〉之〈䷎謙十五〉

上九：敦艮，吉。

象曰：敦艮之吉，以厚終也。

解曰：敦實豐厚，圓滿境界。天人合一，和樂融融。

心得：〈艮卦〉初爻「利永貞」；此爻「敦艮，吉。」所言厚終，是從足下開始，一直累積到最終。老子《老子道德經・第六十四章》說：「九層之臺，起於累土。」「艮止」，止於至善，就在於有始有終。

占到此爻發動，占者所問之人事因應，當知眼前的成果是經過無數次及歲月的努力所累積的。但還必須堅持不可有所鬆懈，反而要更加謙虛。此爻告誡我們，恆心與毅力必須從謙卑做起。

易經占驗系列（三一三）七七八七八六〈䷴漸五十三〉之〈䷤家人三十七〉

初六：鴻漸於干，小子厲；有言，無咎。

象曰：小子之厲，義無咎也。

解曰：學習成長，虛心受教。涉世未深，有待磨練。

心得：〈漸卦〉有循序漸進之意。古代婚嫁有所謂的六禮（納采、問名、納吉、納徵、請期、親迎）如同六爻之序。「鴻鳥」就是雁子，象徵有序以及成雙入對。此爻比喻六禮之初，有如雁子之飛行由岸邊開始。以此隱喻對初認識的小子瞭解不多、有所意見，雖有缺點可以改過也無妨。

占到此爻發動，占者所問之人事因應，當知一切按照規矩來處理不可急躁，不要在乎別人的指責，要樂意接受，因為當作是自家人所以愛之深責之切。

易經占驗系列（三一四）七七八七六八〈䷴漸五十三〉之〈䷸巽五十七〉

六二：鴻漸於磐，飲食衎衎，吉。

象曰：飲食衎衎，不素飽也。

解曰：基礎穩固，健康快樂。穩重正派，可以同樂。

心得：此爻中正，與九五爻正應，彼此同心順勢相應，就如同雁子離開岸邊到堅固平穩的大石上享受美食一樣的和樂自在。能如此愜意是有條件的，並非閒閒沒事而是在自給自足之下，所權宜出最佳狀況。

占到此爻發動，占者所問之人事因應，當知所面對的是條件優渥，沒有後顧之憂，只要把份內的事堅持做好，隨時審時度勢配合行動，便可悠遊自在。此爻告誡我們隨時隨地把基礎穩固，天下沒有不勞而獲的。

易經占驗系列（三一五）七七八九八八〈䷴漸五十三〉之〈䷓觀二十〉

九三：鴻漸於陸，夫征不復。婦孕不育，凶，利禦寇。

象曰：夫征不復，離群醜也。婦孕不育，失其道也。利禦寇，順相保也。

解曰：不計成敗，只為理想。離鄉背井，空等未歸。

心得：雁子飛到高平陸地碰到一些狀況，如同丈夫出征打仗有去無回。太太卻懷孕，但不能養育之，表示要不得。所以說：「利禦蔻。」以此隱喻沒有把國家保衛好，連老婆都會被人欺負。此爻也告誡國破家亡的嚴重警訊。

占到此爻發動，占者所問之人事因應，當知不管是婚姻、投資合夥，在過程中碰到了挫折必須停止，首要做好緊急的應變措施，先自保才能保人。此爻也告誡覆巢之下無完卵的嚴重警訊。

易經占驗系列（三二六）七七六七八八〈䷴漸五十三〉之〈䷠遯三十三〉

六四：鴻漸於木，或得其桷，無咎。

象曰：或得其桷，順以巽也。

解曰：良禽擇木，待機而動。多做比較，適才適配。

心得：雁子的腳蹄是蹼形的，不能棲息在樹枝的圓木上，只能棲在方形的角木上。在此用來比喻婚配或匹配的對象，要合其所宜才能安穩長久。並要隨著大環境隨時循序做調整，與時俱進才不會被時代淘汰。

占到此爻發動，占者所問之人事因應，當知行行出狀元，選擇自己喜歡而且長期下來不易倦怠的工作。可以隨著年齡條件做適度的改變，這樣就能順心愉快。

易經占驗系列（三一七）七九八七八八〈䷴漸五十三〉之〈䷳艮五十二〉

九五：鴻漸於陵，婦三歲不孕，終莫之勝，吉。

象曰：終莫之勝，吉，得所願也。

解曰：超越世俗，獲得勝利。體諒包容，堅持到底。

心得：好事總是多磨，尤其婚姻大事。此九五爻以六禮而言，已來到了請期階段，只要雙方再進一步的溝通就可順利迎娶了。如同此爻婦人多年不能懷孕，在當時是要面臨很多考驗的，最終用盡各種方法得以如願以償。

占到此爻發動，占者所問之人事因應，當知事情已快到有結果的時候了，接下來的程序就必須耐心地處理，雖有些許的不順，只是一些考驗而已，堅持信念必能有所成就得償宿願。此爻告誡我們，對的事就應保持如山之屹立不搖。

易經占驗系列（三二八）九七八七八八〈䷴漸五十三〉之〈䷦蹇三十九〉

上九：鴻漸於陸，其羽可用為儀，吉。

象曰：其羽可用為儀，吉，不可亂也。

解曰：飛黃騰達，競相模仿。儀表出眾，可做榜樣。

心得：此爻從六禮而言，已到親迎準備送進洞房，完成終身大事的階段。雙方親友皆盛裝來祝賀這對新人，新娘更是在這一天展現出最美麗動人，也是未來要出嫁的人，要學習模仿的目標。所有的程序禮儀皆中規中矩，沒有絲毫之混亂。

占到此爻發動，占者所問之人事因應，當知事情已到了結局的時候，彼此皆展現出最大的誠意來接受，以此做為他人的最佳典範。此爻告誡我們，任何進行中的困難，都要用謙卑的態度來面對，尤其要有信心不可亂。

易經占驗系列（三二九）八八七八七九〈䷵歸妹五十四〉之〈䷧解四十〉

初九：歸妹以娣，跛能履，征吉。

象曰：歸妹以娣，以恆也。跛能履吉，相承也。

解曰：五五勝算，可以進行。要求不多，漸入佳境。

心得：「歸妹」，歸之以妹。此卦在講古時諸侯之婚姻制度，用在當今有如所謂的無媒自嫁，沒有經過六禮程序的婚姻。所以卦辭說：「征凶，無攸利。」卦雖凶，但初九爻辭卻吉。因處在卑下之位，以輔佐嫡夫人為己任，處之以恆以待來時。

占到此爻發動，占者所問之人事因應，當知角色的扮演是非常重要的，英雄不怕出身低，凡事當盡力而為，機會總是留給準備好的人。此爻告誡我們雖然環境不好，但努力的付出還是有出頭天的日子。

易經占驗系列（三二〇）八八七八九七〈䷵歸妹五十四〉之〈䷲震五十一〉

九二：眇能視，利幽人之貞。

象曰：利幽人之貞，未變常也。

解曰：截長補短，還算合理。身分相配，心滿意足。

心得：此九二以陽居中，來相應六五，以明應暗。「眇能視」，指一明一暗，比喻嫁給一個昏庸之夫，本身還能堅守自己的立場，睜一眼閉一眼，做好「娣」的角色。自始至終而不變節，真是難能可貴。

占到此爻發動，占者所問之人事因應，當知身為一個輔佐的角色，只要堅持做好自己份內崗位之事就好。此爻告誡我們，不要受其他的因素驚動而有所改變，只能暫時或迴避遠離是非之地即可。

易經占驗系列（三二一）八八七六七七〈䷵歸妹五十四〉之〈䷡大壯三十四〉

六三：歸妹以須，反歸以娣。

象曰：歸妹以須，未當也。

解曰：偷雞不成，丟蝕把米。濫竽充數，誠信不足。

心得：「歸妹以須」的「須」與〈賁卦〉的六二「賁其須」同。若以經解經的話，「須」便是男人臉上的鬍鬚。在此「歸妹」之世，用有「須」之「娣」隨嫁去這是不適當的，所以連累到其他的「娣」一併被退回。

占到此爻發動，占者所問之人事因應，當知明知有瑕疵還勉強去做的後果是吃力不討好，甚至損失慘重。此爻告誡我們，誠信的重要以及不可衝動行事，更不可自不量力。

易經占驗系列（三二二）八八九八七七〈䷵歸妹五十四〉之〈䷒臨十九〉

九四：歸妹愆期，遲歸有時。

象曰：愆期之志，有待而行也。

解曰：待價而沽，期望如願。選好對象，必須等待。

心得：婚姻必須靠緣份，此九四陽剛居中，雖不中不正但掌有主動權。「愆期」不是晚婚而是為了等待合適的對象，而且是有條件的、有自信的，稍有延遲不會錯過姻緣的。

占到此爻發動，占者所問之人事因應，當知寧缺勿濫，在時機對象的考量能合乎最有利的主動權而不受制於人，如同君臨人民之感。

易經占驗系列（三二三二）八六七八七七〈䷵歸妹五十四〉之〈䷹兌五十八〉

六五：帝乙歸妹，其君之袂，不如其娣之袂良。月幾望，吉。

象曰：帝乙歸妹，不如其娣之袂良也，其位在中，以貴行也。

解曰：選對商機，勝過名牌。人才歸宿，首重品德。

心得：「帝乙」是紂王（帝辛）的父親。此爻是帝乙皇族下嫁之史實，君夫人以帝乙尊貴之姿下嫁，其才貌衣物不及陪嫁之「娣」，但其德如望月之圓滿，所以得吉之故乃重德勝過美色。

占到此爻發動，占者所問之人事因應，當知再怎麼尊貴也必須配合體制，內涵的充實重於外在的華麗。此爻告誡我們，合乎中道的行為是可貴的，不自以為尊才能得到認同。

易經占驗系列（三二四）六八七八七七〈䷵歸妹五十四〉之〈䷥睽三十八〉

上六：女承筐無實，士刲羊無血，無攸利。

象曰：上六無實，乘虛筐也。

解曰：左支右絀，困窘萬分。人無准實，不宜匹配。

心得：此爻正如同卦辭所說的「征凶，無攸利。」既無正應又無親比，處境條件極為淒涼清苦。古時婚嫁的禮數，女「承筐」是為了侍奉翁姑；男「刲羊」取血是為了祭祀，此盡孝祭天、結婚兩件大事都沒能辦到，哪有什麼好說的。

占到此爻發動，占者所問之人事因應，當知一切都是空的、不實在的，要面對現實認清現狀。此爻告誡我們必須異中求同、同中求異才能改變現況，不可坐以待斃。

易經占驗系列（三二五）八八七七八九〈䷶豐五十五〉之〈䷽小過六十二〉

初九：遇其配主，雖旬無咎，往有尚。

象曰：雖旬無咎，過旬災也。

解曰：童叟無欺，口碑相傳。志同道合，勢均力敵。

心得：「豐」者，大也。豐而能盛大，是因為能明於內而動於外，明動相資之故。此初九爻合乎此條件，所以說：前往可得到賞賜。因與九四陽剛同德相應，故有「遇其配主」之象，但有個條件，是不可破壞兩造的均勢，否則就有災害。

占到此爻發動，占者所問之人事因應，當知處在為豐盛之際尚需努力，放下身段尋求合作的對象，以提升本身的競爭能力，但要信守合作的約定不可違背諾言。此爻告誡我們要成就大事業，要低調、宜下不宜上，如小鳥之覓食。

易經占驗系列（三二六）八八七七六七〈☳☲豐五十五〉之〈☳☰大壯三十四〉

六二：豐其蔀，日中見斗。往得疑疾，有孚發若，吉。

象曰：有孚發若，信以發志也。

解曰：過份掩飾，患得患失。過度保護，憂鬱待解。

心得：此六二爻是文明之主，卻碰到陰柔之君。如同以賢明之能臣，遇到昏庸之君主。最好的因應之道就是用誠信來感悟，不可用衝撞硬碰硬，才能得到信任。因為昏君生性多疑，必須要有耐心與時間來培養。

占到此爻發動，占者所問之人事因應，當知事情進行之過程將會受到質疑，必須拿出誠意用包容的態度來化解。此爻告誡我們與人合作要用柔順中正的態度，不可盛氣凌人才能合作愉快。

易經占驗系列（三二七）八八七九八七〈䷶豐五十五〉之〈䷲震五十一〉

九三：豐其沛，日中見沫。折其右肱，無咎。

象曰：豐其沛，不可大事也。折其右肱，終不可用也。

解曰：難逃厄運，斷尾求生。是才招嫉，就算修行。

心得：在豐盛之際被遮蔽到，如同日全蝕只看到小星點，此爻比六二更嚴重。在此以星象來比擬人事之互動，完全無法相應以致無法施展，所以說：「折其右肱。」不做任何施為反而不會受到傷害。

占到此爻，占者所問之人事因應，當知秀才遇到兵有理說不清，此時只能用恐懼的心來自我反省，為什麼會碰到這樣的狀況。

易經占驗系列（三三八）八八九七八七〈䷶豐五十五〉之〈䷣明夷三十六〉

九四：豐其蔀，日中見斗。遇其夷主，吉。

象曰：豐其蔀，位不當也。日中見斗，幽不明也。遇其夷主，吉行也。

解曰：利益分霑，共襄盛舉。平起平坐，地位相當。

心得：「蔀」，遮蔽物。此九四居大臣之位，近比六五之星斗，推估本身是無法得到其君之認同與晉用。在此之際，唯能找有剛明之才的初九（屬下）來資助方能成事。這樣的應變思維是可行的，也是有利艱困中的策略運用。

占到此爻發動，占者所問之人事因應，當知伴君如伴虎，做為一個中階的主管，得不到高層的賞識與提拔，就必須試著改變另類思維的策略，且韜光養晦來度過艱難的困境，以待時機方可顯用。

易經占驗系列（三三九）八六七七八七〈䷶豐五十五〉之〈䷰革四十九〉

六五：來章，有慶譽，吉。

象曰：六五之吉，有慶也。

解曰：金玉滿堂，人人慶譽。大有來頭，額手稱慶。

心得：全卦除此爻與初九兩爻外皆有「豐」，此六五居尊地但不當位，而可以值得慶賀的是居中，所以能以中道行事，知道任用唯才。如同家中有「弄璋之喜」一樣歡欣鼓舞、生氣漾然，世代相傳豐盛可期。

占到此爻發動，占者所問之人事因應，當知思維變革才能讓事業持續光大，尤其是在用人方面要適才適用，不可侷限唯用親人，並且將同仁視為家人一樣，這樣才是最值得慶賀的。

易經占驗系列（三三〇）六八七七八七〈䷶豐五十五〉之〈䷝離三十〉

上六：豐其屋，蔀其家，闚其戶，闃其無人。三歲不覿，凶。

象曰：豐其屋，天際翔也。闚其戶，闃其無人，自藏也。

解曰：家道中落，不見起色。蓬頭垢面，一籌莫展。

心得：此上六處豐盛之極，居在無位之地，如同家大、業大，一旦東窗事發就將自己孤立起來，不但自蔽也蔽人。此爻是〈豐卦〉唯一的凶爻，物極必反的道理在這爻值得讓我們省思。

占到此爻發動，占者所問之人事因應，當知所謂：「德潤身，富潤家。」一旦富有就想要享受豪宅的氣派，但要取之有道，不然後果就如此。此爻告誡我們，附麗內在的德性，比外表的華麗實在。

易經占驗系列（三三二）七八七七八六〈䷷旅五十六〉之〈䷝離三十〉

初六：旅瑣瑣，斯其所取災。

象曰：旅瑣瑣，志窮災也。

解曰：出門在外，因小失大。小家子氣，招來災禍。

心得：〈旅卦〉以火在山上，不停留來取象。古時羈旅在外實非得已，如孔子周遊列國。此爻居「旅」世之初，有卑微之象，為能從屬六二以服侍九三。〈旅卦〉以陰爻為在地之主，陽爻為旅人。以陰柔之質來服侍剛愎之九三，是很容易動則得咎的，但也是到窮困之極的地步無可奈何。

占到此爻發動，占者所問之人事因應，當知人窮志短最容易招來災禍，有如一些遊民被人利用當人頭，只為一點小代價而罹犯羅網。

易經占驗系列（三三二）七八七七六八〈䷷旅五十六〉之〈䷱鼎五十〉

六二：旅即次，懷其資，得僮僕，貞。

象曰：得童僕，貞，終無尤也。

解曰：不勞而獲，人財兩得。意外之喜，禍福未定。

心得：從卦爻象來解讀此爻，指九三來入住旅社，六二獲得錢財，提供初六的童僕來供九三差遣，各取所需。若從旅客本身而言，就是說：身懷款項又得到忠貞的童僕在身邊，最終就不會有安全的顧慮。

占到此爻發動，占者所問之人事因應，當知用人的重要性，透過可以信任的人來推薦，自己再稍加留意，出門在外就可寬心，如同在自己的家鄉一樣的心情。

易經占驗系列（三三三）七八七九八八〈䷷旅五十六〉之〈䷢晉三十五〉

九三：旅焚其次，喪其童僕，貞厲。

象曰：旅焚其次，亦以傷矣。以旅與下，其義喪也。

解曰：得而復失，尚有遺殃。來意不正，必受連累。

心得：《繫辭傳下．第九章》說：「三多凶，五多功。」九三爻過剛不中，尤其在羈旅之世更應該收斂低調，不然就會如同旅館失火；人則恩斷情絕，必然面臨危險之境地，連貼身的童僕都無法守護在旁。這是因為在道義上做得太過份了。

占到此爻發動，占者所問之人事因應，當知旅行在外的態度如果是太過剛硬，而只知進不知退的話，前途必定會受阻，因沒有好的人際關係，就不會得到好的應援。此爻告誡我們，為善於處下是前進的最佳動能。

易經占驗系列（三三四）七八九七八八〈䷷旅五十六〉之〈䷳艮五十二〉

九四：旅於處，得其資斧，我心不快。

象曰：旅於處，未得位也。得其資斧，心未快也。

解曰：交易所得，心有不足。評量結果，難能如意。

心得：此九四爻以陽居陰位，旅羈在他鄉異處，還得須防身命財產安危之考慮，內心感到惶恐不安，所以無法痛快過活。此爻如同上班被調到人生地不熟的地方工作一樣的心情，到底是公司必要或者是公司為了資遣的手段，但為了經濟生存不快樂也得做。

占到此爻發動，占者所問之人事因應，當知經濟掛帥的社會有太多的變數，要能隨時適應環境隨遇而安，既然碰到了就要好好的守住自己的崗位，不要再做太多的聯想，改變不了環境就改變自己的思維。

易經占驗系列（三三五）七六七七八八〈☶☲旅五十六〉之〈☰☶遯三十三〉

六五：射雉一矢亡，終以譽命。

象曰：終以譽命，上逮也

解曰：百發百中，功成名就。一語中的，廣受歡迎。

心得：在〈旅卦〉之中，唯獨此爻沒有「旅」之辭，因古時國不可一日無君，所以一旦旅居在外就如同流亡海外，如晉文公重耳流亡異國十九年。「射雉一矢亡」，引申為一得一失之間的拿捏要能恰到好處，最後才能得到最高的榮譽與地位。

占到此爻發動，占者所問之人事因應，當知一收一放之間的取捨，如同求財又要享盛名，這是無法兼得的。只能擇其一，要名就棄利，功成事遂身就要退才是最上策。

易經占驗系列（三三六）九八七七八八〈☶☲旅五十六〉之〈☳☶小過六十二〉

上九：鳥焚其巢，旅人先笑後號咷。喪牛於易，凶。

象曰：以旅在上，其義焚也。喪牛於易，終莫之聞也。

解曰：貪慾敗家，付之一炬。不知自制，毀於一旦。

心得：〈旅卦〉最高位即此上九爻，羈旅在外的大原則就是要低調，不可太過出風頭，不然就會樂極生悲。如同玩弄過火，把自己安居的巢穴給焚燒了，不但把財產家當燒掉，甚至生命也賠上了，從此消失無蹤。

占到此爻發動，占者所問之人事因應，當知得意忘形觸犯眾怒的後果是可想而知。此爻告誡我們，凡事小過可以原諒與容忍，一旦過份猖狂囂張，就會帶來無窮的後患不可不戒。

易經占驗系列（三三七）七七八七七六〈䷸巽五十七〉之〈䷈小畜九〉

初六：進退，利武人之貞。

象曰：進退，志疑也。利武人之貞，志治也。

解曰：猶疑之際，責無旁貸。人事去留，應該果斷。

心得：《雜卦傳》說：「巽，伏也。」指二陰皆伏在陽下，有巽順入之象。「巽為風」，其性進退不定。此爻居「巽」之初，當以順服唯命是從，但優柔寡斷又有自己的想法，所以說：必須像剛健的武人一樣，當進、當退，必須果斷才能治理當務之急。

占到此爻發動，占者所問之人事因應，當知人會左右搖擺不定是與上位者有密切的關係，福利好的公司員工的忠誠度相對的好，反之優秀的員工更容易得到公司的器重。此爻告誡我們，要堅守正道、保持「實力」才是王道。

易經占驗系列（三三八）七七八七九八〈䷸巽五十七〉之〈䷴漸五十三〉

九二：巽在床下，用史、巫紛若，吉，無咎。

象曰：紛若之吉，得中也。

解曰：不拘形式，合理解決。借助經驗，謹慎處理。

心得：九二居中，下有初六之順承。本身用謙遜的態度處理事情，又借助過去的經驗以及透過《易經》「大衍之數」占卜預知未來的現象，不斷的反覆求證的結果，所以能得到吉祥如意而沒有過咎之事。

占到此爻發動，占者所問之人事因應，當知處理事情應用謹慎的態度，不可怕麻煩而草率行事。解決問題須唯變所適，不拘泥執著之見，但凡合乎中道，循序漸進就是最好的原則。

易經占驗系列（三三九）七七八九七八〈䷸巽五十七〉之〈䷺渙五十九〉

九三：頻巽，吝。

象曰：頻巽之吝，志窮也。

解曰：愁眉不展，面有難色。意志不堅，不見好轉。

心得：「頻」者，頻繁也。「巽」有申命下達，如風之散佈。對命令之下達應以貫徹深入民心為要，不當一再改變。《老子道德經・第六十章》說：「治大國，若烹小鮮。」人民最厭煩對政府之政策朝令夕改，若是時常如此，那要治理國家就困難了。

占到此爻發動，占者所問之人事因應，當知個性任意孤行，不在乎別人的感受，將會把自己的前途斷送。此爻告誡我們，要把不好的習性改過遠離，尤其應以和顏悅色順入人心，見面三分情，爭取第一印象換來好前程。

易經占驗系列（三四〇）七七六七七八〈☴☴巽五十七〉之〈☰☴姤四十四〉

六四：悔亡，田獲三品。

象曰：田獲三品，有功也。

解曰：撥雲見日，獲益增多。屈指一算，等級不錯。

心得：「巽」以申命行事、利見大人為有功。此爻當位順承九五，確實做到本分的工作，所以悔恨自然消亡。「田獲三品」在此而言，比喻所宣達上級的命令，深入民心而依令行事，獲得非常好的成效。如同用有效的方法來田獵，收穫良多之功。

占到此爻發動，占者所問之人事因應，當知在本分所負擔的工作，當如同天地之相遇，自然地接受考驗與磨練，這樣的成果必能順勢成長功績卓著。

易經占驗系列（三四一）七九八七七八〈☴巽五十七〉之〈☶☴蠱十八〉

九五：貞吉，悔亡，無不利。無初有終，先庚三日，後庚三日，吉。

象曰：九五之吉，位正中也。

解曰：審慎評估，厚利在後。態度恭敬，結局圓滿。

心得：此爻是〈巽卦〉之主，最主要是要頒布新的命令以利民情民用。最審慎的做法就是在改革之前、實施之後都必須三令五申，有宣導期及試用期，以達到最好的成效。所以說：「先庚三日，後庚三日，吉。」

占到此爻發動，占者所問之人事因應，當知身為主事的負責人，對任何事情之改變都必須考量到進可攻、退可守，才合乎中正之道。為振奮民心，持盈保泰，唯改革是任何事務所必要必須的。

易經占驗系列（三四二）九七八七七八〈☴巽五十七〉之〈☵☴井四十八〉

上九：巽在床下，喪其資斧，貞凶。

象曰：巽在床下，上窮也。喪其資斧，正乎凶也。

解曰：喪失本能，可想知凶。懦弱無能，時運不濟。

心得：此爻居「巽」順之極，當知權變之時。當九五已做好了申命行事之後，自居於無位之地，唯以巽入順服行權，不然就喪失其果斷之機。因為風之性情是隨氣流而變；用之於人事，不知隨順人情，所以說：這是真正的損失。

占到此爻發動，占者所問之人事因應，當知初、上兩爻取決於時間、時令的變化，必須合乎時宜，如同井水之取用，源源不斷、取之不盡、用之不竭，但必須適時隨地的維護，不然就會喪失其功能。

易經占驗系列（三四三）八七七八七九〈䷹兌五十八〉之〈䷮困四十七〉

初九：和兌，吉。

象曰：和兌之吉，行未疑也。

解曰：和氣生財，美不勝收。和顏悅色，多麼好也。

心得：「兌」者，悅也。《說卦傳》說：「兌，見也。」陰爻處在內外卦之上，故見也；

也就是容易見悅於人，那如何是好呢？就是要和顏悅色，純正剛健善下，沒有夾雜陰私之心。所以說：和顏悅色的吉利是因為對任何行事不讓人產生疑惑之心。

占到此爻發動，占者所問之人事因應，當知「和而不唱」是人生修行的無上境界，好處特別多。不自作主張、不為私情所困自然喜悅相隨。

易經占驗系列（三四四）八七七八九七〈䷹兌五十八〉之〈䷐隨十七〉

九二：孚兌，吉。悔亡。

象曰：孚兌之吉，信志也。

解曰：心有誠信，無有詐欺。以誠相待，沒有怨言。

心得：此九二雖有剛中之德，但有六三乘據在上。所以說：以誠信和人相悅是好事，還須防止悔恨之事發生。因為每個人的想法是不一樣的，要能因人、事、時、地、物而隨時調整，才能符合和悅之道。

占到此爻發動，占者所問之人事因應，當知以誠信待人是基本的原則，但也必須斟酌時勢的狀況。尤其近年來電子科技的發達，詐騙集團無所不用其極的手段令人痛心。所以說：凡事多提升警戒層次，隨時防備受騙。

易經占驗系列（三四五）八七七六七七〈䷹兌五十八〉之〈䷪夬四十三〉

六三：來兌，凶。

象曰：來兌之凶，位不當也。

解曰：招來非議，形象受損。自送美意，必有所圖。

心得：「來兌」，指自上而往下求悅，而且是公開的。從卦象而言，此六三乘據在九二之上。從人事而言，就如同一個直屬長官，以不當的理由來指使公正的下屬做違法之事，所以這樣的行為是不對的，當然是使不得。

占到此爻發動，占者所問之人事因應，當知用不當的手段，而且是明目張膽的手段來達成自己的目的，這樣的最後結果絕對是凶的。此爻告誡我們不可存僥倖的心態，念頭一起就如同碰見小人，應盡速遠離去之為快。

易經占驗系列（三四六）八七九八七七〈䷹兌五十八〉之〈䷻節六十〉

九四：商兌未寧，介疾有喜。

象曰：九四之喜，有慶也。

解曰：狀況發生，盡速化解。誤會難免，去之為快。

心得：此九四以陽居陰位，上有九五當位之君，下有位不當的六三。處在正邪之間，必須做最快速的決斷，才能去除心中之不寧。就如同有病就要看醫生，對症下藥才能盡速痊癒。所以《小象》說：去除病患是值得慶賀的事。

占到此爻發動，占者所問之人事因應，當知正邪善惡在一念間，邪不勝正的道理自古即今絲毫不變。此爻告誡我們不為個人近利所誘，當以眾人福祉優先，才能獲得好名節可喜可賀。

易經占驗系列（三四七）八九七八七七〈䷹兌五十八〉之〈䷵歸妹五十四〉

九五：孚於剝，有厲。

象曰：孚於剝，位正當也。

解曰：談判過程，剝削難免。拿出誠意，各退一步。

心得：從卦象而言，上六之剝乘據在九五之上。從人事而言，一個正人君子以誠信待人，卻被小人趁機剝削出現了危機。所以《剝》卦說：「不利有攸往。」明知處境不利，但又不得不做，也算是一種磨練勵志。

占到此爻發動，占者所問之人事因應，當知防不勝防，碰到小人只能當作魔考，但還是要保持君子的風度。凡事可能的後果均應在開始就要有最壞的打算，才能做出最好的準備。並學習〈兌卦〉的特色要多與朋友相互學習觀摩。

易經占驗系列（三四八）六七七八七七〈☱☱兌五十八〉之〈☰☱履十〉

上六：引兌。

象曰：上六引兌，未光也。

解曰：爭取主動，因地制宜。引導方式，容易接受。

心得：「引兌」與「來兌」明顯的不同，在於明示和暗示。所以明示招凶，暗示未光彩也。從爻位而言，此上六已居悅道之極，應由悅現轉趨循禮。從人事而言，要專心一致以禮取悅，才能光明正大踐履其事。

占到此爻發動，占者所問之人事因應，當知所處的環境不同就要有所不同的取悅方式，有些時候用暗示的方法想做不光明的事也未能得其所願。此爻告誡我們有理才能行遍天下。

易經占驗系列（三四九）七七八八七六〈☴☵渙五十九〉之〈☴☱中孚六十一〉

初六：用拯馬壯，吉。

象曰：初六之吉，順也。

解曰：馬不停蹄，自求多福。防患未然，明哲保身。

心得：「渙」者，離也，有離散之意。上「巽」為風，下「坎」為水，風行水上，有行舟渡河之象。用在人事，有遠離禍患之意。此爻居渙散之初，患亂之際，所以必須用盡全力來解決當務之急。如同洪水之侵襲只在轉眼間，須用快馬加鞭之勢順利脫逃。

占到此爻發動，占者所問之人事因應，當知禍患迫在眼前必要借力使力，盡其全力聽從有能力的人來指導，這樣才能順利解決問題。此爻提示我們，遇上困難要求助專業的人才來處理是最快的方法。

易經占驗系列（三五〇）七七八八九八〈䷺渙五十九〉之〈䷓觀二十〉

九二：渙奔其机，悔亡。

象曰：渙奔其机，得願也

解曰：脫離險境，傷害不深。有感威脅，不至傷害。

心得：「机」通几，砍伐樹幹剩的樹頭，可以取代桌椅來安坐。從爻位而言指初六，從人事而言指下屬。此九二處渙難離散之世，以陽居陰雖不當位，但居中不失靈活反應。如同在緊急危難之際，首先找到安全的憑藉再做其他打算，所以悔恨消亡。

占到此爻發動，占者所問之人事因應，當知要遠離禍患貴在神速機警，先觀察地形地物以及人事，就近取材。當願望達成莫忘初衷，尤其人在無助之時總會許願，但事過境遷又忘了。此爻告誡我們有許願就要趁早盡速了願。

易經占驗系列（三五一）七七八六七八〈☴☵渙五十九〉之〈☴☴巽五十七〉

六三：渙其躬，無悔。

象曰：渙其躬，志在外也

解曰：自力救濟，還來得及。無私無畏，休戚相關。

心得：「躬」，自身也。在處渙離之世，當以應與近比於陽剛為佳，今六三近比於九二之上，並與上九相應與；雖然本身能力有所不及，但有共濟患難之心，只要拋開個人的成見，順著眾人的意見，把眼光看遠一點，這樣就沒有悔恨之事了。

占到此爻發動，占者所問之人事因應，當知先能自救才能救人，眾人之事其實也是息息相關，所謂「城門失火，殃及池魚。」此爻告誡我們要拋開自私自利的思維，能多跟外界接觸來增廣視野。

易經占驗系列（三五二）七七六八七八〈䷺渙五十九〉之〈䷅訟六〉

六四：渙其群，元吉。渙有丘，匪夷所思。

象曰：渙其群，元吉，光大也。

解曰：同舟共濟，扭轉局勢。壯志凌雲，豈非常人。

心得：從本義而言，在洪水來時能將牛羊群等趕到安全之地不受傷害，所以是大吉之事。從人事而言，能將成群結黨的小人瓦解使之不為亂，當然是大吉。尤其處患難之世，能夠捨棄私利而來幫忙九五之君成就更大的事，就不是一般人所能想像且做得到的。

占到此爻發動，占者所問之人事因應，當知解難要先去私慾，能去其私方能成就大事。此爻告誡我們不可靠剛健與陰險來解決事情，必須用正面來處理才不會有後患。

易經占驗系列（三五三）七九八八七八〈䷺渙五十九〉之〈䷃蒙四〉

九五：渙汗其大號，渙王居，無咎。

象曰：王居無咎，正位也。

解曰：雨過天青，記取教訓。非常時期，特殊處理。

心得：從身上的生理反應來比喻一個國君治理天下是可以相通的。就如同人在嚴重感冒之時，將汗把它逼出來，症狀就能緩和甚至痊癒。身為一個國君在發號司令實施政令，一旦令出就如同汗出無法收回了。所以說：「君無戲言。」

占到此爻發動，占者所問之人事因應，當知在患難之時身為一個領導者，必須果斷決策對症下藥，一旦令出就不能輕易更改。此爻告誡我們平常要培育領導統御的基本技能，並注重身教之德育。

易經占驗系列（三五四）九七八八七八〈䷺渙五十九〉之〈䷜坎二十九〉

上九：渙其血，去逖出，無咎。

象曰：渙其血，遠害也。

解曰：災害遠離，不再憂慮。遠離糾纏，出去就好。

心得：「血」，在六十四卦中共出現四處，如〈小畜〉六四：有孚血去惕出；〈坤〉上六：龍戰於野，其血玄黃；〈需〉六四：需於血，出自穴。由此可見「血」有因交戰而流血之象。所以說：遠離對抗與交戰，就可以將恐懼的心理去除與避開禍端。

占到此爻發動，占者所問之人事因應，當知不要為一些無關緊要的事與人掀起爭端，讓自己陷入險境。此爻告誡我們要常常養成好的德性，與人教學相長、增廣見識，才能認清時勢的現實面，這才是積極性的遠離禍害。

易經占驗系列（三五五）八七八八七九〈䷻節六十〉之〈䷜坎二十九〉

初九：不出戶庭，無咎。

象曰：不出戶庭，知通塞也。

解曰：開源節流，不可妄洩。口風謹慎，避免禍患。

心得：澤上有水，澤就像一個容器，它有一定的容量，就如同石門水庫平常儲存以備供民生之所需。此爻象徵儲水，所以不可傾洩。用在行事上，守著不動。用在機密上，祕而不宣。《繫辭傳》說：「亂之所生者也，言語以為階。」

占到此爻發動，占者所問之人事因應，當知言語是切身的安全，一旦無法保持緘默而信口開河必會帶來災禍。天下總有一個原則與規律，只要能體悟其中的道理，不必出遠門自然也能知道窮通與閉塞。但其前提必須不斷的學習，如流水不間斷的精神。

易經占驗系列（三五六）八七八八九七〈䷻節六十〉之〈䷂屯三〉

九二：不出門庭，凶。

象曰：不出門庭，凶，失時極也。

解曰：延誤時機，災難臨頭。苟且偷安，帶來禍患。

心得：此九二爻已累積二陽，有可宣洩的必要。用在人事而言如同「見龍在田」，可以論道經邦之時了。《老子道德經》說：「聖人不積，既與為人己愈有。」在此之時反而迍邅不出，所以說：已喪失了大好時機，機會不會再來，凶險可知。

占到此爻發動，占者所問之人事因應，當知不知把握時機，就會失去大好前程。此爻告誡我們，屯聚實力就是為了適當時機可以發揮，一旦時機成熟不可優柔寡斷，不然到老徒嘆奈何！

易經占驗系列（三五七）八七八六七七〈䷻節六十〉之〈䷄需五〉

六三：不節若，則嗟若，無咎。

象曰：不節之嗟，又誰咎也。

解曰：維護體制，加強規範。行為偏差，應訓免患。

心得：處節制之世，居不中不正之位，不知如何應變制度、議德性；只知空徒富貴，不知進取。而九二之凶殷鑑不遠，尚不知奮發。空洞的理想不是平白等待就能實現，到頭只能嘆氣怪自己，不得歸咎任何人。

占到此爻發動，占者所問之人事因應，當知凡事必有制度可以遵循，若想跳脫體制，自以為是地我行我素，必然只有怨天尤人。此爻告誡我們要有耐心不可躁進、踏實進取，功夫是時間磨練而來的。

易經占驗系列（三五八）八七六八七七〈䷻節六十〉之〈䷹兌五十八〉

六四：安節，亨。

象曰：安節之亨，承上道也。

解曰：按部就班，諸事亨通。安份守己，相處愉快。

心得：從卦象而言，上卦的水當屬主動，下卦的「澤」當屬被動。水之注入容器是一種自然地承乘關係，此六四當位上承九五，就如同一個君臣之間順意之相處，所以說：安於節制，為臣者順承上意中命行事，自然亨通無礙。

占到此爻發動，占者所問之人事因應，當知做為下屬之道必須安守本分，一切按照規矩而順命行事必能安然順勢。人際關係也能亨通，工作自然順遂。此爻告誡我們要面對當前的環境，做合於道，順成天意自然的事，自能順心愉快。

易經占驗系列（三五九）八九八八七七〈☵☱節六十〉之〈☷☱臨十九〉

九五：甘節吉，往有尚。

象曰：甘節之吉，居位中也。

解曰：中規中矩，平步青雲。面面俱到，推崇者眾。

心得：「甘」者，五味之中也。為君之道，甘於節制，為臣上行下效，以此中庸之道臨天下治理，百姓人民均樂得順從。所以說：吉，上下一心。因為為政者以剛毅中正之道，用身教而非言教的潛移默化方式教化所致。

占到此爻發動，占者所問之人事因應，當知任何事情都是需要節制的，尤其身為一個領導者是眾人所矚目，一舉一動也是被模仿的對象。所以不可小看自己，自重才能得到尊重，到處往來甘之如飴，備受歡迎賞識。

易經占驗系列（三六〇）六七八八七七〈䷻節六十〉之〈䷼中孚六十一〉

上六：苦節，貞凶，悔亡。

象曰：苦節，貞凶，其道窮也。

解曰：制度不佳，須知改進。苦於束縛，設法脫離。

心得：「甘」是可口美味；「苦」是煎過頭了。在此比喻節制過頭，對於自己、對別人都不好，所以說占問的結果有凶險之象。就像一個人對自我的要求，實行起來會傷害到身心的事。若能即時檢討反省改進不合時宜之事，這樣就不會有悔恨之事發生。

占到此爻發動，占者所問之人事因應，當知勉強的事是無法長久，若又不聽規勸那後果就要自行負責。此爻告誡我們但求內心無所遺憾，心誠則靈，不切實際的妄想必將走向窮途之末路。

易經占驗系列（三六一）七七八八七九〈䷼中孚六十一〉之〈䷺渙五十九〉

初九：虞吉，有它不燕。

象曰：虞吉，志未變也。

解曰：心專則利，疑則不安。一旦相信，就不二心。

心得：「中孚」，誠信於中。從六爻卦相而言，上下皆陽實而兩爻陰虛。以八卦而言，有「離」中虛之象，謙虛以受人，以致於豚魚。此爻居誠信之初，自守本分安於至誠，不敢有非份之想，自始至終而不敢改變，所以說：能知道顧慮而遠離惑亂而吉。

占到此爻發動，占者所問之人事因應，當知誠信之道在於發自內心，無害人之意但要有防人之心。若是無法堅守此原則，就會有讓人不安的事發生。此爻告誡我們不要因為誠信而蒙受傷害，而要防止詐騙、遠離貪念的不渝原則。

易經占驗系列（三六二）七七八八九七〈☴☱中孚六十一〉之〈☴☳益四十二〉

九二：鳴鶴在陰，其子和之。我有好爵，吾與爾靡之。

象曰：其子和之，中心願也。

解曰：彼此呼應，有福同享。心靈相通，不醉不歸。

心得：此爻以取象來說事，九二之鶴鳴在六三、六四兩陰之下，與初九之子相和。九五有好的文德，願與九二同德共享。雖無斷占之辭，但可以理解到發自內心肺腑之誠信，同德必能相感召，終必福至心靈、事事順遂，獲益共享。

占到此爻發動，占者所問之人事因應，當知誠信賢德之人是不會被遺忘的，一呼百應同德共濟、雨露均霑。此爻告誡我們為學日益，為善不斷，見善則遷，有過則改。

易經占驗系列（三六三）七七八六七七〈䷼中孚六十一〉之〈䷈小畜九〉

六三：得敵，或鼓或罷，或泣或歌。

象曰：或鼓或罷，位不當也。

解曰：物競天擇，可歌可泣。狀況不同，反應各異。

心得：〈中孚卦〉以誠信發自於內心為主旨。然此六三居不中、不正之心態，把相應的上九當成敵人看待；不分青紅皂白，莫辨是非，內心起伏不定甚至悲哀歡樂，不能自持自守。

此爻只有說事之辭而無斷占之驗，但吉凶可知。

占到此爻發動，占者所問之人事因應，當知自以為是，自想自得搞不清楚狀況，不知誠信必須要靠自己的堅持而不是隨個人情緒而改變。此爻告誡我們，要多培養一些文德以及文化素養，慢慢成長才能改變命運而以小搏大。

易經占驗系列（三六四）七七六八七七〈䷼中孚六十一〉之〈䷉履十〉

六四：月幾望，馬匹亡，無咎。

象曰：馬匹亡，絕類上也。

解曰：物換星移，自然淘汰。月圓之時，情緒高亢。

心得：「月幾望」，取象於月亮接近滿月。用於人事陰盛未極，引申至君臣之道，六四居諸侯之位，必須自守不可功高震主，才不會惹禍上身。「馬匹亡」，馬兩隻叫匹；從爻象而言，指初九之正應。但在封建之時，只能遠民而近國君為國效力。

占到此爻發動，占者所問之人事因應，當知上有老闆、下有員工的中高階主管的行事作為，當以老闆的意志為首要，為公司謀福利，不可有私相授受營私的行為，公司才能長久持續經營。此爻告誡我們，要認清自己的所在位置，做自己崗位之事才合乎禮儀。

易經占驗系列（三六五）七九八八七七〈䷼中孚六十一〉之〈䷨損四十一〉

九五：有孚攣如，無咎。

象曰：有孚攣如，位正當也。

解曰：信誠結合，可免憂患。物以類聚，伉儷情深。

心得：此九五爻為君之道，更為明確。用誠信和天下百姓相感通，如同用繩索、手牽手，牢牢綁在一起，象徵上下一心。所以《彖傳》說：「柔在內而剛得中，說而巽，孚乃化邦也……，中孚以利貞，乃應乎天也。」由此可知治理國家必須用誠信，並且要合乎正道才能感化民心。

占到此爻發動，占者所問之人事因應，當知身為一個負責人，帶人必須先帶心，誠信是不可或缺，在對的位置做對的事。此爻告誡我們要懲忿窒慾，不輕易發脾氣，不做非份及過份之妄想。

易經占驗系列（三六六）九七八八七七〈䷼中孚六十一〉之〈䷻節六十〉

上九：翰音登於天，貞凶。

象曰：翰音登於天，何可長也。

解曰：商機外洩，大傷元氣。不祥之聲，顯示凶象。

心得：《禮記・祭禮》說：「雞曰，翰音。」〈中孚〉卦象，上「巽」為雞之象；下「兌」有毀折之義，所以有殺雞祭祀之象。又雞的性能是無法飛高，所以也不能登天。在此隱喻本能所做不到的事不要勉強去做，不然會遭遇失敗也不會長久。

占到此爻發動，占者所問之人事因應，當知無法誠信於自己的本性良能，必然的結果是失敗的結局。此爻告誡我們，對自己沒有把握的事當求助於別人，但要注重禮節，平常就要維持不要臨時抱佛腳。

易經占驗系列（三六七）八八七七八六〈䷽小過六十二〉之〈䷶豐五十五〉

初六：飛鳥以凶。

象曰：飛鳥以凶，不可如何也。

解曰：訊息不良，所以取凶。一時不察，因此損失。

心得：「小過」，小者過也。四陰過於二陽，從大象看有凶險之象，所以六爻無吉占。「小過」又可取象飛鳥，陰爻兩旁像雙翼，陽爻居中像鳥的腹身。以飛鳥比喻人事，因鳥飛過高則無棲身之所，無以生存，如同人之高攀而無法自主。

占到此爻發動，占者所問之人事因應，當知隨風起舞受人支配，會帶來凶險之事。此爻告誡我們要內明才能外動，也就是參與任何行動，必須瞭解事實之光明面後並與善知識之人討論，才不會被牽著鼻子走。

易經占驗系列（三六八）八八七七六八〈䷽小過六十二〉之〈䷟恆三十二〉

六二：過其祖，遇其妣。不及其君，遇其臣，無咎。

象曰：不及其君，臣不可過也。

解曰：過與不及，適中則可。恰如其分，知所進退。

心得：過與不及，是人世間的一門大學問。此爻居中正之位，在朝廷之上君臣之禮節恰如其分。用在家庭的禮儀則稍微可以不必那麼講究，只要不違背大原則就可以了。但君臣、父子、夫婦，三綱五常之禮則是恆久不變的。

占到此爻發動，占者所問之人事因應，當知情、理、法貴在變通，過與不及，材與不材，因人、事、時、地、物而有所宜與不宜，唯變所適才能持續永久經營。此爻告誡我們要道法自然，順勢而為，善意溝通。

易經占驗系列（三六九）八八七九八八〈☳☶小過六十二〉之〈☳☷豫十六〉

九三：弗過防之，從或戕之，凶。

象曰：從或戕之，凶，如何也。

解曰：存心不良，反受其害。小心提防，暗中傷人。

心得：在「小過」之世，以不應為好。此九三過剛不中而應，有些過於輕率而放縱，所以就會有暴衝的突發事件發生，這是因為沒有做好防備的後果。為何會有如此的凶險之事，此乃因為周遭的環境太險惡了。

占到此爻發動，占者所問之人事因應，當知小人勢眾，輕敵或剛愎自用，自然會面臨到不測的凶險，此乃是必然的結果。此爻告誡我們不可心存僥倖，凡事務必三思而行有備無患，平時多積功累德以備不時之需。

易經占驗系列（三七〇）八八九七八八〈䷽小過六十二〉之〈䷎謙十五〉

九四：無咎。弗過遇之，往厲必戒，勿用永貞。

象曰：弗過遇之，位不當也。往厲必戒，終不可長也。

解曰：不涉非法，自始至終。避免禍害，永不錄用。

心得：九四，有九三前車之鑑，知道事情尚未發生的時候就要遏止與有問題的人交往，顯示危險的人事不可不戒備。而且要堅守不可輕信，並以謙遜態度來應對，讓存心不良的人無法得逞。

占到此爻發動，占者所問之人事因應，當知不求有功，但求無過。陰險之人習性難改，所以古人說：害人之心不可有，防人之心不可無。這道理就在此爻顯現了。此爻告誡我們要秤秤自己的份量，不可被一時眼前的假象矇騙而掉入陷阱。

易經占驗系列（三七一）八六七七八八〈䷽小過六十二〉之〈䷞咸三十一〉

六五：密雲不雨，自我西郊，公弋取彼在穴。

象曰：密雲不雨，已上也。

解曰：掌握時機，探囊取物。善於觀察，心想事成。

心得：老子《道德經．第三十二章》說：「天地相合，以降甘露。」「密雲不雨」，乃六五對六二而言沒有陰陽相應；另一原因是吹西風是不會下雨。這就好像用帶線的箭頭射在洞穴的鳥一樣，不會有結果。

占到此爻發動，占者所問之人事因應，當知要觀察時變才不會做白工。違背原則就無法成事，尤其對一些看不到的事業，盲目的去投資。此爻告誡我們凡事要低調，不要曲高和寡並且要謙虛接受善意的勸解。

易經占驗系列（三七二）六八七七八八〈䷽小過六十二〉之〈䷷旅五十六〉

上六：弗遇過之，飛鳥離之，凶，是謂災眚。

象曰：弗遇過之，已亢也。

解曰：難逃法網，天災人禍。剛愎自用，天理不容。

心得：無法遏阻過咎而任其發生，在毫無控制之下只知躁進而不知退避，必然會發生災難。就像飛鳥落入獵人的網羅一樣，無法倖免於難。此卦用物象來詮釋「小過」的吉凶，只宜下、不宜上；只可小事、不可大事。此爻與卦旨完全相違背。

占到此爻發動，占者所問之人事因應，當知為時已晚災難已至，漫無止境的自我膨脹，就好像人在行「空亡運」一樣。此爻告誡我們要多到外面見識見識，不可自我感覺良好，做出逾越本分的事。

易經占驗系列（三七三）八七八七八九〈䷾既濟六十三〉之〈䷦蹇三十九〉

初九：曳其輪，濡其尾，無咎。

象曰：曳其輪，義無咎也。

解曰：成就之後，固守為重。成就之時，行為如常。

心得：「既濟」，定也，濟渡已經成功了。從卦體而言，上水下火，有烹煮之象、有滅火之象。又從爻位而言，六爻皆正又相應，是六十四卦中唯一的。此爻居「既濟」之初，是不應有所作為，但陽剛之性不易制止，必須有智力才能避免生亂而遭遇困難。就如同綁住車輪和狐狸的尾巴沾濕一樣，無法再行動。

占到此爻發動，占者所問之人事因應，當知安定之後不可躁進冒然行動，此時的心境是鬆懈的，容易在進行中遭受困境，所以此時必須反身修德，做好準備再行動。

易經占驗系列（三七四）八七八七六七〈䷾既濟六十三〉之〈䷄需五〉

六二：婦喪其茀，勿逐，七日得。

象曰：七日得，以中道也。

解曰：改絃易轍，時來運轉。失而復得，自有安排。

心得：「茀」，車茀也。古時婦人乘車必須有布簾掩在車門，當然身分地位是很高貴的。如此重要的東西掉了，事出必然有因，所以只能冷靜處理靜觀其變，不必去追究自然就會物歸原主，因為有人故意要製造事端嫁禍於人。

占到此爻發動，占者所問之人事因應，當知東西無故的遺失都是有一些警訊，有些外應之機不可不防。此爻告誡我們在安定的時候是最容易鬆懈的，一旦有發生蹊蹺的事，就必須冷靜思考其中可能的原因，但是急不得才不會落入陷阱。

易經占驗系列（三七五）八七八九八七〈䷾既濟六十三〉之〈䷂屯三〉

九三：高宗伐鬼方，三年克之，小人勿用。

象曰：三年克之，憊也。

解曰：破釜沉舟，提防小人。耐心等待，暫時勿用。

心得：此爻乃在內卦之上，初九、六二兩爻的象意都在止於進、慎於行，等累積的能量與時機充足了，就能有所表現。但〈既濟卦〉可以說是安定太平之世，君臣之間的心態難免有些猜疑，彼此就會多做一些防備，所以做起事來就會特別疲憊。

占到此爻發動，占者所問之人事因應，當知外面的敵人不可怕，內部的矛盾、猜疑嫉妒、互扯後腿才是最恐怖。可共患難而無法共享富貴的事，在此爻提示得很明確。此爻告誡我們創業雖很艱難，但人際的相處更應如經綸之治理。

易經占驗系列（三七六）八七六七八七〈䷾既濟六十三〉之〈䷰革四十九〉

六四：繻有衣袽，終日戒。

象曰：終日戒，有所疑也。

解曰：戒備周延，滴水不漏。無懈可擊，時時提醒。

心得：此爻就是《象傳》所以說的「君子以思患而豫防之」連結。用舟船行駛於水中，預備舊的衣物做為防止漏水的發生，有備而無患。由此引申到人之行事隨時有所戒備，居安思危不可鬆懈。

占到此爻發動，占者所問之人事因應，當知不怕一萬只怕萬一，不管任何事情一旦在運行中都會有風險，尤其時間久了自然就會有毀壞，如老舊房子的電線以及一些設備更應要注意防範。此爻告誡我們，凡事都會有變革必須適時應變。

易經占驗系列（三七七）八九八七八七〈䷾既濟六十三〉之〈䷣明夷三十六〉

九五：東鄰殺牛，不如西鄰之禴祭，實受其福。

象曰：東鄰殺牛，不如西鄰之時也。實受其福，吉大來也。

解曰：審時度勢，不被利誘。權宜貴賤，誠意受福。

心得：俗諺說：「窮算命，富燒香。」祭祀的表現在祭品與時機兩種。祭品的豐盛與薄祭，能承受福報，端在於祭者的誠心以及仁心。逢年過節與定時的祭祀比較重要，相較於臨時抱佛腳之豐盛其效果更好。在此的「東鄰」比喻商紂之暴政，「西鄰」比喻文王之德政。

占到此爻發動，占者所問之人事因應，當知人的思想要有所依附信仰，信仰就必須有所做的功課，除了按時祭祀之外，就是經典之持頌。誦經的功德可以集氣，得吉祥如意。綜觀所有的法會就是誦經祈福、普渡眾生，重見光明、脫離苦海。

易經占驗系列（三七八）六七八七八七〈䷾既濟六十三〉之〈䷤家人三十七〉

上六：濡其首，厲。

象曰：濡其首，厲，何可久也。

解曰：福份已盡，可知危險。樂極生悲，要當心喔！

心得：物極必反，《易經》從〈乾卦〉到〈既濟卦〉；〈既濟卦〉從「濡其尾」到「濡其首」；由「無咎」到「厲」，一直在循環變化之中。「濡其首」，比喻深陷於水中，耳目失靈。用在於人事，看不到前景，聽不進忠言，長久下去最終的危險是可以預期的。

占到此爻發動，占者所問之人事因應，當知不聽老人言，吃虧在眼前。過於安逸沒有危機意識，必然會反轉到窮助的困境，不見棺材是不會掉淚的。此爻告誡我們，對親近的人要持之以恆的相互勸勉，可稍微放鬆但不可懈怠。

易經占驗系列（三七九）七八七八七六〈䷿未濟六十四〉之〈䷥睽三十八〉

初六：濡其尾，吝。

象曰：濡其尾，亦不知極也。

解曰：能力不及，無可救藥。乳臭未乾，不知好歹。

心得：「未濟」，因火在上，水在下，無法相知故而得其卦名。而「未濟」的互卦有「既濟」，所以雖客觀上有不利的因素，但還可透過主觀的努力。此爻居「未濟」之初，陰虛無力，雖有相應但得不到相助。如同小狐狸經驗不足冒然渡河，尾巴不知高舉而被濡濕，進行中碰到困難也不知最後的結果。

占到此爻發動，占者所問之人事因應，當知在未認清事實之前就一廂情願的躁進，得到的結果必然是困難重重。此爻告誡我們，對非親非故不要有太天真的想法，才不會有太大的落差。

易經占驗系列（三八〇）七八七八九八〈䷿未濟六十四〉之〈䷢晉三十五〉

九二：曳其輪，貞吉。

象曰：九二貞吉，中以行正也。

解曰：枕戈待旦，固守則吉。懸崖勒馬，難能可貴。

心得：此九二以陽剛居陰柔得中。上應六五能知所進退、靈活權變。「曳其輪」，止住其輪，止其前進之意。但並非完全禁止，而是要待時而前進，因有初六的前車之鑑，所以必須有通盤的計畫以及相對因應的確認，並且合乎中正之道才可進行。

占到此爻發動，占者所問之人事因應，當知目前在表面上是不動的，但在暗地裡是有計畫地等待時機，以靜制動、以守為攻。此爻告誡我們在「未濟」之世，必須將自我的長處明顯地展現出來，將資源化作資產，迎接新的未來。

易經占驗系列（三八一）七八七六七八〈☲☵未濟六十四〉之〈☲☴鼎五十〉

六三：未濟，征凶，利涉大川。

象曰：未濟征凶，位不當也。

解曰：逼上梁山，險中求勝。事到如今，盡力交涉。

心得：此爻一般不容易理解。若用《道德經 · 第四十章》：「反者道之動，弱者道之用」，就可以體悟。此爻處「未濟」之世，居坎險之上，出征會打敗仗，但又必須冒險犯難。

因為是位不當而失敗，表示已經知道原因，就從根本去研究以解決之。

占到此爻發動，占者所問之人事因應，當知任何事情沒有絕對的，失敗的原因在於沒有冒險犯難與改過的勇氣與精神。此爻告誡我們要站對位置，做自己本分的事，不要在乎別人的看法，勇往直前打造自在的人生。

易經占驗系列（三八二）七八九八七八〈䷿未濟六十四〉之〈䷃蒙四〉

九四：貞吉，悔亡。震用伐鬼方，三年有賞於大國。

象曰：貞吉悔亡，志行也。

解曰：反敗為勝，得到賞賜。痛定思痛，應付自如。

心得：若「既濟」為治世的話，則「未濟」可以比喻為亂世。所謂重賞之下必有勇夫，尤其在亂世。「震用伐鬼方」是商周的一件歷史事實的紀錄，古時大國都會用獎賞的方式，利用小國為其出征平定外患，此爻就是接下任務完成使命獲得獎賞之例。

占到此爻發動，占者所問之人事因應，當知凡事不必事事躬親，用錢可以解決的事就交由專業而且有熱誠的人來處理。此爻告誡我們，對人事一旦相信就不可懷疑，且應果斷培育優良美德以應世。

易經占驗系列（三八三）七六七八七八〈䷿未濟六十四〉之〈䷅訟六〉

六五：貞吉無悔，君子之光，有孚吉。

象曰：君子之光，其暉吉也。

解曰：勝券在握，水到渠成。榮景可期，樂不可支。

心得：此爻是〈未濟卦〉的卦主，如《象傳》所說：「火在水上，未濟。君子以慎辨物居方。」由「未濟」而能「既濟」，就是賴此六五之功，因他能分辨時勢，讓萬物各歸其所之故。除了個人的光彩之外，還能將全體發揚光大，如同太陽之光輝燦爛。

占到此爻發動，占者所問之人事因應，當知身為一個領導者，把自身的基本事情做好之外，還要帶領全體上下共創美好前程。此爻告誡我們在經濟競爭之世，做事一定要從謀劃開始，不可留下可能的訟因。

易經占驗系列（三八四）九八七八七八〈䷿未濟六十四〉之〈䷧解四十〉

上九：有孚於飲酒，無咎。濡其首，有孚，失是。

象曰：飲酒濡首，亦不知節也。

解曰：慶功喜宴，須知節制。得意忘形，形象受損。

心得：此爻從爻位的排列剛好是三百八十四爻的卦爻之終。一旦事情完成都會有慶功犒賞之宴會，在宴席中難免會有興奮過頭而多喝幾杯。若能稍加控制就好，不然就會酒醉而誤事，這是平常應有所警惕之事。

占到此爻發動，占者所問之人事因應，當知飲酒歡樂慶祝都是好事，但如果不知節制就會誤事。此爻乃《易經》作者在為世人做總結的忠告。但人是有情緒的、有壓力的，有時也必須適時適量的緩解，過份的壓抑也不好，所以朋友之間需相互體諒。

第三章

繫辭傳上、下

繫辭傳上、下

《易經．繫辭傳上》系列一之1

「天尊地卑，乾坤定矣；卑高以陳，貴賤位矣；動靜有常，剛柔斷矣。」

學《易》心得分享：乾為天，為尊，為貴，為動，為剛。坤為地，為卑，為賤，為靜，為柔。《易經》作者，將〈乾〉、〈坤〉的象徵做制式的規定，讓學《易經》的同好者，得以遵循依此判斷，做為學《易》的入門功夫。所以說：〈易〉者象也，象者，像也。《易經》這本書都是由天地之間所象徵的事物而推演到人事，做爲趨吉避凶的寶典。

《易經．繫辭傳上》系列一之2

「方以類聚，物以群分，吉凶生矣。」

學《易》心得分享：萬物的存在都是有差異的，所以存在的同類才能聚在一起，這就是所謂的「異中求同。」反觀只要是人聚在一起，就會分人種、膚色、地緣、宗族，就產生不同的團體與派系，這就是所謂的「同中求異。」

凡事有成就有敗，有興就有廢，因此「吉凶」在相較之下就產生了。若落實在生活即「道不同不相為謀也。」

《易經・繫辭傳上》系列一之3

「在天成象，在地成形，變化見矣。」

學《易》心得分享：太昊伏羲八卦祖師，仰觀天文，俯察地理，於是始作八卦。天文，即日、月、星、辰等恆星；地理，即山川、丘陵等地形。《謙卦・彖傳》：「……天道虧盈而益謙，地道變盈而流謙……。」太陽每天東升而西降，月亮朔望晦弦；地形隨著地球的運動而轉移。《易經》中的變化也因而產生。如〈離卦〉九三爻：「日昃之離，不鼓缶而歌，則大耋之嗟，凶。」這是學習《易經》推天道明人事的道理就在此。例如：太陽下山比喻人生到了日暮之年，此時的心境當好好享樂，自娛娛人是最符合天道的。

《易經・繫辭傳上》系列一之4

「是故剛柔相摩，八卦相蕩，鼓之以雷霆，潤之以風雨，日月運行，一寒一暑，乾道成男，坤道成女。」

學《易》心得分享：《易經》的成書，太極生兩儀，兩儀生四象，四象生八卦，八卦定吉凶，吉凶生大業。陽剛陰柔兩相摩蕩，然後形成八卦，八卦主象沒吉凶，再相乘六十四卦，於是吉凶就產生了。所謂的先天八象，即天、澤、火、雷、風、水、山、地。後天八卦，震東、巽東南、離南（夏暑）、坤西南、兌西、乾西北、坎北（寒冬）、艮東北。又推及六親，乾為父、坤為母、震為長男、巽為長女、坎為中男、離為中女、艮為少男、兌為少女。如〈水山蹇卦〉說：「利西南，不利東北……。」又如〈火澤睽〉彖傳：「睽，火動而上，澤動而下，二女同居，其志不同行……。」以上都是解卦的素材，學《易》者的基礎功夫。

《易經・繫辭傳上》系列一之5

「乾知大始，坤作成物，乾以易知，坤以簡能。」

學《易》心得分享：此段可從後天八卦方位來理解，乾（戌乾亥）在坎（壬子癸）之前，所謂天開於子，地闢於丑，人生於寅，所以說：乾知大始的道理即在於此。坤（未坤申）在兌（庚酉辛）秋收的節氣之前，農作物在六月已經成熟等待收成了，所以說：「坤作成物。」

〈乾〉天是因為無心而知道，所以容易理解。〈坤〉地也是因為無心相感，所以配合就簡單。

落實在生活，就是從自然中學習，任其自然不自造作，就簡單容易了。

《易經・繫辭傳上》系列一之6

「易則易知，簡則易從。」

學《易》心得分享：此段是說：天地本無心，所以能夠專一，專一所以能堅定。堅定所以萬物順應天道配合地道。

落實到學《易》於生活，初學入門就像一張白紙，先不要有自己的想法，遵循授業之師的步伐，熟悉天圓地方六十四卦的排列組合，加以熟記，建立自信，由淺入深，就容易理解以從趨吉避凶之示。

《易經・繫辭傳上》系列一之7

「易知則有親，易從則有功。有親則可久，有功則可大。可久則賢人之德，可大則賢人之業。」

學《易》心得分享：此段是說：學《易》要由淺入深才會想親近不離，要從古人的智慧去體悟才能用心下工夫。深入淺出才可以持之有恆，用功勤讀才能大有展獲。長久努力深耕《易經》的理論是賢人的基本德性，然後將理論用於實際的生活所需，就是賢人的事業。落實到生活，就是經文理論為體，「大衍之數」實務為用，所以體用兼備經營事業才能成大功立大業。

《易經．繫辭傳上》系列一之8

「易簡而天下之理得矣，天下之理得而成位乎其中矣。」

學《易》心得分享：此段是說：《易經》六十四卦的道理是從〈乾、坤〉兩卦所衍生的，一陰五陽與一陽五陰各六卦；二陰四陽與二陽四陰各十五卦；三陽三陰共二十卦。所以要瞭解其中的道理就要從成卦的爻位，按制定出的當不當位來理解。如〈䷾水火既濟〉六爻都當位，反之〈䷿火水未濟〉六爻都不當位。原則上《易經》的作者以二、四爻為陰位；三、五爻為陽位。

落實到生活，天下的道理就是在所處的位置上，做為所當為的事罷了。

《易經・繫辭傳上》系列二之1

「聖人設卦觀象，繫辭焉而明吉凶。」

學《易》心得分享：此段是說：第一章，八卦已然確立，然後有六十四卦，有六十四卦的卦象和名稱，就有把吉凶明顯的區分出來了。

聖人指的是，伏羲畫卦；文王、周公繫辭；孔子再撰十翼。

例如：☰乾卦，純陽剛健，所以卦辭：「元亨利貞。」初九爻辭：「潛龍，勿用。」

《象傳》：「天行健，君子以自強不息。」

《繫辭傳下・第一章》：「……聖人之情見乎辭……。」

所以說：《易經》這本書是聖人的心血結晶。

落實到生活，就是要按部就班，不可本末倒置，尤其學習《易經》這門學問。

《易經・繫辭傳上》系列二之2

「剛柔相推，而生變化。」

學《易》心得分享：此段是說：「大衍之數」，以7、9為剛；6、8為柔。四營十八變而成六爻。7、8、9、6，代表了陰陽老少。6、9為老當變；7、8為少不及變。《易經》作者依此規則就制定了。老陰6動進化成7；老陽9動變退為8。

例如：卜筮得〈769876〉就變成〈778877〉，即〈火水未濟〉之〈風澤中孚〉。

落實到生活，就是有變則變，不該變就不要亂變。這就是百姓平常用在生活的道理，由此而知。

《易經・繫辭傳上》系列二之3

「是故，吉凶者，失得之象也。」

學《易》心得分享：此段是說：承上段，如占得〈火水未濟卦〉六三爻：「未濟，征凶。利涉大川。」六五：「貞吉，無悔。君子之光，有孚，吉。」

吉，表示做事會有所得，會成功。凶，表示做事有損失，不會成功。

《易經》這本書本來是無字天書，古聖先賢經過淬煉，將卜筮符驗總結成文字，稱之為「繫辭。」以便讓一般人也能夠透過「大衍之數」來趨吉避凶，以經世致用。

落實到生活，就是能把一些生澀難理解的事，能用淺顯易懂的道理分享給大家。

《易經．繫辭傳上》系列二之4

「悔吝者，憂虞之象也；變化者，進退之象也；剛柔者，晝夜之象也。」

學《易》心得分享：此承上段是說：「吉、凶，是已經明朗化。悔、吝只是剛萌芽，所以有所憂虞（慮）。吉、凶、悔、吝，皆因變動而產生，因為有了動爻（6、9）就會產生變化，得吉就會歡欣鼓舞全力以赴；凶兆，就必須變通以應之而為有利。所以說：因吉凶得失的變化而決定進或退。」

《易經》用剛柔來比擬白天和晚上的現象，白天是人在剛健活動，而晚上是人在靜止休息，由此而知《易經》在解卦是必須透過各種角度。

落實在生活，每天都有需要抉擇諸事，白天到黑夜，黑夜又到白天，總結就是剛柔並濟最理想。

《易經．繫辭傳上》系列二之5

「六爻之動，三極之道也。」

學《易》心得分享：此承上段是說：六爻，即初爻、二爻，代表地道像地有剛柔之形質；

三爻、四爻，代表人道，像人有仁義之性；五爻、上爻，代表天道，像天有陰陽之氣。這就是所謂的三極之道，用在解卦就是一種制式的規定。

如〈坤卦〉初六爻：「履霜，堅冰至。」行走在地上，地道之謂。

〈比卦〉六三爻：「比之匪人。」近墨者黑，人道之謂。

〈風澤中孚卦〉上九爻：「翰音登於天，貞凶。」雞小天高，聲不久，天道之謂。

落實在生活，萬物各有所極，物極必反。所以凡事盡量能順乎天地之理，應乎人事之常道。

《易經・繫辭傳上》系列二之6

「是故君子所居而安者，《易》之序也；所樂而玩者，爻之辭也。」

學《易》心得分享：此承上段是說：俗話說「師父引進門，修行在個人。」學《易》就必須循序漸進，首先要熟記六十四卦的卦序，《朱熹卦序歌訣》，天、地、屯、蒙、需、訟、師……等九十八字。然後按《周易道玄講堂功課經》六十四卦、卦辭、三百八十四爻、用九、用六，總共四千零八十四字熟讀。這是入門的基本功，也是最基本的門檻。

落實在日常生活，也就是說想要一門深入，就必須下苦功，將來才能把「資源化作資產」，不然就像牛一樣在吃草，但擠出來的牛奶多寡就不一樣。

《易經・繫辭傳上》系列二之7

「是故君子居則觀其象，而玩其辭；動則觀其變，而玩其占，是以自天祐之，吉，無不利。」

學《易》心得分享：此承上段是說：學《易》除了熟讀強記之外，最重要的就是要付諸行動，來體驗《易經》的占驗以及旁通的現象，因為用自己的親身經驗才是最寶貴，而且記憶深刻。

例如等一下有遠方的客人要來，當如何因應。得〈䷂水雷屯〉之〈䷐澤雷隨〉，動九四爻曰：「乘馬班如，求婚媾往吉，無不利。」

由此就可理會來的朋友是真心來相求的，彼此真心以禮相待，賓主盡歡。

理論與實際配合，是學《易》落實在生活上的最佳寫照。

《易經・繫辭傳上》系列三之1

「象者，言乎象者也。爻者，言乎變者也。」

學《易》心得分享：此段是說：彖，是古代能咬斷堅硬東西的一種野獸，在此引申為裁斷。所以說：斷定一個卦象所繫之辭稱之為「彖。」例如乾卦，六爻純陽剛健，因此《易經》作者就定義為「元、亨、利、貞」四德。

《繫辭傳》：「爻也者，效天下之動者也。」因為爻是仿效天下的一切興作動為而設定的，所以每一卦均有六爻，每爻都繫有「吉、凶、悔、吝、無咎。」等指示變動的文辭以供參考。所以學《易》就是要知道每卦的《彖傳》，然後才能知道六爻中的主卦之主以及成卦之主。

例如：《天風姤・彖傳》：「……柔遇剛也（初六就是成卦之主）。……剛遇中正，天下大行也（九五爻中正就是主卦之主）……。」

落實在日常生活，就是言論需要有本源，行事必要有根據。

《易經・繫辭傳上》系列三之2

「吉凶者，言乎其失得也。悔吝者，言乎其小疵也。無咎者，善補過也。」

學《易》心得分享：此承上段是說：卜筮的卦象出來以後就會有吉凶、悔吝、無咎的標示，以供筮者遵循。

例如：〈䷱火風鼎〉卦辭：「元吉，亨。」（卦辭顯示得到成功的徵兆）〈䷵雷澤歸妹〉卦辭：「征凶，無攸利。」（卦辭顯示出征會打敗仗，無利可圖）〈䷆地水師〉卦辭：「貞丈人吉，無咎。」（卦辭顯示成功之後，不可太得意，必須檢討才知道如何補過）

〈乾卦・上九〉：「亢龍，有悔。」（爻辭顯示行事有瑕疵）

〈水雷屯・六三〉：「即鹿無虞，唯入於林中，君子幾，不如舍，往吝。」（爻辭顯示行事有瑕疵，有告誡之意）

落實在生活，就是成功與失敗是長期明顯累積的結果。悔吝是在十字路口上的抉擇；無咎是有過則改，善莫大焉。

《易經・繫辭傳上》系列三之3

「是故列貴賤者存乎位，齊小大者存乎卦。」

學《易》心得分享：此承上段是說：爻位與齊（正）大小卦象。《繫辭傳下・第九章》：「二與四同功而異位，二多譽、四多懼近也；柔之為道，不利遠者，其要無咎，其用柔中也。三與五同功而異位，三多凶、五多功，貴賤之等也……。」此以二、五之位為功勞、榮譽；三、四之位為凶險、恐懼。因為這是指人位，所以人處在世上，不得不面臨的問題。卦的大小可以由《泰・象傳》：「小往大來，吉亨。」和《否・象傳》：「……大往小來……。」理解。所以說：〈䷗地雷復〉一陽息到〈䷀乾為天〉稱之為陽大之卦；〈䷫天風姤〉一陰消到〈䷁坤為地〉稱之為陰小之卦。

落實到生活，就是想在人生的事業有所成就，所站的崗位就非常重要。還有就是選項的問題，未來有發展性，才能逐漸增長。

《易經・繫辭傳上》系列三之4

「辨吉凶者存乎辭，憂悔吝者存乎介，震無咎者存乎悔。」

學《易》心得分享：此承上段：卦爻辭已把吉、凶，清楚的分辨出來。憂慮悔吝的事，是在於一念之間，就可以改變以趨吉避凶。但要將有咎過的事補救，通常是要有如雷般的迅速悔過。如〈䷮澤水困・上六〉：「困於葛藟，於臲卼。曰動悔，有悔，征吉。」

落實到生活，每天都有吉、凶、悔、吝的事呈現在眼前，得意的事不需太多心思，不如意的事就必須有勇氣與智慧，用最迅速的心情來轉念。

《易經・繫辭傳上》系列三之5

「是故卦有小大，辭有險易，辭也者，各指其所之。」

學《易》心得分享：此承上段，《易經》基本上都是由十二消息卦變化衍生出來，所謂小卦乃指由〈䷫天風姤〉一陰生至坤卦六爻純陰；大卦乃指由〈䷗地雷復〉一陽生至乾卦六爻純陽。《易經》的卦爻辭共有四百五十條，各自代表者平安吉祥（吉），憂慮危險（悔、吝、凶）。一旦卜筮出結果，就必須按照卦爻辭指示去執行，不可抱者懷疑的態度。落實在生活，就是每天都會面臨者一些芝麻或重大的事，只要按照常理去處理就可順心，最怕故意有心逆天。

《易經・繫辭傳上》系列四之1

「《易》與天地準，故能彌綸天地之道。」

學《易》心得分享：《易經》這本書，是以天地間的萬事萬物做為準則模擬出來的。所以只要能作用在天下的事都包括在內了。比如說：一年有十二個月，十二消息卦用陰陽消長顯現出來，又引申到君子與小人。所謂「君子道長，小人道消」就是陽氣浸長，陰氣消退。又〈乾〉卦辭：「元、亨、利、貞。」象徵一年有四季的運行，所以天時、地利、人和也就無所遺落了。

落實在日常生活，所謂「三年一閏，好歹照輪。」有閏月的年，共有三百八十四天，剛好合乎《易經》的三百八十四爻。

《易經・繫辭傳上》系列四之2

「仰以觀於天文，俯以察於地理，是故知幽明之狀。」

學《易》心得分享：此承上段，《易經》這本書的道理，是從仰觀日、月、星、辰所垂示在天上之象，因而知道光明的狀況。從俯察大地的山、川、丘陵、原隰自然原野的樣貌，去探索幽深的情境。如〈雷火豐〉六二爻：「豐其蔀，日中見斗，往得疑疾。有孚，發若，吉。」又如〈澤水困〉初六爻：「臀困於株木，入於幽谷。三歲不覿。」由此而知天上的象，象徵光明吉祥，地下象徵幽暗凶險。

落實在生活，就是所謂「近朱者赤，近墨者黑。」

《易經・繫辭傳上》系列四之3

「原始反終，故知死生之說。」

學《易》心得分享：此承上段，《莊子・天地篇》說：「《易》以道陰陽。」陰陽兩氣是相互傳遞的，陽生陰死。從《地雷復．彖傳》說：「……反復其道，七日來復，天行也。利有攸往，剛長也，復其見天地之心。」由以上得知，氣的運行是生生不息。《序卦傳》說：「有天地然後有萬物生焉……有過物者必濟，故受之以既濟，物不可窮也，故受之以未濟終焉。」從六十四卦的排列順序可以理解，原始反終，死生循環的道理。

落實在日常生活，就是說：冬至是一年節氣交換點，在〈周朝〉時，當天是過年。流傳至今都說吃了冬至湯圓就多一歲的原意就在此。通常冬至會在陽曆的十二月二十二日左右。

《易經．繫辭傳上》系列四之4

「精氣爲物，遊魂為變，是故知鬼神之情狀。」

學《易》心得分享：此承上段，是說學習《易經》要精義入神以致用，一定要從親自的體悟來實踐，才能推知未來，就如同《易經》的經文是明顯可見的有如「精氣爲物」，但還有更多意想不到的空間，如同「遊魂的變化。」若從「大衍之數」筮法而言，精氣爲物就如同陰爻陽爻兩物的聚合，遊魂為變就如同四營十八變，然後得出卦象，即知道鬼神（陰陽不測）之所爲狀態。

《京房八宮卦》的「遊魂卦」概念蓋出自於此。

落實在日常生活，就是人的思維若能效法《老子道德經・第五十四善建章》，就能讓子孫感念，祭祀不會間斷，因為建立一些不朽的事蹟。

《易經・繫辭傳上》系列四之5

「與天地相似，故不違。」

學《易》心得分享：此承上段，是說學習《易經》要從天地間的萬事萬物去理解，因為萬物各有其理，是不可違背的。

例如：〈地風升・初六〉：「允升，大吉。」

此爻為什麼會大吉呢？因爲巽為風，為木。坤為地，木從地下往上升，這是合乎天地自然之道，所以大吉。

例如：〈風澤中孚・上六〉：「翰音登於天，貞凶。」

此所以凶，是因為與天地不相似，雞叫聲如何登上天呢？

落實到日常生活，人時常不能法天地之道（天行健；厚德載物），是因為受到外務的蒙蔽，自己找理由，所以才會得不償失。所以務實，不好高鶩遠，就不會有違逆的事臨身。

《易經・繫辭傳上》系列四之6

「知周乎萬物而道濟天下，故不過。」

學《易》心得分享：此承上段，是說學習《易經》的知識就能遍佈萬事萬物之理，就可運用其中的道理，救濟天下的事物，所作所為也不會有過失。

例如：〈地火明夷・六五〉：「箕子之明夷，利貞。」箕子、比干、微子，世稱殷末三仁。《尚書・洪範・九疇》內容：初一曰，五行。次二曰，敬用五事。次三曰，農用八政。次四曰，協用五紀。次五曰，建用皇極。次六曰，義用三德。次七曰，明用稽疑。次八曰，念用庶徵。次九曰，嚮用五福，威用六極。共六十五字，這是夏禹提出的治國大法，後來周武王滅殷之後，箕子獻給武王。

落實在日常生活，只要是好的事物，對人民有利益，就不應有門戶之見，才不愧為仁人君子。

《易經・繫辭傳上》系列四之7

「旁行而不流，樂天知命，故不憂。」

學《易》心得分享：此承上段，是說學習《易經》不可執著，尤其解卦更應觸類旁通。例如〈天風姤．九四〉：「包無魚，起凶。」在邵康節《梅花易數》例解說：宴席中被魚刺刺在喉嚨，結果死掉了（無魚肉只有魚刺）。以上是說旁行而不流。還有《文言傳．乾文言》：「……不成乎名，遯世無悶，不見是而無悶，樂則行之，憂則違之，確乎其不可拔，潛龍也……。」以上說的是「樂天知命」，所以不感到憂愁。

落實在日常生活，機會是給準備好的人，如果沒有充分的準備，即使機會來也無用武之地。

《易經．繫辭傳上》系列四之8

「安土敦乎仁，故能愛。」

學《易》心得分享：此承上段，是說〈坤〉為地、為土，土生萬物，安於所處的環境，更能增加仁厚之心。《坤卦．象傳》說：「地勢坤，君子以厚德載物。」又六二爻：「直、方、大，不習，無不利。」所以說：「效法〈坤〉道的精神，就有用不盡的福利，所以才能愛不釋手。」

落實在日常生活，當有多少能力就做多少事，像大地一樣盡其所有的資源，腳踏實地來實現自己的目標，就會喜愛你的工作。

《易經・繫辭傳上》系列四之9

「範圍天地之化，而不過。」

學《易》心得分享：此承上段，是說《易經》包含天地變化的自然規律，而不會有過分之事。如同《雷風恆・象傳》說：「……天地之道，恆久而不已也。利有攸往，終則有始也。日月得天而能久照，四時變化而能久成，聖人久於其道而天下化成，觀其所恆而天下萬物之情可見矣。」

由此得知《易經》所包含的道理，是從日月的運行，四時的變化，推及到人，不外乎生、老、病、死的範圍，自然的規律。

落實到日常生活，人與事是離不開自然法則的，若不是有真正的情感，相處一段時間就會厭煩。

《易經・繫辭傳上》系列四之10

「曲成萬物而不遺，通乎晝夜之道而知。」

學《易》心得分享：此承上段，是說《易經》教人要理解，晝夜是不同，但曲折是相對相成的，就像人有聰明、有愚笨，不然哪有員工和老闆。例如〈地天泰・六二〉：「包荒，用馮河，不遐遺，朋亡。得尚於中行。」此爻的意思是說：在安泰之時，能用有勇無謀之人，意在包容，不可營私結黨。至於遠方的中正賢人更應嚮往。

落實在日常生活，人與人之間相處各有所長，善用彼此的優點加以互補，以彌補時運不濟，花無百日紅，有白天就有黑夜。

《易經・繫辭傳上》系列四之11

「故神無方，而易無體。」

學《易》心得分享：此段總結本章的大意。所謂「神」指神妙的變化之道，不拘泥於一種變化方法，而且《易經》的變通道理也不會侷限於一個宗派。

《易經》基本上在《四庫全書・提要》說：「解卦有『兩派、六宗』的不同觀點。」所謂兩派，即〈象數派・義理派〉。所謂六宗，即〈占卜宗、禨祥宗、圖書宗〉；〈老莊宗、儒理宗、史事宗〉。

例如：〈水火既濟・九三〉：「高宗伐鬼方，三年克之，小人勿用。」這就是屬於史事宗的範疇。

落實在日常生活，其實可以將《易經》比喻成「白米」，只要加入不同的素材，即可製成所需要的品項。

《易經・繫辭傳上》系列五之1

「一陰一陽之謂道。」

學《易》心得分享：此段是說《易經》都是由陰陽所組成。《莊子・天下篇》說：「易以道陰陽。」是莊子用「陰陽」觀念，定義《易經》卦爻象的思想主旨所得之結語。所以說：《易經》的道理是從太陽、月亮的變化，落實到「陽儀與陰儀」的符號，而產生陰陽相對立而統一的哲學思想。在此階段都是屬於形而上的範疇。

落實到日常生活，就是任何事都是一體兩面，不可執著於成見，沒有絕對的，只有相對的。

《易經・繫辭傳上》系列五之2

「繼之者善也，成之者性也。」

學《易》心得分享：此承前段是說，《易經》這門學問，透過瞭解陰陽之道後，必須加以發揮創作，如同《文言傳・乾文言》說：「……元者善之長……君子體仁足以長人……。」所以說：繼承《易經》就是「元善」的表現。把《易經》研究的成就當成自己的性命，並做為立身處世的依歸，有此使命方能精義入神以為施用，利用它安身立命之外，尚可崇高德性。落實在日常生活，就是要找一個自己喜歡的事情，不斷的重複做，做出心得來與人分享。

《易經・繫辭傳上》系列五之3

「仁者見之謂之仁，知者見之謂之知，百姓日用而不知，故君子之道鮮矣。」

學《易》心得分享：此承前段是說，從解卦的觀點來理解《易經》，用仁德來治《易》比喻〈象數派〉；用智慧來治《易》比喻〈義理派〉。兩者各有其獨特的觀點，一般的老百姓時常在用卻不知，所以能瞭解必須兩者兼容並蓄的君子就很少了。就本人在做《易》學研究，對於卦爻辭的理解，首先要說服自己，才能與同好分享，確實是要參兩派六宗以及生活體驗的。

落實在日常生活，就是對事情的看法不可偏執，飲食也是要均衡，這都是有益身心靈的。

《易經・繫辭傳上》系列五之4

「顯諸仁，藏諸用。」

學《易》心得分享：此承前段是說，「仁」指的是已經表現出來的東西，「用」指的是其之所以如此的東西。從「大衍之數」來理解是這樣的，所謂四營，即分、掛、揲、扐，四營一變，三變成一爻，稱之為小成，沒有吉凶，只有八卦象，十八變後才成卦，就有吉凶顯示。所以說：「顯諸仁」如同筮法由下往上逆生初、二、三、四、五、上。「藏諸用」即將六爻所組成的卦象，由上而下讀取。

例如：營數得8 7 6 9 8 7，上坎下離兩象而成〈水火既濟〉卦。所以說：「爻由下而上升，卦從上而下降。」落實在日常生活，就像道家修練的功夫，「逆者成仙，順者生人。」但用在普通的人，就是說有時除了正面思考之外，也必須逆向思考。

《易經・繫辭傳上》系列五之5

「鼓萬物而不與聖人同憂。」

學《易》心得分享：此承前段是說，「大衍之數」的蓍草，能筮得六十四卦的各種變化，蓋有四千零九十六條目。這在《焦氏易林》這本書可以佐證。

例如：〈乾〉之〈坤〉「招殃來螯，害我邦國。病傷手足，不得安息。」（乾卦六爻皆動變為坤）

「蓍草」它本身純然無私無為，是因為聖人有感而遂通天下之志。所以說：「其受命也如嚮，無有遠近幽深遂知來物。」但聖人就不同，究竟還是人，憂患無可避免。

落實在日常生活，就是隨順自然，積極面對該來的事情正向處理，而不消極僥倖憂慮事不會到來。

《易經・繫辭傳上》系列五之6

「盛德大業至矣哉！」

學《易》心得分享：此段是承上說，「大衍之數」所蘊含的德性，是非常完善的，它透過演算而得到卦象，由卦爻辭而知道「過與不及」之中來取得最大的平衡，而且施展開來配合得無微不至，所以說：《易經》是群經之首，更是「帝王之學。」

例如：〈風雷益・九五〉：「有孚惠心，勿問元吉。有孚，惠我德。」

意思是說：做為一個君王，有施惠於民的心願，就不需疑問是否有大的吉祥（一般人說的，有什麼好處沒有），天下人終將會真誠的感念施惠的恩德。

落實在日常生活，就是要創造被利用的價值，越創造就會越靈活，德性就更加崇高。

《易經・繫辭傳上》系列五之7

「富有之謂大業，日新之謂盛德。」

學《易》心得分享：此段是承上說，深研《易》理，不能只照著先賢的理論，而要與時俱進，因為時代不同，所以必須有自己的實務心得來配合，而且要能說服自己是否合宜，並且要時時求新，這樣才能時時充滿法喜。所謂「大業」也可說別人沒有的而你有；所謂「盛德」亦可說永無止息地精進。

例如：〈天雷無妄・九四〉：「可貞，無咎。」小象：「可貞無咎，固有之也。」從字意解，即可以堅守正道則沒事，因為這是本來所該具有的本性。但從卜筮而言，占問此事可以，但還有必須注意修正補救的地方，當這樣解比較貼切。

落實在日常生活，就是不可太滿足現狀，尤其在學問的研究上以及公司的經營，時刻不能鬆懈。

《易經・繫辭傳上》系列五之8

「生生之謂易，成象之謂乾，效法之謂坤。」

學《易》心得分享：此段是承上說，「大衍之數」的演算是生生不息，取之不盡，用之不竭，「生生之謂《易》。」它經過四營十八變後，遂成立卦象「成象之謂〈乾〉」，再由《朱熹占變法》八種變化之道獲得訊息，而成天下之亹亹者「效法之謂坤。」所以由以上而得之，得卦如同天〈乾〉氣之下降，解卦如同地〈坤〉氣之上升。相互交會作用，而無止盡。

落實在日常生活，就是事業的選擇，當以循環不息的為優先，諸如飲食三餐之類，或租賃等等，以及消費性的東西。

《易經・繫辭傳上》系列五之9

「極數知來之謂占，通變之謂事，陰陽不測之謂神。」

學《易》心得分享：此段是承上說，「天地之數」五十有五，就是用我們十根手指頭由一至十累加而成五十五。所以說是「極數。」所謂「天人合一」道理就在於此。用「大衍之數」的筮法就能理解，1、2、3、4是分、掛、揲、扐；四營之生數，6、7、8、9是四營之成數。五、十就是「大衍之數」其用四十九之五十，這就是所謂「占。」透過占卜得出的卦象，用在生活上的必須就叫做「事。」陰陽不測是指得營數6、8為陰；7、9為陽，是無法預測的。不知其所以然而然的就叫做「神。」

落實在日常生活，就是凡事不要有預設立場，順其自然的變化而隨之應變，這就是所謂「神」妙之境界。

《易經．繫辭傳上》系列六之1

「夫《易》廣矣！大矣！以言乎遠則不禦，以言乎邇則靜而正。」

學《易》心得分享：《易傳》作者讚嘆《易經》這本書如天地之廣大無遠弗屆，如果能悟透《易經》中深層的哲理並落實在人事上，即使想成為一個聖人亦是可以的。若僅僅得到它淺顯的道理，也可以成為仁人君子。所以說用它來象徵和討論遠處的事物是沒有止境，用它來論說近處的事物則精準而正確。

例如：〈風地觀．六三〉：「觀我生，進退。」小象說：「觀我生，未失道也。」

落實在日常生活，就是從《易經》卦爻辭共四千零八十四字，深入研讀修持，必能增廣見聞，並且可安身立命。

《易經・繫辭傳上》系列六之2

「以言乎天地之間則備矣。」

學《易》心得分享：此承上段說，《易經》這本書用在天地之間的大小事，的確都已完備了。諸如利貞，有「利居貞」、「利艱貞」、「利牝馬貞」、「利女貞」、「利不息之貞」、「安貞吉」、「利永貞」、「利西南」、「不利東北」、「利建侯」、「利見大人」、「女子貞不字」、「利用恆」、「元永貞」等等的占驗。所以由上諸占得之，天地間之事都已包含了。落實在日常生活，就是要具備諸多養生的條件，生活起來才能從容不迫。

《易經・繫辭傳上》系列六之3

「夫乾其靜也專，其動也直，是以大生焉。」

學《易》心得分享：此承上段說，乾為天，天靜的時候只是一團氣專注而已，一旦陰陽發動合和，就會降下甘露，從天上直直地落下來，所以說乾之動與靜，都可以從自然現象觀察出來，因此陰陽兩氣以致於雨水，在天地動靜之間對萬物而言是無所不生的。

例如：〈雷地豫・六二〉：「介於石，不終日，貞吉。」

其意是說：處逸樂之世，居中正之位，在安靜的時候不動如磐石之堅定；一旦發動之時，就在一日之瞬間完成使命。

落實在日常生活，就是說靜如處子，動如兔脫。動靜之間一切皆在自己的掌握中，也就是所謂的「知幾」其神乎。

《易經・繫辭傳上》系列六之4

「夫坤其靜也翕，其動也闢，是以廣生焉。」

學《易》心得分享：此承上段說，〈坤〉為地，地靜的時候是閉合的，一旦要化生萬物時是開闢的，所以說地廣無邊，隨地之宜而遍生萬物。

例如：〈坤・六二〉：「直、方、大，不習，無不利。」

本意是說，大地生物正直，地廣無疆，無所不生所以偉大。大地生物不須學習，純自然，因此所利無窮。引申而言，即順從自然之理行事，心性就能正直，正直就能剛正不阿，剛正不阿就能偉大，君子不是有意去追求，而是隨順自任，所以彼此之間都得到互利。

落實在日常生活，舉凡必須透過學習而所能獲利的都是有限的，所以人法地，厚德載物，有多少能力就承擔多少事，才能悠遊自在。

《易經・繫辭傳上》系列六之5

「廣大配天地，變通配四時，陰陽之義配日月，易簡之善配至德。」

學《易》心得分享：此承上段說，天圓地方，六十四卦有圓圖依先天八卦而排列，陽從左邊團團轉（乾、兌、離、震）；陰從右邊轉相通（巽、坎、艮、坤），這就是所謂的先天圓圖。所謂「天傾西北，地陷東南」是在說後天八卦的排列組合。

先天主陰陽之氣與太陽月亮相配；後天主運動與四時的運行相貫通。所以就有白晝與黑夜和春、夏、秋、冬，這就是天地之間最為良善的德性相互配合。

落實在日常生活，凡事都有遵循的法則，只要能稍作思考，隨時配合變化，藉由《易經》的占驗來輔助不及思考之處，將會是完善無虞的人生。

《易經・繫辭傳上》系列七之1

「子曰：易其至矣乎！夫易聖人所以崇德而廣業也，知崇禮卑，崇效天，卑法地。」

學《易》心得分享：此章是說，孔子對《易經》至大至廣的讚嘆，並說《易經》對聖人而言之所以能崇高德性，而且能擴增事業。智識的崇高因效法天高而來；禮儀的謙卑因仿效地道所致。在《老子道德經．第四十八章》說：「為學日益，為道日損，損之又損以致於無為……。」這就是「知崇禮卑」的呈現。

例如：〈乾．九五〉：「飛龍在天，利見大人。」小象：「飛龍在天，大人造也。」（知崇效天）

例如：〈坤．六二〉：「直、方、大，不習，無不利。」小象：「六二之動，直以方也。不習無不利，地道光也。」（禮卑法地）

落實在日常生活，就是追求崇高的德性，要如天之無止境；謙卑的禮儀，要效法地道厚德載物，這樣必有助事業擴展。

《易經．繫辭傳上》系列七之2

「天地設位，而易行乎其中矣。」

學《易》心得分享：此章承上段說，先天八卦，天地定位；山澤通氣；火水不相射；雷風相薄。亦即1乾、2兌、3離、4震（屬陽儀所生在左邊）；5巽、6坎、7艮、8坤（屬陰儀所生在右邊），依序排列成先天圓圖。

後天八卦，則依《說卦傳》所言：「帝出乎震東方，齊乎巽東南方，相見乎離南方，致役乎坤西南方，說言乎兌西方，戰乎乾西北方，勞乎坎北方，成言乎艮東北方。」

例如：〈水火既濟・九三〉：「高宗伐鬼方，三年克之，小人勿用。」此三年之數即從先天卦數而來。

例如：〈水山蹇〉卦辭：「利西南，不利東北，利見大人，貞吉。」此方位就是從後天八卦而來，所以說有了先後天的概念，就可以從變化之中，落實於日常生活執行所要做的事宜。

《易經・繫辭傳上》系列七之3

「成性存存，道義之門。」

學《易》心得分享：此段總結本章說，承《繫辭傳上・第五章》的：「一陰一陽之謂道，繼之者善也，成之者性也。」是說能將《易經》的體用，悟透並加以詮釋，而且不斷長期分享給大家，這就是善行的表現，更能落實在生活，永遠存在人們的心裡，這便能實現道義的門徑。這可由《象傳》來理解。

例如：「澤上有地，臨。君子以教思無窮，容保民無疆。」又「水洊至，習坎。君子以常德行，習教事。」還有，「明兩作，離。大人以繼明，照於四方。」

由《象傳》三個卦，來理解「成性存存」，就明白許多了。

《易經．繫辭傳上》系列八之1

「聖人有以見天下之賾，而擬諸其形容，象其物宜，是故謂之『象。』」

學《易》心得分享：此段是說，「象」指的是卦的象，當事物錯綜複雜時，是很難用言語表示，所以聖人就設想出一種物象來模擬以便形容，所要表達的事物就是所謂的卦「象。」又《易》者象也，象者像也。也就是像什麼的像。

例如：〈乾卦〉在《說卦傳》就有如下的象：天、圜、君、父、金、玉、寒、冰、大赤、良馬、老馬、瘠馬、駁馬、木果等等

例如：〈山天大畜．九三〉：「良馬逐，利艱貞。日閑輿衛，利有攸往。」此爻之「良馬」形容乾之剛健，自強不息。

落實在日常生活，就是一個人的形象，在人的心裡是非常重要的，尤其是最初的印象，最容易讓人先入為主，不得不謹慎。

《易經．繫辭傳上》系列八之2

聖人有以見天下之動，而觀其會通，以行其典禮，繫辭焉以斷其吉凶，是故謂之「爻。」

學《易》心得分享：此承上段說，聖人有所體悟天下萬物的運動變化，而且觀察其會合變通（爻有當位、不當位、乘、承、比、應的關係），依此制定上下尊卑的禮儀以及典章制度（初爻士民、二爻大夫、三爻三公、四爻諸侯、五爻天子、上爻宗廟等位）。於是在各爻之下繫上爻辭，用來判斷吉凶，就是所謂的「爻」象。

例如：〈澤地萃・九四〉爻：「大吉，無咎。」小象：「大吉無咎，位不當也。」因為九四爻據諸侯之位，又陽居陰位，所以有「無咎」之告誡。落實在日常生活，就是說一個人的行事作為當依循準則，不可功高震主，才不會遭來禍害。

《易經・繫辭傳上》系列八之3

「言天下之至賾而不可惡也，言天下之至動而不可亂也。」

學《易》心得分享：此承上段說，「卦」是天下最為複雜的，「爻」是天下變化最大的。

每卦雖然都很複雜，但在卦中都有可依循的典要，所以不可以有輕視厭惡的態度咨意妄評。每爻雖然都變化不同，但在變化之中有可以長久堅守的道理，所以不可亂變。

例如說：《雜卦傳》：「否泰反其類，也就是否極泰來；泰極否來。」〈泰〉卦，卦吉，六爻先吉後凶；〈否〉卦，卦凶，六爻只有六三比較不好，其他都還不錯。所以說，每卦每爻都必須仔細琢磨其中的精要。卦爻沒有所謂的好壞，不是鼓舞就是變通，使之有利而已。

用在日常生活，凡事不要因為個人所見或意識型態而妄加評斷，才不會自尋苦惱。

《易經・繫辭傳上》系列八之4

「擬之而後言，議之而後動，擬議以成其變化。」

學《易》心得分享：此承上段說，「擬」指卦象而言，「動」指爻而言。所以卦象和爻象是決定變化的因素。《王弼・周易略例》說：「卦者，時也；爻也者，適時之變也。」也就是說，卦所指的是一個世代，而爻是指這一世代所代表的每一個階段。所以說，解易必須從卦象、卦辭入手，然後逐爻由初始、二、三、四、五、上終。

例如：〈乾卦〉卦辭：「元亨利貞。」初九：潛龍。九二：見龍。九三：君子。九四：或躍在淵。九五：飛龍。上九：亢龍。

《易經》六十四卦基本的概念大致如此。因此**孔子從十七卦中舉出十九條爻辭，來告誡世人，所以說是寡過十九爻，分佈在《繫辭傳上第八章、第十二章以及繫辭傳下第五章》。**

落實在日常生活，就是避免過錯。

《易經・繫辭傳上》系列八之5

「鳴鶴在陰，其子和之。我有好爵，吾與爾靡之。子曰：君子居其室，出其言善，則千里之外應之，況其邇者乎！」

學《易》心得分享：此承上段說，這是《風澤中孚・九二爻》的爻辭，孔子將它列為「寡過之學」的第一條，可見孔子對其重視的情況有多重要。孔子在《論語》曾說：「加我數年以學《易》，可以無大過矣！」

大意是說：居住在家，如果他說的話是有道理，合乎誠信中肯，那麼千里之外的人也都會來應和他，更何況是附近鄰里的居民們。

落實在日常生活，就如同「吃好逗相報」，有福同享。所以說：平常在與人閒聊的時候，能盡量講一些有益身心事業的道理，不管遠近都會有人來附和並共襄盛舉。

《易經．繫辭傳上》系列八之6

「居其室，出其言不善，則千里之外違之，況其邇者乎！」

學《易》心得分享：此承上段說，若居住在家，所講的話盡是負面不中肯，似是而非不近人情的言論，那麼千里之外的人也不會苟同而違背他，更何況鄰近周遭的人呢？

《地藏經閻浮眾生業品．第四》說：「爾時佛告地藏菩薩，一切眾生未解脫者，性識無定，惡習結業，善習結果，為善為惡，逐境而生，輪轉五道，暫無休息，動經塵劫，迷惑障難……。」

落實在日常生活，就是說一個人的心境，如果老是充滿負面的情緒，不但對別人無益，而且對自己有害，實在不值得。

《易經．繫辭傳上》系列八之7

「言出乎身，加乎民；行發乎邇，見乎遠。」

學《易》心得分享：此承上段說，言語由自身所發出，要施給予民眾。行動從近處開始發出，遠方的人都也能看見。

例如：〈風澤中孚・九二〉：「鳴鶴在陰，其子和之。我有好爵，吾與爾靡之。」《小象》：「其子和之，中心願也。」

由此得知，人與人之間，只要志趣相投，不管遠近幽深，都能得到感應。所以說，經常養成正念，落實在日常生活，就能得到善的回報。

《易經・繫辭傳上》系列八之8

「言行，君子之樞機，樞機之發，榮辱之主也。言行君子之所以動天地也，可不慎乎。」

學《易》心得分享：此承上段說，言行就如同「開弓無回頭箭」一樣，一旦脫口而出，將是榮譽（言有宗事有君）與羞辱（誣善不切實際）的關鍵了。

言行，所以是君子用來鼓舞震動天地萬物的工具，又怎麼可以不謹慎呢？

所以《山雷頤・象傳》說：「山下有雷，頤。君子以慎言語，節飲食。」

《老子道德經》中說：「希言自然；多言數窮不如守中；知者不言，言者不知；善言不美，美言不善；塞其兌……。」等等，都在告誡謹言慎行。

落實在日常生活，就是開口要慎思，好話、壞話一樣一句話，但結局就大不相同。

《易經．繫辭傳上》系列八之9

「同人先號咷而後笑。子曰：君子之道，或出或處，或默或語。二人同心，其利斷金，同心之言，其臭如蘭。」

學《易》心得分享：此段是「寡過之學十九之2。」〈同人卦．九五〉：在同人之世，居九五之尊位，剛開始有遇到麻煩，後來幾經波折運用大軍的力量才獲得平息。

孔子說：「君子為人處世，有時行功在外，有時安靜自修，有時保持緘默，有時做適度的表現。如果兩個人能同心協力，他們的力量就可切斷鋼筋。如果是志同道合所說出的話，他們所發出的氣味就如蘭花的芬芳。」

落實在日常生活，就是要注重團結，只有團結才能戰勝一切。但過程必定是艱辛的，所以孔子特別提示一番。

《易經．繫辭傳上》系列八之10

「初六藉用白茅，無咎。子曰：苟錯諸地而可矣，藉之用茅，何咎之有？慎之至也。夫茅之為物，薄而用可重也，慎斯術也以往，其無所失也。」

學《易》心得分享：此段是「寡過之學十九之3。」孔子說：「如果直接把祭品放置在地上也是可以的，而用白茅墊祭品，又有什麼過錯呢？這樣做只能說君子辦事很謹慎。茅草做為一種物質是微薄的，而它的作用卻是重大的。凡處事慎重如此，也將不會有什麼過錯。」由上得知，解卦之法，除了象、事、占之外，「禮儀」也是非常重要的一環，所以在演卦之時，除了恭請祖師之外，墊上白茅也是需要的。

落實在日常生活，就是敬神如神在，恭請祖師聖示，除了顯示恭敬亦是謙卑有禮的呈現。

《易經・繫辭傳上》系列八之11

「勞謙，君子有終，吉。子曰：勞而不伐，有功而不德，厚之至也，語以其功而下人者也。德言盛，禮言恭，謙也者，致恭以存其位者也。」

學《易》心得分享：此段是「寡過之學十九之4。」〈謙卦・九三〉說：「有功勞而又謙虛，君子自始至終行謙虛之道，固然得吉祥。」孔子說：「有功勞而不誇耀，有做功德而不居功自傲，真可謂宅心仁厚至極。這表示君子有功德而又能謙虛的對待下屬。道德貴在光明盛大，禮節貴在虔誠恭敬，謙虛的人處處顯示恭敬心，就能確保其身分和地位。」

落實在日常生活，就是說：謙虛是一輩子的美德，時刻不能忘，自然而然就習慣了。

《易經・繫辭傳上》系列八之12

「亢龍有悔。子曰：貴而無位，高而無民，賢人在下位而無輔，是以動而有悔也。」

學《易》心得分享：此段是「寡過之學十九之5。」〈乾・上九〉說：「龍飛過高亢極之象，就有悔恨的事發生。」

孔子說：「身處在高貴之處，而沒有適當的位可以安置，就會因為高高在上而失去民心遠離民眾，賢明的臣子處在下位也得不到幫助，所以說如果這樣的話，行動起來就會有悔恨的事發生。」

落實在日常生活，就是高處不勝寒，所以說人不管有多大的成就，知心的朋友更不可少，才不會落得孤單落寞而嘆息。

《易經・繫辭傳上》系列八之13

「不出戶庭，無咎。子曰：亂之所生也，則言語以為階。君不密則失臣，臣不密則失身，幾事不密則害成，是以君子慎密而不出也。」

學《易》心得分享：此段是「寡過之學十九之6。」〈水澤節・初九爻〉說：「不走出戶外，就要有所補救才可免咎。」孔子說：「亂源的產生，則是因為言語不謹慎所造成的。如果君王不謹慎就會失去大臣的擁護，若大臣不謹慎連命都會丟掉。重要的事情一開始時不謹慎，就會破壞即將成功的事，因為已為失敗埋下伏筆，所以君子對於機密的事，是一字也不露口風的。」

落實在日常生活，就是時時提醒自己與人談話，除了有錄影之外，還有隨身錄音，告誡自己講出的話要禁得起考驗。

《易經・繫辭傳上》系列八之14

「子曰：作易者，其知盜乎？《易》曰：負且乘，致寇至。負也者，小人之事也；乘也者，君子之器也。小人而乘君子器，盜思奪之矣。上慢下暴，盜思伐之矣。慢藏誨盜，冶容誨淫。《易》曰：負且乘，致寇至，盜之招也。」

學《易》心得分享：此段是「寡過之學十九之7。」孔子說：「創造《易經》的作者大概知道盜賊的心思。」《易經》說：「背負財物坐在車上，這等於自己招來盜賊。小人而做君子的事，身分不配必招來盜賊搶奪。如同處在上位的人傲慢，下面的人就會反抗。財物露白必招引盜賊，粉妝妖豔自招好色之徒。所以說：「招來盜賊都是自己自作自受的。」

落實在日常生活，就是不要給自己找麻煩，凡事低調不囂張。

《易經・繫辭傳上》系列九之1

「天一、地二、天三、地四、天五、地六、天七、地八、天九、地十。天數五，地數五，五位相得而各有合。」

學《易》心得分享：此章是從「天人合一」，近取諸身的概念，對應到「天地之數」而到「大衍之數」，也因此章才確定《易經》是一部卜筮之書的原由。又推演至河圖，天一生水，地六成之；地二生火，天七成之；天三生木，地八成之；地四生金，天九成之；天五生土，地十成之。以上就是五位相得各有合的呈現，也用在解卦上。

例如：〈地雷復・上六〉：「迷復，凶，有災眚。用行師，終有大敗，以其國君凶，至於十年不克征。」以上「十年」的象徵就是由〈坤為地〉，地十而來。

落實在日常生活，就是天人合一的概念，天上有五星，人身有五臟；天有四時，人有四肢；天有不測風雲，人有旦夕禍福。

《易經・繫辭傳上》系列九之2

「天數二十有五，地數三十，凡天地之數五十有五。」

學《易》心得分享：此承上段，所謂天數，即一、三、五、七、九，五位之和為二十五；地數即二、四、六、八、十，五位之和為三十，把天地之數加在一起共五十有五。數、位的概念，概由此而理解，人的手指頭有十根，從一次序加到十，積數五十五數，分開成十位。現在的3C產品都是數位化，也當源自於此。

落實在日常生活，就是說看到雙手的數位概念，引申至任何卦象就應有不同的解讀，以發揮極致想像力。

《易經・繫辭傳上》系列九之3

「此所以成變化而行鬼神也。」

學《易》心得分享：此承上段，以上由「一到十」的五行定義，各有不同的變化。如先天主氣：四九金氣、三八木氣、二七火氣、一六水氣、五十土氣。如後天主運：一白坎水、二黑坤土、三碧震木、四綠巽木、五黃中土、六白乾金、七赤兌金、八白艮土、九紫離火。

《易經》在數字而言，本身是沒有吉凶，但運用起來因五行的生剋與方位，就會產生變化，如〈澤火革〉，〈火澤睽〉，〈天水訟〉等。

那麼如何行鬼神呢?所謂「陰陽不測之謂神」,就是在講「大衍之數」的演算。變化莫測如鬼神般之神妙,預知未來得以趨吉避凶。

落實在日常生活,就是必須多卜卦,才有自己的親身體悟,方能應證神妙莫測的筮法。

《易經・繫辭傳上》系列九之4

「大衍之數五十,其用四十有九。」

學《易》心得分享:此承上段,所謂「極數知來之謂占。」天地之數五十五,大衍之數五十。兩數之間相差有五,天地可盈滿,但人要謙虛,所以少用五。

孔子說:「五十知天命。」其用四十九,其一不用,謙而又謙,就是「虛一」之道。若不把一虛出,則五十根蓍草,就無法演出6、7、8、9的四象。

由以上得知數字的變化,充滿著智慧令人省思。

落實在日常生活,就是對學問的研究與解卦,要思索其精要的內涵,而不留於膚淺的表象。

《易經・繫辭傳上》系列九之5

「分而為二以象兩,掛一以象三,揲之以四以象四時,歸奇於扐以象閏,五歲再閏,故再扐而後掛。」

學《易》心得分享：此承上段，這是筮法的四個步驟，首先將四十九根蓍草分成兩堆，象徵天地陰陽，其次用右手取右堆一根，掛在左手小指與無名指之間，象徵天、地、人三才；再從左堆用四根一組一組分開，餘數一或二或三或四，象徵一年有四季，三年（三十二個月）一閏；最後再從右堆如左運算，象徵五年兩閏，然後分別掛在左手食指到無名指之間。這簡稱分、掛、揲、扐；四營一變，三變成爻。第一變非九即五；第二變非八即四；第三變非八即四。營數即6、7、8、9，7與8不變；6與9為變。

落實在日常生活，就是要運用多層次的思維，以及物極必反的道理。如上述「大衍之數」將筮法與曆法結合。

《易經・繫辭傳上》系列九之6

「乾之策二百一十有六，坤之策百四十有四，凡三百有六十，當期之日。二篇之策萬有一千五百二十，當萬物之數也。」

學《易》心得分享：此承上段，所謂「策」即蓍草的根數。

〈乾〉用九的本意即「大衍之數」得999999，六爻皆九。一個九有三十六策，六個九則有二百一十六策。〈坤〉用六，即六爻皆六，共一百四十四。用九、用六策數相加得三百六十，與一年三百六十天（用整數）相合。

《易經》共有三百八十四爻，陰陽各一百九十二爻，陽用九（三十六乘以一百九十二）等於六千九百一十二；陰用六（二十四乘以一百九十二）等於四千六百零八；陰陽策數相加總數一萬一千五百二十。「萬」物的數，最早的文獻蓋取諸於此。

落實在日常生活，萬貫家財，不如一技在身，以「萬」稱為極數。還有經常聽到的不怕一「萬」只怕「萬」一。

《易經・繫辭傳上》系列九之7

「是故四營而成易，十有八變而成卦，八卦而小成。」

學《易》心得分享：此承上段，所以說：《易經・大衍之數》需要經過四次經營（分、掛、揲、扐）才完成一變，三變成一爻，共十八變才成完整一卦。所謂「八卦小成」即指，三畫的卦象，乾為天、兌為澤、離為火、震為雷、巽為風、坎為水、艮為山、坤為地，這小成意指尚未形成吉凶之象。

落實在日常生活，就是說看事情不能只看一半，必須全程看完，才能下結論，才不會操之過急而悔不當初。

《易經・繫辭傳上》系列九之8

「引而伸之，觸類而長之，天下之能事畢矣。」

學《易》心得分享：此承上段，所謂「生生之謂易」，即引伸而言，在《焦氏易林》這本書，就是「引而伸之，觸類而長之」的概念，他將六十四卦繫上四千零九十六條讖語，每卦皆可除本身伏卦之外變出六十三卦，分別代表不同的事宜，可以說涵蓋天下之至理。

例如：97887〈䷼中孚之䷻節〉，《易林》曰：「出門磋跌，看道後旅，買羊逸亡，取物逃走，空手握拳，坐恨相咎。」此實例是問宮務之因應之道，祖師以「大衍之數」聖示的大意是說：「彼此互不相信，歸咎對方，蓄勢接班掌權。」

落實在日常生活，就是說任何事都不是單純性，必有它的複雜性，需要多方考量才能周全。

《易經・繫辭傳上》系列九之9

「顯道神德行，是故可以酬酢，可與祐神矣。」

學《易》心得分享：此承上段，《易經》這本書，主要在彰顯一陰一陽兩氣的道理，以及陰陽無法預測的神妙，還有陰陽兩物合德，即各自性質與功效合成用之於「大衍之數」，全部匯通創造萬物的神明德性。所以說：學習研究《易經》是除了自用而能與人分享之外，亦可祐助神明，甚至替天行道。

例如：有人要從事非法事業，得98788 7〈噬嗑上九〉：「何校滅耳，凶。」藉此卜筮告知，將有砍頭極刑之凶，如此就可免除大難臨頭之患，這就是所謂的「酬酢・祐神。」落實在日常生活，就是隨方設教，窮則獨善其身，達則兼善天下的最佳寫照。

《易經・繫辭傳上》系列九之10

「子曰：知變化之道者，其知神之所為乎！」

學《易》心得分享：此承上段，孔子說：「通曉變化的道理的人，就知道『神』無所不在，無所不知。」此段結尾再接第十章，所以必須知道「大衍之數」的八種變化論斷法。

第一、六爻不動（7、8），如卜得887787以〈豐〉卦辭為斷；第二、一爻動，如787876以〈未濟・初六〉爻辭論斷；第三、二爻動（6、9），如876789以〈既濟・六四〉爻辭論斷；第四、三爻動，如898766以變卦〈泰〉卦辭為斷；第五、三爻動，但初爻根本未動，想動動不了，如667798還是以〈恆〉卦辭為斷；第六、四爻動看變卦相應不動的下爻，如667998則以〈否‧初六〉論斷；第七、五爻動看相應不動的爻斷，如966989則以〈萃‧六二〉論斷；第八、六爻全動看變卦，如699996得〈井之噬嗑〉，當以〈噬嗑〉卦辭論斷。由以上得知神之所為也。

落實在生活，就是凡事要有所根本依據，才能掌握變化。

《易經‧繫辭傳上》系列十之1

「易有聖人之道四焉，以言者尚其辭，以動者尚其變，以制器者尚其象，以卜筮者尚其占。」

學《易》心得分享：《易經》這一本書，有四種聖人求取致用的法則。第一種，應用卦爻辭哲理的人，就會崇尚其中文詞的優美；第二種，應用它來做為指導行動會崇尚卦爻中規律的變化（如十二消息卦）；第三種，應用它來指導製作器具的人，就會崇尚卦爻象的象徵（如《繫辭下傳‧第二章》共有十三卦）；第四種，應用來指導占卜決斷疑惑的人，就會崇尚「大衍之數」（如《繫辭上傳‧第九、十、十一章》）。因為每一個人的需求各自不同，所以各取其所需。

落實在日常生活，就是說每個人的資質以及需求各有區別，只要善盡《易》道，從容不迫，切記「少則得，多則惑」的至理就好了。

《易經・繫辭傳上》系列十之2

「是以君子將有為也，將有行也，問焉而以言，其受命也如嚮。」

學《易》心得分享：此承上段，所以君子將有所作為，將有所行動，就將所要問的事由，詳細稟告清楚，然後蓍草受命將請求之事，按照「大衍之數」的筮法，得出卦象以回覆有為的君子。上是對於聖人之道，以卜筮者尚其占的補充。也證明當時的君子的確對卜筮是非常倚重的，最主要是慎重行事。

落實在日常生活，就是處事慎重於開始，一開始除了人事的主觀謀劃之外，還有不確定的因素，最好可以參考一下客觀的卜筮等等意見。

《易經・繫辭傳上》系列十之3

「無有遠近幽深遂知來物，非天下之至精，其孰能與於此。」

學《易》心得分享：此承上段，這指的是「大衍之數」占卜，只要有需要解惑的善信，誠心相求祖師，不管遠處近處，幽暗深邃，都可獲得想知的事物，如果不是天下最精深的學問，有誰能做到呢？在《聖經約翰福音》說：「沒有看見就相信，有福了。」

落實在日常生活，就是說「真理」是值得相信，尤其《易經》所蘊含的道理是無所不包，只要真誠就能獲得解惑。

《易經．繫辭傳上》系列十之4

「參伍以變，錯綜其數。」

學《易》心得分享：此承上段，若直接字面解釋，三個五等於十五。其實它的意義非常深遠，其一、就從洛書九宮理解，其口訣曰：戴九履一，左三右七，二四為肩，六八為足，五為腹心。所以不管橫直，492、357、816、438、951、276、456、258八種組合都是十五。其二、從「天地之數」的生數，1、2、3、4、5相加也是十五。其三、從「大衍之數」的營數，7、8是不變的數，9、6是宜變之數，兩者相加皆十五。以上都在詮釋「大衍之數」的解卦緣由。

落實在日常生活，體悟天下唯一不變的就是「變」，只要是合乎道理的事物，只要鍥而不捨去探求，都有辦法變出來。

《易經．繫辭傳上》系列十之5

「通其變，遂成天地之文。極其數，遂定天下之象。非天下之至變，其孰能與於此。」

學《易》心得分享：此承上段，透過四營十八變之後，於是就形成天地的八象文采（天、澤、火、雷、風、水、山、地）；極盡天地之數五十五，「大衍之數」五十，1、2、3、4（生數），5、0（大衍之數），6、7、8、9（成數也是營數）。從1至10每個數字都得其所用，各盡其本分，然後再從6、7、8、9四象，得出六十四卦象以及變爻。所以說：如果不是天下最玄妙的變化，有誰能做到如此的變化嗎？

落實在日常生活，就是人盡其才，物盡其用，好好把自己的本分做好，就是最好的變化了。

《易經．繫辭傳上》系列十之6

「《易》無思也，無為也，寂然不動，感而遂通天下之故。非天下之至神，其孰能與於此。」

學《易》心得分享：此承上段，《易經》這本書，本身是沒有思維，沒有行為，它是寂靜不動，是在人們有感應時而馬上做出回應的工具而已。所以它之所以為天下之最神妙，是因為它純粹無心，因此常人是無法做到的。

其實這一段話也是用在天生神物「蓍龜」本身因無心才能顯出至神之玄妙。如同《道德經・第五守中章》所說：「天地不仁，以萬物為芻狗。」的概念一樣，它只是順應自然的理數而得到卦爻象，其他就交由占問者去解讀了。

落實在日常生活，就是說有些事不須做過度的揣測，要相信行善可解諸惡的。

《易經・繫辭傳上》系列十之7

「夫《易》聖人之所以極深而研幾也，唯深也，故能通天下之志；唯幾也，故能成天下之務。」

學《易》心得分享：此承上段，《易經》是聖人用極為深奧精義入神的道理，來研習極其微妙的一部書。也只有精深的至理，才能貫通天下人的心志（志向索求），也只有從微妙玄通幾微的道理，才能夠成就天下的萬千事務。由研究精深的體，到精微的用，體用一源，顯微無間，就是學《易》的貫通最深切的功夫。所以說只有理論而沒有實際的運作，是很難體悟的。

落實在日常生活，就是說研究學問不管多精深，最重要的是能夠禁得起檢驗，做人做事也是一樣。說一套，做的又是一套就不行了。

《易經・繫辭傳上》系列十之8

「唯神也，故不疾而速，不行而至。子曰：《易》有聖人之道四焉者，此之謂也。」

學《易》心得分享：此承上段，唯有掌握《易經・大衍之數》的神妙莫測，才能在不慌不忙和從容不迫之間得到解脫的訊息。

誠如《老子道德經・第四十七天道章》說：「不出戶，知天下；不窺牖，見天道。其出彌遠，其知彌少。是以聖人不行而知，不見而名，無為而成。」所以說知道《易經》神妙的變化，貫通人世間的道理，不用親自行動就能在神速之間，自然而然的得到訊息，這就是孔子所說的聖人四種應用《易經》的道理之所在。

落實在日常生活，就是說《易經》與《道德經》要相互參照，對卜卦、解卦、解經是相當有幫助的。

《易經．繫辭傳上》系列十一之1

子曰：「夫《易》何為者也？夫《易》開物成務，冒天下之道，如斯而已者也。」

學《易》心得分享：孔子說：《周易》所為何事呢？《周易》它能開創萬物，成就天下的事物，就像宇宙的一頂帽子，涵蓋了天下的道理。就如「天地之數五十五，大衍之數五十，其用四十九。」所以說有了《周易》的體，還必須有其用，用即如上所說的「如斯而已者也。」

在「寡過之學」十九之3，也有一段說「慎斯術也以往，其無所失也。」由此而知，體用一源，顯微無間，體用是一體的，只有體而沒有用，是無法顯示精深微妙的易道。落實在日常生活，就是說學習《易經》，只有理論而沒有占驗來實踐是難能有所成就的。

易經．繫辭傳上　系列十一之2

「是故聖人以通天下之志，以定天下之業，以斷天下之疑。」

學《易》心得分享：此承上段，所以聖人用《周易》來貫通天下人的思想和心智，用《周易》來擬定天下的事業，用《周易》來斷定天下之疑惑。

例如，〈賁．上六爻〉：「白賁，無咎。小象：白賁無咎，上得志也。」舉凡天下之「志」出現了五十三次之多。

例如，《文言傳．坤文言》：「……君子黃中通理，正位居體，美在其中，而暢於四支，發於事「業」，美之至也……。」舉凡定天下之「業」出現十二個之多。

例如：〈遯．上九爻〉：「肥遁，無不利。小象：肥遁無不利，無所「疑」也。」舉凡斷天下之「疑」出現了十一次之多。

由以上以經解經來理解，以及推演卦理，對學《易》者而言是最省事而有據的。落實在日常生活，就是說路是人走出來的，條條道路都可以通羅馬，解經的方法貴在誠實有據。

《易經．繫辭傳上》系列十一之3

「是故著之德圓而神，卦之德方以知，六爻之義易以貢。」

學《易》心得分享：此承上段，所以說：「蓍草」是卜筮的工具，祂的外表是圓而無心的，因為無心所以才能成為變化的神。卦有八八六十四卦，外表看起來像正方形，有卦象繫有卦辭、爻辭，是固定不變的。六爻的意義是根據所卜的結果，依變化之道的八種原則，來提供給卜筮者趨吉避凶的依據。

圓，代表天有四時的變化；而方，代表地順從天而化生萬物，六十四卦三百八十四爻是隨著變化來貢獻提供卜筮者使用。

落實在日常生活，就是說「工欲善其事，必先利其器」，「蓍草」是《易傳》所述的天地自然生成的神物，自然有其神奇的道理，有親身體驗才有心得。

《易經・繫辭傳上》系列十一之4

「聖人以此洗心，退藏於密。」

學《易》心得分享：此承上段，聖人有了蓍草（天生的神物），藉由神妙的「大衍之數」來卜筮，那麼內心就不會對事物既有主觀的蒙蔽，而能洗除心中的疑慮，也就是去除主觀，藉由客觀來參酌對事物的決斷。然後再將每次的占驗，收藏起來做為將來的參考。這也符合「人謀鬼謀」的概念，也就是說在卜筮之前就必須模擬好，然後再透過卜筮，一旦得出結果，就順從結果，而自己就不再有意見了。

落實在日常生活，就是說有事求神問卜是有其必要的，但是要在人力所不及的要件下是最理想的。若是學《易》為了研究，就要多占卜以增加經驗。

《易經．繫辭傳上》系列十一之5

「吉凶與民同患，神以知來，知以藏往。」

學《易》心得分享：此承上段，占卜的繫辭不外乎，吉、凶、悔、吝、元、亨、利、貞、孚、厲、無咎，這十二個字的範圍。所以聖人與民同有憂患。神妙的蓍草運用「大衍之數」可以察知未來的事。智慧的六十四卦、三百八十四爻，隱藏著過去的史實占驗紀錄。因此對於即將到的未來，應正向積極的面對它；對於已經過去的舊事就不加以披露，好的繼續努力，壞的就不可再發生。

落實在日常生活，有智慧的人記取過去的教訓，開創光明的未來，共同承擔禍福而不推諉。

《易經．繫辭傳上》系列十一之6

「其孰能與於此哉！古之聰明睿智神武而不殺者夫。」

學《易》心得分享：此承上段，由此可知，神妙的「大衍之數」不僅能預知未來的事物，同時也蘊藏著過去珍貴的經驗，有誰能做到這樣呢？只有古時候聰明睿智、英勇神武而不好殘暴殺虐的明君，才能達到這般的境界。

其實這段話是在讚嘆《易》道的神妙無邊無際，尤其對一個有智謀的統治者，在施行上即是至高無上的兵書。

落實在日常生活，就是凡事不可以力取以利相爭，而當以智取以心相通，最合乎《易》道的精神。

《易經・繫辭傳上》系列十一之7

「是以明於天之道而察於民之故，是興神物以前民用。」

學《易》心得分享：此承上段，所以說：明白天上掌握着生死禍福的大權，也是百姓最為懼怕的。因此推天道而明白人事，於是發明了蓍草與龜，這兩種天然的神奇之物，用於百姓在草創之事前預測吉凶，決定進退。

在商朝是崇尚鬼神，所以卜筮是非常興盛的，卜即龜卜觀察其兆相象（裂痕）；蓍即蓍草（大衍之數）。由於龜卜必須要有龜才能取出龜骨，所以蓍草就取而代之也比較環保。因此到了周朝，大多以蓍草做為卜筮的工具。

落實在日常生活，就是說天地之道，是以人事相通，如月有圓缺，人有興衰，常道是循環不已的。

《易經・繫辭傳上》系列十一之8

「聖人以此齋戒，以神明其德夫。」

學《易》心得分享：此承上段，古時聖人在祭祀演卦之前，都必須按照既定的筮儀，如沐浴、更衣等等非常神聖莊嚴的態度，以表誠敬之心祈求天神下降來聖示《易經》神妙莫測的德性。用在當今就有些簡單隆重了，這就要看場合以及事關重大而有所斟酌了。但最基本的占問之事項，祖師之恭請、時間、地點，都要詳細稟明，這樣的結果才會貼近叩問者，獲得所需的聖示。

落實在日常生活，就是敬神如神在，虔誠恭敬的心，不管對人、對神、對事，都會獲得良善的回應。

《易經・繫辭傳上》系列十一之9

「是故闔戶謂之坤；闢戶謂之乾。一闔一闢謂之變，往來不窮謂之通。」

學《易》心得分享：此承上段，所以把門戶關閉就叫做〈坤〉，〈坤〉主靜喻關閉；把門戶打開就叫做〈乾〉，〈乾〉主動喻開闢。用的時候打開，不用的時候就關閉，這就叫做變化。不斷的往來作用而沒有窮盡，就能融會貫通《易經》的道理。其實這就是在隱喻「大衍之數」分、掛、揲、扐四營之分合作用，無有窮盡，用愈多愈能體會箇中之奧妙。也就是說：「卜筮」需要實際經驗去體悟，才能法喜充滿。

落實在日常生活，就是說天下之事分分合合，這就是常態，看心態如何調整適應，只要想得通、看得開未嘗不是好事。

《易經．繫辭傳上》系列十一之10

「見乃謂之象，形乃謂之器，制而用之謂之法，利用出入，民咸用之謂之神。」

學《易》心得分享：此承上段，「大衍之數」四營十八變而得出的7、8、9、6，就代表了陰陽四象，然後三爻成八卦之象，最後六爻成六十四卦的「器。」再制定八種變化之道，做為論斷的法則。人民有了「大衍之數」使用方法之後，皆用來做為出入營生的依據，所以百姓都感到神奇奧妙。

落實在日常生活，就是時常講的，「形而上者謂之道，形而下者謂之器」，道就必須有器來用，唯道器相通才能證道。

《易經・繫辭傳上》系列十一之11

「是故，易有太極，是生兩儀，兩儀生四象，四象生八卦。」

學《易》心得分享：此承上段，所以《周易》這本書，包含著象徵宇宙生成的本體稱之為「太極」，由太極生成天陽、地陰的兩儀，再由兩儀生成象徵春、夏、秋、冬的少陽、老陽、少陰、老陰及大衍之數的營數7、9、8、6。再由四象生成象徵八方的乾、兌、離、震、巽、坎、艮、坤。八卦有分先天與後天，先天主卦炁，乾9兌4為金氣；離3震8為木氣；巽2坎7為火氣；艮6坤1為水氣。而後天主卦運，一白坎水；二黑坤土；三碧震木；四綠巽木；六白乾金；七赤兌金；八白艮土；九紫離火。先後天通常用在陰陽宅以及人命配卦。落實在日常生活，就是說只要是人就有「先天命後天運」的定數，唯能讀書積德，善事由小積大，惡事由大化小。

《易經・繫辭傳上》系列十一之12

「八卦定吉凶，吉凶生大業。」

學《易》心得分享：此承上段，八卦指的是三畫卦（口訣）乾三連、兌上缺、離中虛、震仰盂、巽下斷、砍中滿、艮覆碗、坤六斷。象徵八象：天、澤、火、雷、風、水、山、地。八卦有象而無吉凶，因八八相重六十四卦才產生吉凶。六十四卦因不同的卦象，承、乘、應與、當、不當位等等條件而產生吉凶。然後從吉凶之顯現，吉者趨之，凶者避之，來創造偉大的事業。

落實在日常生活，就是抉擇要審慎評估，要有所遵循不可魯莽，舉凡穩賺沒有風險的話術都要小心防之，十之八九都有詐，自問何德何能。

《易經・繫辭傳上》系列十一之13

「是故法象莫大乎天地，變通莫大乎四時，懸象著明莫大乎日月，崇高莫大乎富貴，備物致用立成器以為天下利，莫大乎聖人。」

學《易》心得分享：此承上段，所以說：效法八卦的象，沒有比天地更大的。變化通達，沒有比一年四季更分明的。舉頭望天，沒有比太陽和月亮更明顯的。地位崇高，沒有比九五之尊更富貴的。將六十四卦象之中製成器具供人使用的，沒有比三皇五帝更偉大的。

由上而知，《周易》的成書都是根據宇宙大自然而產生，然後再根據卦爻象，製成器物供人使用的（見繫辭傳下・第二章）。

落實在日常生活，也就是說太陽只有一個，領導者也只能有一個。一年有四季，人有生、老、病、死，這是必然的變化。

《易經・繫辭傳上》系列十一之14

「探賾索隱，鉤深致遠，以定天下之吉凶，成天下之亹亹者，莫大乎著龜。」

學《易》心得分享：此承上段，探求複雜的事物，索取隱微的事理，鉤取深遠的事物道理，用來制定天下的得失，成就天下的事物，使人能勤勉努力的工作。沒有比蓍草和靈龜更偉大了。

天地，日月，四時皆屬於自然界的事。自然界所無法達到，則由統治者來掌握。有尊位而德不配位的，就由有德的聖人來通曉。有德的聖人無法理解的，就由蓍草（大衍之數）和靈龜（兆卜）來決定。所以說：蓍草和靈龜的偉大就在於此。

落實在日常生活，就是說人的智慧再怎麼說都是有限的，所以《易經》是可以彌補我們思維不足之處的。

《易經・繫辭傳上》系列十一之15

「是故天生神物，聖人則之；天地變化，聖人效之；天垂象見吉凶，聖人象之；河出圖，洛出書，聖人則之。」

學《易》心得分享：此承上段，所以說：天生神物，指的是蓍草和靈龜，聖人效法祂的無心而能得知吉凶；天地變化指的是一年四季的變化，聖人按照春、夏、秋、冬氣候轉化成「大衍之數」四營的成數；天上日月星斗有垂、盈、虧、晦、明弦，所以卦爻象就有吉、凶、悔、吝。河圖有生成之數五十五，洛書有九宮數四十五（此以朱熹之版本，與北宋劉牧不同）。聖人以此圖書做為製作八卦的準則。

落實在日常生活，就是說要成就任何重大的事物，必須多方仿照與效法大自然的造化，才能歷久不衰。

《易經．繫辭傳上》系列十一之16

「易有四象，所以示也，繫辭焉，所以告也，定之以吉凶，所以斷也。」

學《易》心得分享：此段總結《易經．大衍之數》的程序原則，從體到用，所謂四象即6、7、8、9，提示出六十四卦。然後再根據解卦的八種原則，藉由卦爻辭所制定的吉、凶、悔、吝、無咎暨象、事、占，來判斷行事的依據。

例如：恭請祖師以「大衍之數」聖示弟子前往任職之因應之道如何？得888969䷣〈地火明夷〉之〈䷆地水師〉。

解曰：三爻動，動在內卦，意味著內部必須整頓，但如何動呢？變〈師〉卦，師者，眾也。勞師動眾必須得到最上位的充分授權，以及有紀律的部下，上下一心才能順利成功。

落實在日常生活，學《易經》如同養兵千日用在一朝，必須時刻操練，用時方能確保無虞。

《易經‧繫辭傳上》系列十二之1

「易曰：自天祐之吉無不利。子曰：祐者，助也。天之所助者，順也。人之所助者，信也。履信思乎順又以尚賢也，是以自天祐之，吉無不利也。」

學《易》心得分享：這是寡過之學十九之8。此即〈火天大有‧上九〉之爻辭。《易經》說：「來自自然的祐助，吉祥而無所不利。」孔子說：「祐助就是得到幫助，天（自然）之所幫助的是人能順應自然，人所幫助的是能信守誠信的人，能言出必行順應自然大道，又知道謙卑崇尚賢能的人，所以得到上天的保佑，沒有不利的。（如同一人得道，雞犬升天）。」

落實在日常生活，就是如能具備「誠信、順天、尚賢」這三種德性，自然而然能心想事成，並能福蔭身旁之人。

《易經・繫辭傳上》系列十二之2

「子曰：書不盡言，言不盡意，然則聖人之意，其不可見乎？」

學《易》心得分享：孔子說：「書面上的文字是無法完全表達作者想要表達的話，也不能完全表達其思想內涵，那麼聖人的本意，難道就不能彰顯了嗎？」

《易經》這本書，本來是只有卦象的「無字天書」，每一卦都有其時代背景，每一爻都有其階段性的變化，所以說：聖人（作者）再怎麼表達也無法滿足天下人的需求。也因為如此，所以才能流傳至今而彌久不衰。

例如：〈解卦・初六〉：「無咎。」小象：「剛柔之際，義無咎也。」此爻解只有透過實務才能體悟了，不然是很難說服自己。

落實在日常生活，也就是說對任何事情的評斷，不可說滿，應當留有空間與餘地，才是美好的。

《易經・繫辭傳上》系列十二之3

「子曰：聖人立象以盡意，設卦以盡情偽，繫辭焉以盡其言。」

學《易》心得分享：此承上段，孔子說：聖人創造了象徵性的圖像，☰、☱、☲、☳、☴、☵、☶、☷；天、澤、火、雷、風、水、山、地，宇宙八種元素，然後再重卦設立六十四卦象來顯示元、亨、利、貞、吉、凶、悔、吝、孚、厲、無咎等等必用的占辭，在每一卦辭中，還有三百八十四爻辭。所以說：卦象是為了抽象每一個卦意而設，所以才能涵蓋諸事。在六十四卦中除了〈井〉卦和〈鼎〉卦實象之外，其餘六十二卦均是抽象的。所謂「設卦以盡情偽」，如〈風雷益〉，上下卦皆得八卦正位，所以是「真情。」如〈雷澤歸妹〉，上下卦皆不得八卦正位，所以是「虛偽。」

落實在日常生活，就是要注重本末的程序，先有象才有卦，最後才有卦爻辭，學《易》者不可本末倒置。

《易經・繫辭傳上》系列十二之4

「變而通之以盡利，鼓之舞之以盡神。」

學《易》心得分享：此承上段，占卜的結果有吉有凶。如占到〈山天大畜．初九〉：「有厲，利已。」表示此時此刻有危險不宜行動，當立即停止，才不會帶來災難。

如〈雷天大壯．初九〉：「壯於趾，征凶，有孚。」表示冒然衝動行事必敗，過去都有應驗。若能忍住耐心等待時機就會成功，此即變而通之以盡利之意。

如占到〈地天泰．初九〉：「拔茅茹，以其彙，征吉。」表示此時萬眾一心，出征打仗必勝。此即鼓之舞之以盡神之意。所以《易經》的占卜是提示人民趨吉避凶的玄妙法則。

落實在日常生活，就是說人生雖然八九不如意，但只要不衝動，凡是稍微忍耐一下，等到有好時機再出手，必然吉祥如意。

《易經．繫辭傳上》系列十二之5

「乾坤其易之縕耶！乾坤成列，而易立乎其中矣。」

學《易》心得分享：此承上段，乾卦六爻純陽，爻題初九、九二、九三、九四、九五、上九；坤卦六爻純陰，爻題初六、六二、六三、六四、六五、上六。九代表陽爻，六代表陰爻。初、二、三、四、五、上代表爻位。

初為始，上為終，初、上代表一卦事態的開始和結束。二、三、四、五為卦中卦，也就是互卦的材料，二、三、四為內互；三、四、五為外互。

例如現在時間卦〈䷘天雷無妄〉，互卦〈䷴風山漸〉，變卦〈䷉天澤履〉。

乾、坤兩卦成立，依序屯、蒙至既濟、未濟下經六十四。

所以說：六十四卦都是蘊藏在乾、坤兩卦之中所變化而成的。

落實在日常生活，就是說凡事先有大綱，然後按施行細則來實施，萬變不離其宗。

《易經・繫辭傳上》系列十二之6

「乾坤毀，則無以見易。易不可見，則乾坤或幾乎息矣。」

學《易》心得分享：此承上段，蘇東坡說：「乾坤和易的關係，就如同太陽和年的關係，如果拋開太陽去找年，哪裡可以找得到呢？」

所以說：「《易》不得而見了，那麼〈乾〉陽、〈坤〉陰，也幾乎停息而無法運作了。」

所謂「易」是由一陰一陽兩象所組成的。「孤陰不生，獨陽不長」，即「易不可見」，因此產生六十二卦的功能就消失了。

落實在日常生活，就如同《道德經・第三十六章》：「魚不可脫於淵。」人與《易經》

生活息息相關，時刻而不可忘，守中道不過亢。

《易經・繫辭傳上》系列十二之7

「是故形而上者謂之道，形而下者謂之器。」

學《易》心得分享：此承上段，所謂形而上的道，在此以解卦的觀點而言，用六十四卦卦象來做比喻。所謂形而下的器，在此以繫辭的情境來理解。六十四卦由抽象到近乎具體，可供人引用誠如器具。

如〈乾〉卦從形而上的六個陽爻，落實到元、亨、利、貞的卦辭，再將六爻依序為潛龍、見龍、夕惕、在淵、飛龍、亢龍，以龍代表不同階段的使命供人參考。有了卦爻象，如同無字天書，繫上卦爻辭，如同在暗夜的明燈。

落實在日常生活，《易經》的象假設有三分像，七分就必須靠想像。所以說：「形而上是指導原則，形而下是實踐施行的效果。」

《易經・繫辭傳上》系列十二之8

「化而裁之謂之變，推而行之謂之通。」

學《易》心得分享：此承上段，所謂窮則變，變則通，通則久。在解卦的實際運作上是會遇到很多瓶頸。

例如時間卦得：〈☲☷火地晉〉之〈☳☷雷地豫〉，上六爻動曰：「晉其角，維用伐邑，厲吉無咎，貞吝。」用事是租房簽約事宜：「時間緊迫當事人又在遠地（天涯海角），大樓管理相當嚴格（維用伐邑），房東不二價，條件也很苛刻」（貞吝）。此例與實務相當吻合。所以說：解卦要求變通，並且根據實務去推理裁制，這樣才能放諸四海而無所不通。落實在日常生活，就是說書是固定的、死板的，而人是活的。活的就必須知道變通，才能達到最大「邊際效益。」

《易經・繫辭傳上》系列十二之9

「舉而措之天下之民，謂之事業。」

學《易》心得分享：此承上段，聖人以通天下之志，以定天下之業，以斷天下之疑，是如何做到的呢？就是列舉了所有的措施，施之於天下的人民，這就是所謂的「事業。」所以說：「事業」概括了形而上的「道」和形而下的「器」，以及化而裁之的變和推而行之的通。然後教人使用在治理國家和日常生活中，切實有效而能永續經營的道理。

例如〈風火家人卦〉曰：「利女貞。」此卦的旨意在於女主內，家庭教育從身教開始。修身、齊家以致治國、平天下的大事業，就是從〈家人卦〉做為基礎的。

落實在日常生活，就是說：「永續經營。」沒有章法是無法持續的，所以必須合乎常道，並且心口合一才可成就的。

《易經．繫辭傳上》系列十二之10

「是故夫象，聖人有以見天下之賾，而擬諸其形容，象其物宜，是故謂之象。聖人有以見天下之動，而觀其會通，以行其典禮，繫辭焉以斷其吉凶，是故謂之爻。」

學《易》心得分享：此承上段，因此所謂「象」就如同人之飲食之複雜與天下之事一樣複雜，象有八卦的象徵，重之六十四卦的象徵，有符號系統也有文字系統。有卦象就必須有爻象，有爻象就必須有爻辭，然後才能透過「大衍之數」的典範儀式，會通曆法，占筮獲得聖示以求釋惑，這就是所謂的「爻。」所以成卦象者爻逆數也，得卦象者順生也。

落實在日常生活，抽象的事物具有無限的想像空間，所以感覺非常複雜。具體的事物就應按部就班，依既有的典章制度去實行就簡單了。

《易經．繫辭傳上》系列十二之11

「極天下之賾者存乎卦，鼓天下之動者存乎辭，化而裁之存乎變，推而行之存乎通。」

學《易》心得分享：此承上段，卦象中蘊含著天下幽深複雜的道理，如〈地天泰〉，天地交泰吉。本來天在上，地在下，〈天地否〉，反而不吉，由此而知。鼓舞天下萬物，就是鼓之舞之以盡神的道理。占卜決定意見事的進退，一旦得到吉利的指示，占者興高采烈歡欣鼓舞全力奮鬥。

變通就是旁行而不流的意思，化而裁之即用動物之象來顯示吉凶之類，如〈大畜．六四〉：「童牛之牿，元吉。」；〈火地晉．九四〉：「晉如鼫鼠，貞厲。」由此類推日常生活經驗以貫通《易經》之大意。

落實在日常生活，就是要將複雜的事化繁為簡，貴在變通並養成腦力激盪的習慣。

《易經．繫辭傳上》系列十二之12

「神而明之，存乎其人；默而成之，不言而信，存乎德行。」

學《易》心得分享：此承上段總結解卦根本概念，所謂「起卦容易解卦難」，因為「神」

從不說話，而《易經》它本是只有卦象的「無字天書」，後經聖人為了廣傳《易》道，才從形而上的道，落實到形而下的器。繫上卦爻辭，就如同太陽普照大地般的光明。所以解卦的責任就必須靠人的智慧，但要如同神明般的玄妙，非得精義入神難以致用，如此成就必須默默潛修，不需太多的言語，只要斷卦精準，自能取得信任，這一切的一切都是來自經驗心得累積的德性。

落實到日常生活，成功絕非偶然，都必須下一番苦心的，除了借力使力之外，加上本身的創造求新求變，最重要的是道德的提升更不可或缺。

繫辭傳下

《易經・繫辭傳下》系列一之1

「八卦成列，象在其中矣；因而重之，爻在其中矣。」

學《易》心得分享：太極生兩儀，兩儀生四象，四象生八卦。本體產生了陰陽兩儀⚊、⚋，然後產生了⚌老陽、⚍少陰、⚎少陽、⚏老陰四象，再依序產生八卦☰、☱、☲、☳、☴、☵、☶、☷；即乾、兌、離、震、巽、坎、艮、坤。但先天八卦只有卦象而沒有吉凶以示人，所以必須再重上八卦變成六爻，每個卦因爻位的關係就有吉凶產生了。

《易經》共有六十四卦三百八十四爻，恰好是農曆閏年的天數，明年（西元2020年）閏四月，剛好有三百八十四天。

落實在日常生活，就是要將先天八卦的氣與後天八卦的運背熟，人的運氣其實與先、後天八卦息息相關。

《易經・繫辭傳下》系列一之2

「剛柔相推，變在其中矣；繫辭焉而命之，動在其中矣。」

學《易》心得分享：此承上段，陽爻稱為剛，陰爻稱為柔，如6老陰；9老陽。物極必反，6陰極動變為7；9陽極動變為8。「大衍之數」變化的道理就在其中，此用數字反映出來。

把卦爻辭繫於相應的卦爻之下，為了是告知人們行動得失的規律，也就存在於其中了。也可從十二消息卦來理解，〈坤〉六爻純陰主十月卦，接著一陽生〈復〉卦主十一月；〈乾〉六爻純陽主四月卦，陽極陰生〈姤〉卦主五月。以上皆是剛柔相推的道理所在。

落實在日常生活，就是要唯變所適，而且變要有合乎常道，在事情上可處理時就要掌握了，才不至失去先機。

《易經・繫辭傳下》系列一之3

「吉凶悔吝者，生乎動者也。」

學《易》心得分享：此承上段，吉得凶失，悔吝憂虞，皆指人事面臨的常態，完全體現在卦爻象的變動之中。

若用一天二十四小時來區分，吉（6－12時）此時一天當中最光明。凶（18－24時）此時一天當中最昏暗。悔（0－6）此時從黑夜到黎明，因有悔而無過。吝（12－18）此由日正當中到黃昏，愈走愈困難。

吉凶得失是非常明顯，悔吝憂虞乃在念頭初現之機，所選擇而後才產生的結果。所以由一天二十四小時四個階段來形容「吉凶悔吝」自然是很貼切的。

落實在日常生活，就是吉凶失得不是一朝一夕就註定，完全在起心動念，一剎那之間再逐漸累積而成的。

《易經．繫辭傳下》系列一之4

「剛柔者，立本者也；變通者，趣時者也；吉凶者，貞勝者也。」

學《易》心得分享：此承上段，《易經》六十四卦是以陽剛、陰柔做為立卦的根本，也可說乾剛、坤柔。乾卦六個陽爻與坤卦六個陰爻，交互成六十二卦，所以剛柔爻是《易經》的根本。

所謂「變通」乃根據六十四卦象，每卦所代表的事物，在不同的階段做不同的詮釋。如〈謙卦〉九三：「勞謙，君子有終，吉。」反觀其他諸卦，都以凶險呈現居多。

所謂吉凶者，貞勝者也。占問事情當以正道為主，如〈大過卦〉上六：「過涉滅頂，凶，無咎。」此爻的結果雖凶險，但沒有過咎，原因是捨身取義。有古筮例占，蒯通叛變，占得

〈坤〉之六五：「黃裳，元吉。」因叛逆不道，雖吉亦敗。

落實在日常生活，凡事要依根本法則，並隨時代趨勢不可拘泥，但不可偏離正道而行。

《易經‧繫辭傳下》系列一之5

「天地之道，貞觀者也；日月之道，貞明者也；天下之動，貞夫一者也。」

學《易》心得分享：此承上段，天尊地卑的道理，由此確立論斷的準則，如《天澤履‧象傳》說：「君子以定上下，辨民志。」

日月的道理，從明的角度來觀看，就如同〈坎卦〉六四：「樽酒簋貳，用缶，納約自牖，終無咎。」大意是地下的窗戶透出了曙光，是值得觀看的，也就是一線生機顯現了。天下之動，比喻天下的行事作為都有一定的法則，就如同「大衍之數」的解卦一樣，離不開八種解法一定法則。所以說：很多事情都是存在於自然界中所確立的模式，只要因循順應去施行就會單純而容易貫徹了。

落實在生活中，就是說解卦就如同生活中的梗，如何除去，大原則是不變，小原則就可稍微變通。

《易經・繫辭傳下》系列一之6

「夫乾，確然示人易矣！夫坤，隤然示人簡矣！爻也者，效此者也；象也者，像此者也。」

學《易》心得分享：此承上段，〈乾卦〉代表陽剛而無心的，從性質而言是容易的，從其形體而言是剛健的；〈坤卦〉代表陰柔也是無心的，從性質而言是簡單的，從形體而言是柔順的。《易經》共有三百八十四爻，剛柔各一百九十二爻，仿效陽剛容易和陰柔簡單的道理而來。

從解卦而言，陽剛主進，陰柔主退，陽唱而陰和。

如〈中孚・九二〉：「鳴鶴在陰，其子和之……。」

八卦的形象以致於六十四卦象，也都是模仿而來的，總之不外乎來自天陰陽之氣；地剛柔之質；人陰陽之性。如坎水隱伏、幽暗急流，以喻人心難測江湖多險。

落實在日常生活中，就是要對周遭的環境多加觀察，凡事先有氣氛，然後出現各種形象，最後就會呈現事實。

《易經・繫辭傳下》系列一之7

「爻象動乎內，吉凶見乎外。」

學《易》心得分享：此承上段，吉、凶、悔、吝皆因為發動而產生，爻象所代表的是天下的一切作為，只要有所行動就必有休咎反應。就如同開店做生意，每一天的營收必有盈虧，有盈餘就努力向前衝，反之就必須檢討改變策略。

例如：占得888779，卦象〈泰卦・初九〉動曰：「拔茅茹，以其彙，征吉。」又占得887779，卦象〈大壯・初九〉動曰：「壯於趾，征凶，有孚。」由以上的解卦概念來詮釋所謂的「爻象動乎內，吉凶見乎外」，其道理就很清楚了。落實到日常生活，可以說行動的主權是操之在自己，吉凶得失是外面的環境所反映出來，必須隨時改善，方能立於不敗之地。

《易經・繫辭傳下》系列一之8

「功業見乎變，聖人之情見乎辭。」

學《易》心得分享：此承上段，事業的成功與否，都是從不斷的變化而形成的。因為固定的東西是不可靠的，如方形的東西也可以變成圓的東西，彎曲的形狀也可變成直的形狀，所以說固定的型態是不可信的。要有如水的柔順，隨意而安，唯變所適，遇到任何形狀都能屈己而應和才是最可靠的，所以說經營企業必須隨趨勢而改變，才能見到成功的事業。

聖人對《易經》的體悟以及經驗總結的思想感情，都融入在卦爻辭以及《易傳》（十翼）中。

落實在日常生活，想要做為一個成功的企業家，首先就是要迎合市場的波動而隨之靈活應變，尤其在當今日新月異的環境。

《易經・繫辭傳下》系列一之9

「天地之大德曰生，聖人之大寶曰位，何以守位？曰仁。何以聚人？曰財。理財正辭，禁民為非曰義。」

學《易》心得分享：此段總結本章，天地的盛大恩德是生養萬物，並使之生生不息。聖人之至高無上的寶物是統治者的地位，那如何才能常保大位呢？就是視民如子的仁愛之心。那又用什麼方法來聚得民心呢？就是要藏富於民，使老百姓生活無虞。但取財必須取之有道，不可做傷天害理的事，合情合義理的才可以心安理得。所以由天地到統治的聖人，以及一般百姓，仁義是不可或缺的。

落實在日常生活，就是說從《易經》的道理可以使人聚積財富。

〈家人・六四〉：「富家，大吉。」小象：「富家大吉，順在位也。」

《易經・繫辭傳下》系列二之1

「古者包羲氏之王天下也，仰則觀象於天，俯則觀法於地，觀鳥獸之文與地之宜，近取諸身，遠取諸物，於是始作八卦以通神明之德，以類萬物之情。」

學《易》心得分享：古時住在甘肅省天水市的伏羲氏治理天下，舉頭觀日月星辰的天象，低頭時觀察大地的山川丘陵地理形象，觀察飛禽走獸身上的紋理和地理環境合宜生長，就近取向於人的身體，遠處觀察動物的形跡，綜合以上於是創作了八卦，用來貫通神妙光明的德性，用來歸類象徵萬物的性情。（以上詳見說卦傳共十一章）

落實在日常生活，就是說想要做為一個優秀的領導者，就必須要有創造的精神，才能歷久彌新。

《易經・繫辭傳下》系列二之2

「作結繩而爲網罟，以佃以漁，蓋取諸〈離〉。」

學《易》心得分享：這是制器尚象最早的文明（十三之一）。用結繩的方法製作了「羅網」，用來陸地圍捕獵物，在河川張網捕魚，做為營生的器具。這個靈感就是來自於〈☲離中虛〉的概念。所以可以將此概念推及至茫茫人海中迷惘的人一個出路，若不知人生方向的人，可恭請祖師以「大衍之數」聖示：

若占得787787〈離為火〉，就可以往捕撈業去發展，但隨時代的變遷，網路資訊也是不錯的選擇，或者相關周邊行業皆可，不可拘泥。

落實在日常生活，也就是說人要發揮想像空間，有三分像，七分就要靠想像，腦筋靈活運用，生活才會精彩。

《易經・繫辭傳下》系列二之3

「包羲氏沒，神農氏作，斲木為耜，揉木爲耒，耒耨之利，以教天下，蓋取諸〈益〉。」

學《易》心得分享：這是制器尚象最早的文明（十三之二）。伏羲氏去世，神農氏接續，削木製作了犁頭，揉木彎成了犁柄，將耕種的犁具，用來教導天下的農民，這就是取自〈益〉

卦的卦象。

《說卦傳》說：「巽為木，震動也。」上卦木，下卦動，互卦坤土。由此得知木製成犁田的工具，再動入土中，除去雜草鬆動土壤，自然形成耕種之象。

若占問職業類別或選擇就讀科系，遇到此卦象，當以農業科技相關為優先。落實在日常生活，就是說要一代接一代，不斷出陳佈新，如今已看不到農耕，一切都是機械化了。所以解卦也是如此，不能停留在原始的卦爻辭，必須有所省思。

《易經．繫辭傳下》系列二之4

「日中為市，致天下之民，聚天下之貨，交易而退，各得其所，蓋取諸〈噬嗑〉。」

學《易》心得分享：這是制器尚象最早的文明（十三之三）。在光天化日的情況下，聚集天下人民的貨物，彼此以物易物，得到各自滿意的公平交易，就是取自〈噬嗑〉的卦象。上〈離〉，比喻中午時分陽光普照公平對待；下〈震〉，比喻動員來自四面八方。上下合成〈噬嗑〉卦，《彖傳》說：「頤中有物，曰噬嗑。」所以說此卦有商業交易、咬合、談判、校正、法律等意涵。

若占問職業類別或科系之選項，將以上述為優先考量。

落實在日常生活，也就是說做生意應當誠信，童叟無欺。陶朱公生意經說：多給少賺可以添福、添祿、添壽，何樂而不為。

《易經．繫辭傳下》系列二之5

「神農氏沒，黃帝堯舜氏作，通其變使民不倦，神而化之使民宜之。《易》窮則變，變則通，通則久，是以自天祐之，吉無不利。黃帝堯舜垂衣裳而天下治，蓋取諸〈乾、坤〉。」

學《易》心得分享：這是制器尚象最早的文明（十三之四、五）。神農氏去世後，接繼而起的黃帝堯舜，融會其中的變化，為了使民不疲倦，神奇教化使人民各得所宜。根據《易經》的哲理，窮盡極致就須知變化，變化才能通達，通達無礙才能長久。所以說：來自上天（自然）的庇佑，都能得到吉祥如意。黃帝堯舜製作衣裳，做為尊卑禮儀，使天下得到治理。就是取自〈乾、坤〉兩卦。如〈坤．六五〉：「黃裳，元吉。」若占問職業類別選項，當以服裝、政治、禮儀等優先考量。

落實在日常生活，也就是要注意服裝的穿著，以及給人的第一印象，都會影響人際關係的建立。

《易經・繫辭傳下》系列二之6

「刳木為舟，剡木為楫，舟楫之利，以濟不通，致遠以利天下，蓋取諸〈渙〉。」

學《易》心得分享：這是制器尚象最早的文明（十三之六）。將樹木挖空製作成舟船，削尖樹木做為舟楫，有了舟船又有了舟楫，用來濟渡深險川河，將人和貨物送到遙遠的地方，以便利天下的人民，就是取自於〈渙〉卦的象意。

上〈巽〉為木、為風；下〈坎〉為水、為險；上下合成風行水上的象意。又渙有離散之意。若占到此卦，求職或選科系類別，當以船務運輸等相關產業為優先選項。

落實在日常生活，也就是說濟渡要靠舟船，現在人與人的溝通就必須靠技巧，是要講對方聽得懂的才有效果，而不是講你喜歡講的。

《易經・繫辭傳下》系列二之7

「服牛乘馬，引重致遠，以利天下，蓋取諸〈隨〉。」

學《易》心得分享：這是制器尚象最早的文明（十三之七）。牛因柔順而受人馴服，故能載重；馬因剛健迅速，故能一日千里。所以能便利天下人之所需，就是取自於〈隨〉的象意。

〈隨〉卦，上〈兌〉為澤、為悅；下〈震〉為雷、為動、為大涂（人和車馬在馬路上行動）。隨又有追隨無故，沒有成見所以容易順從主人之使喚。

若占問職業類別以及科系的選項，得此卦象當以運輸、交通、快遞、馴服等相關產業為優先。

落實在日常生活，也就是說做任何事當以喜悅為優先，若心不甘、情不願，就無法擔當任重道遠的志業。

《易經．繫辭傳下》系列二之8

「重門擊柝，以待暴客，蓋取諸〈豫〉。」

學《易》心得分享：這是制器尚象最早的文明（十三之八）。設置多重的門禁，在夜晚設有巡更報時的安全人員，防止盜賊、強暴之惡人，就是取自〈豫〉卦的象意。

〈豫〉卦，上〈震〉為木、為雷霆；下〈坤〉為國、為民；互卦，上〈坎〉為險、為盜；下〈艮〉為首、為門闕。又豫有預備、防範於未然之意。

如〈豫卦．六二〉：「介於石，不終日，貞吉。」

若占問職業類別或就學科系之選項，得到此卦象，當以軍警、保衛家園之相關行業為優先考量，如保險、保全、鎖匠、監視器等。

落實在日常生活，就是要有保險的概念，防範於未然，不要亡羊補牢。在此的保險是廣泛的，不管任何事都應當有備案。

《易經・繫辭傳下》系列二之9

「斷木爲杵，掘地為臼，杵臼之利，萬民以濟，蓋取諸〈小過〉。」

學《易》心得分享：這是制器尚象最早的文明（十三之九）。砍斷木頭做為舂米的杵，挖掘地面做為坑臼，杵與臼的利用，使萬民都能利用它來加工五穀以食用，這大概是取自於〈小過〉的象意。

〈小過〉的卦象，上〈震〉為木、為動；下〈艮〉為山、為石；上動下止。互卦，上〈兌〉為口、為毀折；下〈巽〉為風、為入。綜合整體卦象、卦意，有木、有洞、有口、有風、有毀折，所以能啟發出加工工具。

若占問到此卦象對職業類別以及學科選項，當以食品製作或加工之相關產業為優先選項。

落實在日常生活，也就是說飲食要精細就必須要加工，所以言語要出口讓人悅耳動容，也必須修飾不宜輕率。

《易經‧繫辭傳下》系列二之10

「弦木為弧，剡木為矢，弧矢之利，以威天下，蓋取諸〈睽〉。」

學《易》心得分享：這是制器尚象最早的文明（十三之十）。用木做成弧形的弓兩頭綁上線，再把木削尖做成箭，有了弓再配上箭，就形成有殺傷力的武器，便可以威嚇天下不服之人，此大概取自於〈睽〉卦的象意。

〈睽〉卦，上〈離〉為火、為戈兵、為甲冑；下〈兌〉為毀折。互卦，上〈坎〉為盜、為險陷。所以由以上象意，啟示出對付敵人，必須要有強而有力的兵器，才能保衛國家。

若占問職業類別或科系之選項，得到此卦象，當以防範武器、國防工業等做為優先考量。落實在日常生活，也就是說一個人的能力是有限的，所以就必須增強護衛措施。如有形的人、事、物，外相是看得到，但無形的就很難捉摸，就必須祈求無形的力量來祐助。

《易經‧繫辭傳下》系列二之11

「上古穴居而野處，後世聖人，易之以宮室，上棟下宇，以待風雨，蓋取諸〈大壯〉。」

學《易》心得分享：這是制器尚象最早的文明（十三之十一）。上古冬天居住在洞穴，夏天居住在野外，後世的聖人，將自然洞穴居住，改變人工建築的屋宇，上有棟樑，下有四邊的牆壁，為了就是防禦強風暴雨的侵襲，大概就是取自於〈大壯〉的象意。

如〈需卦〉六四：「需於血，出自『穴』。」；〈同人〉卦辭：「同人於『野』，亨，利涉大川，利君子貞。」；〈困卦〉六三：「困於石，據於蒺藜，入於其『宮』，不見其妻，凶。」；〈大過〉九三：「『棟』橈，凶。」〈大壯〉卦，上〈震〉為木、為棟樑；下〈乾〉為天、為圜圍在四周，所以說：「上棟下宇。」

若占問職業類別或科系之選項，得此卦象當以建築、房地產相關產業為優先選項。落實在日常生活，也就是安居才能樂業，住者有其屋，即能得民心。

《易經‧繫辭傳下》系列二之12

「古之葬者，厚衣之以薪，葬之中野，不封不樹，喪期無數，後世聖人易之以棺槨，蓋取諸〈大過〉。」

學《易》心得分享：這是制器尚象最早的文明（十三之十二）。古時候的葬禮，只用柴草覆蓋厚厚的在身上，埋葬在荒野之中，沒有堆土沒有墓碑，也沒有植樹做記號，更沒有擇居喪出殯之日數。後代聖人發明了棺槨，代替了過去喪葬的儀式，這大概取自〈大過〉卦的象意。

〈大過〉卦初六與上六皆陰，代表四根釘子；中間四陽，代表棺木內外夾層，所以有此象意得到啟示喪禮之隆重。

若占問職業類別以及科系的選項，得到此卦象當以生命禮儀、殯葬等相關事宜為優先考量。

落實在日常生活，也就是養生送死是人生大事，必須相當程度的重視，尤其對新的亡靈，出殯前的捧飯，為人子媳更應落實，關係著德教之休咎。

《易經・繫辭傳下》系列二之13

「上古結繩而治，後世聖人易之以書契，百官以治，萬民以察，蓋取諸〈夬〉。」

學《易》心得分享：這是制器尚象最早的文明（十三之十三）。上古的人用結繩記事，後代的聖人發明了文字刻在書契上，百官用來治理政務，百姓用來明察各種事務，這大概是取向自於〈夬〉卦的象意。

〈夬〉卦，上兌、下乾，五行都屬金，又乾為言，金剛硬可以將文字符號刻在石頭或木頭上不易掉落，這比結繩記事更進步了。

若占問職業類別以及科系選項，得此卦象當以代書、律師、記帳、文具、雕刻、藝術等相關產業優先考量。

落實在日常生活，也就是說每天行事曆的記錄是非常重要，可以避免一些無謂的紛爭，更重要的是「日知錄」的幫助，更有益知識的提升。

《易經・繫辭傳下》系列三之1

「是故易者，象也。象也者，像也。象者，材也。」

學《易》心得分享：所以說：《周易》這本書，主要講的是卦象，卦象就是模仿萬物，進取諸身，遠取諸物的象徵。諸如以馬象乾，乾為天、為剛健，馬健行，所以《象傳》說：「天行健，君子以自強不息。」

《象傳》所用的材料，乃取自天（陰陽之氣）；地（剛柔之質）；人（仁義之性），天、地、人三才之道也。

《歸妹・彖傳》說：「歸妹，天地之大義也，天地不交而萬物不興。歸妹，人之終始也，說以動，所以歸妹也……。」

《彖傳》是用來解說卦辭的，內容材料都是藉由天道來推明人事的。

落實到日常生活，也就是說很多事情是無法用言語表達的，唯有透過象徵性的事物來加以想像，如月有圓缺，人有興衰。

《易經・繫辭傳下》系列三之2

「爻也者，效天下之動者也，是故吉凶生而悔吝著也。」

學《易》心得分享：此承上段，《周易》每卦六爻，皆是為變動而設，它仿效天下的一切行動，所以爻辭配上吉凶、悔吝，就應運而生。

用「大衍之數」來解釋比較容易理解，所謂「參天兩地而倚數」，用3或2，組成了6、7、8、9的營數，6、9是兩極，物極必反（動），所以為動爻，繫下吉凶悔吝，是為了提供給占問的人，在有所行動時趨吉避凶之用。

落實在日常生活，也就是說人一旦有所行動必然有所得失，所以不可依個人的想像驟然下決定，當有所參酌其他意見或大數據，至少會減少損失。

《易經・繫辭傳下》系列四之1

「陽卦多陰，陰卦多陽，其故何也。陽卦奇，陰卦耦。」

學《易》心得分享：這裡說的陽卦指的是，《說卦傳》所說的，乾為父，☳震為長男，☵坎為中男，☶艮為少男，均稱為陽卦，因為都是一陽二陰的組合；坤為母，☴巽為長女，☲離為中女，☱兌為少女，均稱為陰卦，因為都是一陰二陽的組合。所以說陽卦多陰，陰卦多陽。

《睽・彖傳》說：「睽，火動而上，澤動而下。二女同居（離中女、兌少女），其志不相同……。」

陽用九陰用六，陽卦一陽得九，二陰得十二，共二十一；陰卦二陽得十八，一陰得六，共二十四。所以陽卦為奇，陰卦為偶。

落實在日常生活，也就是說陰陽可用奇偶來取象，一邊多了就有一邊少了，凡事都有自然均衡之理，不必太計較。

《易經・繫辭傳下》系列四之2

「其德行何也？陽一君而二民，君子之道也；陰二君而一民，小人之道也。」

學《易》心得分享：此承上段，那麼陰陽的德性又是如何呢？陽卦以陽爻為君、以陰爻為民，以寡領多是合乎君子之道；陰卦以多管少，如同小人治理的方法。

如〈師卦・六五〉：「田有禽，利執言。長子帥師，弟子輿尸，貞凶。」小象：「長子帥師，以中行也。弟子輿尸，使不當也。」用此爻象來理解就可以體會，命令的下達唯一才能貫徹，多則分歧，行師必敗的道理亦即在此。

落實在日常生活，也就是說一個團體必須有「統御領導」，尚未下達命令以前可以有不同的意見，但命令一旦下達就不容更改。

《易經・繫辭傳下》系列五之1

「易曰：憧憧往來，朋從爾思。子曰：天下何思何慮，天下同歸而殊塗，一致而百慮，天下何思何慮。」

學《易》心得分享：這是孔子寡過之學十九之9。〈咸卦・九四〉說：「心神不能安定，想要聽聽朋友的意見。」孔子說：「天下的事情為何要如此的多慮呢？天下的事情都有一個共同的歸宿，雖然途徑有不同，但目標是一致的，一致的目標卻有百種思慮，天下的事為何有那麼多的思慮。」

咸者，無心之感也。九四爻處感應之世，以陽居陰，有不當位之疑惑，所以難免會有不果斷而多思慮之憂。

落實在日常生活，也就是說一切的煩惱都是疑心所產生，凡事當轉念導入正向，一切都是最好的安排，既來之則安之。

《易經．繫辭傳下》系列五之2

「日往則月來，月往則日來，日月相推則明生焉；寒往則暑來，暑往則寒來，寒暑相推而歲成焉。」

學《易》心得分享：此承上段，如同每天的太陽下山後，月亮就高高的掛起來；月亮隱沒後，太陽又東升起來。太陽、月亮每天互相推移就產生光明普照天下；寒冷的季節過去，暑熱的天氣就接著而來。暑熱的天氣離開了，緊接著寒冷的嚴冬就來了。嚴寒、暑熱相互推移，就形成了一歲的光陰。

從日月推移到寒暑更替，都是自然而然的變化，任何人都無法改變，只能順應它做相對的因應。

落實在日常生活，也就是說自然的力量是無法左右的，萬事都有天理的存在，不存非份僥倖之心，就能自然逍遙。

《易經‧繫辭傳下》系列五之3

「往者屈也，來者信也。屈信相感而利生焉。」

學《易》心得分享：此承上段，在《易經》解卦的潛規則裡，通常「往」都是指由下爻往上；「來」都是指從上爻下來。

如〈咸卦〉初六爻與九四爻，一往一來，所謂「屈信相感而利生焉」，亦即九四爻與初六爻相互交感，本來不當位的爻經此一交，變〈既濟〉六爻都當位了。又如〈恆〉卦往來交感變成〈泰〉卦。所以用在解卦，有時往來屈信就是化解危機的最好方法。

落實在日常生活，也就是說一人承當不如兩人分擔，單靠一人改變不如相互呼應，才能獲得更大的利益。

《易經‧繫辭傳下》系列五之4

「尺蠖之屈以求信也；龍蛇之蟄以存身也。」

學《易》心得分享：此承上段，尺蠖是一種生活在樹上的小蟲，行進時一屈一伸的距離，如用尺在量布。牠捲屈身子為的是求得伸展身子。

龍蛇是最富變化的動物，冬眠是龍蛇生命保存增長最佳的方式。

由以上得知，委屈以求全，靜以待動，都是動物界的自然現象，所以不需要多費心思遐想。

落實在日常生活，也就是說要活就要動，活動活動筋骨，不必想太多，有空就多運動，一切都是假的，身體健康才是真的。

《易經．繫辭傳下》系列五之5

「精義入神以致用也；利用安身以崇德也。」

學《易》心得分享：此承上段，「精義」指的是對《周易》義理的研究，要窮盡天道以致人事的道理。「入神」指的是對《易經》六十四卦與生活息息相關和性命的道理，除了義理的理解之外，要實踐在實際的事業上。利用《周易》道理，再透過「大衍之數」的演算，應用於生活上以趨吉避凶，才能安身立命，除了安身立命之外，尚可用來崇高德性。譬如，人與水的關係，一個深諳水性的人，乘木筏上悠遊於大海中，精神奕奕、逍遙自在。

落實在日常生活，也就是說想要成就事業安身立命，就必須比別人更努力，投入精力專心研究別人所無法做到的地步，才能逍遙快樂。

《易經・繫辭傳下》系列五之6

「過此以往，未之或知也。窮神知化，德之盛也。」

學《易》心得分享：此承上段總結，過此以往說的是，從日月、寒暑、往來、屈伸、龍蛇相互推移的道理，都是來自自然本來的原貌，若想超越此境界更求發展，大概不是我們所能理解的。

《莊子・養生主》說：「吾生也有涯，而知也無涯，以有涯隨無涯，殆已！」道德要能崇高偉大，就必須從窮究《易經》事理的玄妙入手，不可本末倒置，如同《易傳》說：「聖人設卦、觀象、繫辭焉而明吉凶、剛柔相推而生變化。」用在日常生活，也就是說追求知識，不要超過自己的生命能力，才不會有危險。學《易經》必須按部就班，先學卦爻象，之後通卦爻辭，再求陰陽變化，以知吉凶之故，不可逾越。

《易經・繫辭傳下》系列五之7

「易曰：困於石，據於蒺藜，入於其宮，不見其妻，凶。子曰：非所困而困焉，名必辱；非所據而據焉，身必危；既辱且危，死期將至，妻其可得見耶！」

學《易》心得分享：這是孔子寡過之學十九之10。〈困・六三〉：「前有九四尖石之困，後有九二蒺藜之刺，腹背受敵，回到自己的宮室，妻子不見了，凶險之象。」孔子說：「自己遭來的窮困，名聲受到恥辱；不應該擁有的強取豪奪，必有性命的危險；兩者皆面臨死期就近在眼前，哪裡還會看到妻兒呢？」

處〈困〉之世，居〈困〉之六三，位不當又無應與，施之於人事表示自不量力，害人害己並連累無辜，災殃慘重。

落實在日常生活，也就是說一個人要量力而為，不可做太過份的事，後悔是來不及的。

《易經・繫辭傳下》系列五之8

「易曰：公用射隼於高墉之上，獲之無不利。子曰：隼者，禽也；弓矢者，器也；射之者，人也。君子藏器於身，待時而動，何不利之有，動而不括，是以出而有獲，語成器而動者也。」

學《易》心得分享：這是孔子寡過之學十九之11。〈解・上六〉說：「王公用箭射在牆上的惡鳥，獵獲惡鳥，對大家都有利。」孔子說：「隼，是猛禽；弓箭，是武器；用箭的是人。君子隨身佩帶武器，等待適宜的時機而採取行動，哪會有不利的呢？一旦有所行動而沒有受到阻礙，所以能夠一出手就有所收穫。」這說明了人要充分準備好器具，才能在適切的時機行動，確保成功。

落實在日常生活，也就是說「機會」是給做足功課準備好的人所創造的，成功沒有偶然的。

《易經．繫辭傳下》系列五之9

「子曰：小人不恥不仁，不畏不義，不見利不勸，不威不懲，小懲而大誡，此小人之福也。《易》曰：屨校滅趾，無咎。此之謂也。」

學《易》心得分享：此承上段，這是孔子寡過之學十九之12。孔子說：「小人沒羞恥仁慈之心，也沒有敬畏道義之心，一切以利為優先，沒有利益是不會心動的，若不給一點顏色看，是無法懲戒的。小的懲罰而能使宵小得到重大的教訓，這就是小人的福氣。」〈噬嗑．初九〉說：「在腳上戴上刑具，使之失去行動自由，在牢裡好好的反省，犯罪必須付出代價，杜絕再犯，就是這個用意。」

落實在日常生活，也就是台灣諺語所說的「細漢偷摘匏，大漢偷牽牛」的最佳寫照。用來說明教育的重要，所以說及早校正是小人之福氣的道理就在於此。

《易經．繫辭傳下》系列五之10

「善不積不足以成名，惡不積不足以滅身。小人以小善為無益，而弗為也；以小惡為無傷，而弗去也。故惡積而不可掩，罪大而不可解。《易》曰：何校滅耳，凶。」

學《易》心得分享：這是孔子寡過之學十九之13。善名不是一天成就的而是累積而來的，惡貫滿盈受處極刑也是累積而成的。小人的行徑認為小小的善行（佈施）是沒有回報而做不到；認為做一些不道德仁義的事是無傷大雅的，此惡性習慣久後就很難革除了。所以說積惡太深是無法掩蓋過去的，罪孽深重是無法獲得解救的。

〈噬嗑．上九〉說：「肩上負荷刑具，掛在脖子上，滅沒了耳朵。象徵要上斷頭台處極刑。」

落實在日常生活，也就說善惡在一念之間，一失足成千古恨，相由心生，多多注意自己的面相，隨時警惕。

《易經．繫辭傳下》系列五之11

子曰：「危者安其位者也；亡者保其存者也；亂者有其治者也。是故君子安而不忘危，存而不忘亡，治而不忘亂，是以身安而國家可保也。《易》曰：其亡其亡，繫於苞桑。」

學《易》心得分享：這是孔子寡過之學十九之14。孔子說：「心存危險才能提醒人民如何安居其位；心存滅亡，才能提醒人民如何保持存在；心存有動亂，才能提醒人民如何治理。所以君子常居安思危，時時不忘遭受滅亡之痛，在天下安定之時，確實存在著動亂的隱憂。」

有以上的三種思維，自身才能安居其位，國家才能長保安康。〈否・九五〉說：「不久將要滅亡，將要滅亡，繫於苞桑之堅固。處在否閉之世，小人當道而九四首當其衝，所以才如之危急告誡。」

落實在日常生活，也就是說天下沒有免死牌，生於憂患，死於安逸，沒有遠慮必有近憂。

《易經・繫辭傳下》系列五之12

子曰：「德薄而位尊，知小而謀大，力小而任重，鮮不及矣。《易》曰：鼎折足，覆公餗，其形渥，凶，言不勝任也。」

學《易》心得分享：這是孔子寡過之學十九之15。孔子說：「德性微薄而居高位，智識不足而圖謀大事，力量瘦弱而扛重任，此三種都有的人沒有不遭受災殃的。」

〈鼎卦・九四〉說：「折斷鼎的足，將給王宮的膳食覆於地，其形狀相當不堪，是不祥的徵兆。這就是能力不足而擔大任的現象。」

〈鼎・九四爻〉所處之位不當，如同政府用人不當，就會害到主政者的威望。

落實在日常生活，也就是要有自知之明，以及識人之明，才不會遭受牽連或害己害人。

《易經・繫辭傳下》系列五之13

子曰：「知幾其神乎，君子上交不諂，下交不瀆，其知幾乎！幾者動之微，吉之先見者也。君子見幾而作，不俟終日。《易》曰：介於石，不終日，貞吉。」

學《易》心得分享：這是孔子寡過之學十九之16。孔子說：「能知機先的微妙，大概是達到了神妙明通的境界了吧！君子不高攀諂媚，不狗眼看人低、輕視傲慢，君子已然洞燭先機了吧！能洞燭先機，就能預知吉凶。君子當機立斷，有所行動或不當行動，不會有所疑惑而能在瞬息之間做出決定。」

〈豫・六二〉說：「耿介如石之堅硬不動，一旦發動如兔脫，堅守此正道，大吉大利。」

落實在日常生活，也就是說常用平常心看待身邊的有緣人，在行事做抉擇之時才會果斷。

只問合乎仁義道德，不因富貴貧賤而有分別心，這樣就是知幾的人了。

《易經・繫辭傳下》系列五之14

「介如石焉，寧用終日，斷可識矣。君子知微知彰，知柔知剛，萬夫之望。」

學《易》心得分享：這是孔子寡過之學十九之16。孔子說：「有耿介如石的堅定信念，就不需要等到一天的終了，就能以中正的道理斷然處置了。君子能在細微之時，就能將問題點彰顯出來，而且知道用剛用柔的分寸來處理，這樣的君子就是眾望所歸了。」

〈豫卦・六二〉爻的卦象是居中且正，而且唯一沒有與九四「成卦之主」有承乘應與的關係的爻，所以施之於人事，才有如此這般的光彩。

落實在日常生活，也就是說本身要有中正的立場，就不會受一時的形勢所動搖，邪不勝正的道理是恆久不易的。

《易經・繫辭傳下》系列五之15

子曰：「顏氏之子，其殆庶幾乎！有不善未嘗不知，知之未嘗復行也。《易》曰：

不遠復，無祇悔，元吉。」

學《易》心得分享：這是孔子寡過之學十九之17。孔子說：「顏家之子顏回，大概算是道德上幾乎完美吧！若有不善的行為，沒有不被察覺的，一旦知道了錯誤就不會再發生第二次，這就是不貳過的由來。」

〈復卦．初九〉說：「時常反省的人，不會讓做過不善的事離去太遠，所以說沒有什麼重大的悔恨事發生，甚為吉祥。」常言道，人非聖賢孰能無過，知過能改善莫大焉！

落實在日常生活，也就是說做任何事，在言行舉止一旦有所缺失，就必須即刻反省修正，檢討自己做好自己，而不是千錯萬錯都是別人的錯。

《易經．繫辭傳下》系列五之16

「天地絪縕，萬物化醇。男女構精，萬物化生。《易》曰：三人行，則損一人。一人行，則得其友，言致一也。」

學《易》心得分享：這是孔子寡過之學十九之18。孔子說：「天地陰陽兩氣相互交融，則萬物因此醇厚化生。男精母血，經血交媾萬物化育而生成。」

〈損．六三〉說：「三人出行，則只損一人。一人出行，則得其朋友，這在說明『一陰一陽之謂道』。也就是致一，得一之道。」

從卦象來理解，損下益上，〈損卦〉是從〈泰卦〉出來；損〈泰〉之九三，益〈泰〉上六，而變成〈損卦〉，所以說三人行，則損一人，就在於此。

落實在日常生活，也就是說「少則得，多則惑」，慾望多了，人就迷惑了，尤其是金錢感情以及權力的誘惑。

《易經．繫辭傳下》系列五之17

子曰：「君子安其身而後動，易其心而後語，定其交而後求，君子修此三者，故全也。危以動則民不與也，懼以語則民不應也，無交而求則民不與也。莫之與則傷之者至矣。《易》曰：莫益之，或擊之，立心勿恆，凶。」

學《易》心得分享：這是孔子寡過之學十九之19。孔子說：「君子要先自身安定然後才可行動，要心平氣和才能發表言論，要先付出才能求人。君子若能修好此三者，可以說是完全的人了。反之，冒險的行動，人民不會參與；威脅恐嚇的話，人民不會答應；沒有付出而想獲得回報，人民不會支援。以上三者都齊全了，那麼傷害的事就接踵而來了。

〈益．上九〉說：「如此之人，不但沒有人會幫助他，甚至會傷害他，因為居心不良，而且輕諾寡信。」

落實在日常生活，也就是說要心口合一，與人為善。

《易經．繫辭傳下》系列六之1

子曰：「乾坤其易之門邪！乾，陽物也；坤，陰物也。」

學《易》心得分享：孔子說：「〈乾、坤〉兩卦應該是《周易》出入變化的由來吧！〈乾〉卦代表剛健的陽爻；〈坤〉卦代表柔順的陰爻。〈乾〉卦六爻純陽與〈坤〉卦六爻純陰，首先相互交織成十二消息卦，一陽五陰、一陰五陽各六卦；二陽四陰、四陽兩陰各十五；三陽三陰共二十卦，此六十二卦都是由乾坤兩卦發展而來，所以說是《周易》門戶的道理就在於此。」

此排列可參用拙著「大衍撲克易」排成「易經101體用圖」，就能一目瞭然。

接著是六十四卦的卦序，依序天、地、屯、蒙、需、訟、師……到坎、離三十備為上經。咸、恆、遯兮及大壯……小過、既濟兼未濟，是為下經三十四。

落實在日常生活，也就是說陰陽兩氣是構成一切萬物的元素，剛健與柔順是人與人之間必須相互配合，依實際狀況而交互使用。

《易經．繫辭傳下》系列六之2

「陰陽合德而剛柔有體，以體天地之撰，以通神明之德。」

學《易》心得分享：此承上段，陰陽兩種性質和功效配合在一起，而剛健與柔順都有各自的本體，分開的時候如乾道成男、坤道成女。

用陰陽兩數即天地之數與大衍之數，則可會通創造萬物品而得到萬物之數（一萬一千五百二十）。所謂萬物之數，請詳見《繫辭傳上．第九章》，其實是用「大衍之數」三百八十四爻所得出策數的總和。用《易經》六十四卦，三百八十四爻來貫通天下的道理，就是所謂「神明之德。」《鬼谷子．摩篇》說：「聖人謀於陰，故曰神；成於陽，故曰明。」落實在日常生活，也就是說一個成功的人，都是默默在耕耘，等到有成就才會展現出來的。反之未有成就就發表的人，絕不會有神明之德。

《易經．繫辭傳下》系列六之3

「其稱名也，雜而不越，於稽其類，其衰世之意邪。」

學《易》心得分享：此承上段，六十四卦的卦名，雖然顯得複雜，但是它們都不會互相混淆。上經三十卦自〈乾〉〈坤〉到〈坎〉〈離〉著重於天道；下經〈咸〉〈恆〉起講人倫夫婦長久之道。稽查其卦爻辭，很多告誡警惕的事類，由此推知，應該是殷商進入衰敗危急之世（紂王暴虐失道），當時的作者文王亦處於衰世之中。

如〈乾・九三〉：「君子終日乾乾，夕惕若厲，無咎。」

〈小畜・六四〉：「有孚，血去惕出，無咎。」

〈臨・六三〉：「甘臨，無攸利。既憂之，無咎。」

〈夬・九二〉：「惕號，莫夜有戎，勿恤。」

由以上爻例即可理解，當時是處在岌岌可危之世。

落實在日常生活，也就是說危機就是轉機，如同周文王當時被紂王關在羑里七年，整制《周易》為後世所用。

《易經・繫辭傳下》系列六之4

「夫《易》彰往而察來，而微顯闡幽，開而當名辨物，正言斷辭則備矣。」

學《易》心得分享：此承上段，《周易》能彰顯過往的事，而且能察覺未來的事，用細微的物像顯示，來闡明幽深陰暗之事。作《易》者從無字天書的卦爻象，開示其卦爻辭、卦名的意義，分辨陰陽所處之位的吉凶，把天地的道理都概括在六十四卦，三百八十四爻裡面，可以說是完全具備了。

如〈坤・初六〉：「履霜，堅冰至。」小象：「履霜堅冰，陰始凝也。馴致其道，至堅冰也。」霜與冰都是十二消息、二十四節氣，自然造化應景之物，是自然界必然的事物。霜降到結冰的時間不遠即將到臨，施之人事，積善之家必有餘慶，反之必有餘殃。落實在日常生活，也就是說善惡一念之間，凡事由小積大，行事前當稍加思索。

《易經・繫辭傳下》系列六之5

「其稱名也小，其取類也大。」

學《易》心得分享：此承上段，六十四卦的名稱以及三百八十四爻的卦爻辭，所形容敘述的物名雖然小，但是它所象徵的事類卻很大。

例如〈井〉與〈鼎〉這兩卦在日常生活都是眾所皆知的事物，用來形容人民所不知的深層意涵。

井水與鼎爐本意都是用來養人三餐，祭祀、飲食所不可或缺的器具。一旦推展開來就象徵權力的主宰，可以隨時調整行政區域，如〈井〉卦卦辭：「改邑不改井。」《鼎・象傳》：

「木上有火，鼎。君子以正位凝命。」所以說：「其稱名也小，其取類也大。」落實在日常生活，也就是不可輕忽細微不足道的東西，看你怎樣去應用它，也別小看自己，行行皆可出狀元。

《易經・繫辭傳下》系列六之6

「其旨遠，其辭文，其言曲而中，其事肆而隱。」

學《易》心得分享：此承上段，《周易》的旨意非常深遠，它的爻辭有《詩經》所用的語言表達，委婉曲折而正中事理，它的言詞看似放肆直白，而所議論的事，意涵都在隱喻其中的事件。

如〈漸・上六〉：「鴻漸於陸，其羽可用為儀，吉。」

如〈大過・初六〉：「藉用白茅，無咎。」

《詩經・召南》：「野有死麕，白茅包之。有女懷春，吉士誘之。」

如〈大過・九二〉：「枯楊生稊，老夫得其女妻，無不利。」

由以上爻例即可理解此段的意涵所述。

落實在日常生活，也就是說人與人之間對話不可太直白，盡量點到為止，最好能引用經典的意涵，彼此可以相互提升。

《易經．繫辭傳下》系列六之7

「因貳以濟民行，以明失得之報。」

學《易》心得分享：此承上段總結全章，「貳」所謂的因貳，有陰陽，有吉凶，有兼三才而兩之等意涵。

《周易》首先有陰陽之數，然後有三畫卦，再重為六畫卦，卦象本無字天書，幾經聖人貫通神明之德，才繫上卦爻辭，於是就有吉凶得失之象了。然後用「大衍之數」卜筮得到卦象，遵照卦爻辭的吉凶悔吝，讓人民知道得失進退的依據，趨吉避凶讓人民安心努力去經營而無後顧之憂。

如〈益．初九〉：「利用為大作，元吉，無咎。」

所以說《周易》是卜筮之書的道理，由此章的結論是可以理解的。

落實在日常生活，有就是說要遵循《道德經．七十章》所說的話，「言論要有主旨，行事要有根據。」

《易經・繫辭傳下》系列七之1

「《易》之興也，其於中古乎？作《易》者，其有憂患乎？是故，履德之基也。」

學《易》心得分享：《周易》的興起，大概在殷商之末期的中古時代吧！創造《周易》者大概是懷悲天憫人之心吧！

此章有三陳九卦，首先談到了〈履〉卦，初陳以〈履〉卦做為樹立道德的基礎。「基」是上對下而言。〈履〉卦以六三爻為成卦之主，以九五爻為主卦之主。在上位者九五能厚待下位者六三，則六三踐履九二，自上而下必須和諧才能相互成就，否則就會相互背離前功盡棄。

所以《履・彖傳》說：「……剛中正，履帝位而不疚，光明也。」落實在日常生活，也就是說在上位者的最基本要求就是善待屬下，做到問心無愧，便能光明正大而無所畏懼了。

《易經・繫辭傳下》系列七之2

「謙，德之柄也。」

學《易》心得分享：這是憂患九卦初陳九之二。〈謙〉卦是實行道德的權柄。柄就如同，有把手做為舉物之用。此柄即同人用謙卑行事，謙卑是比中庸之道還要偏離一些。所以說人的美德必須靠謙遜才能興起，謙卑必須時時掌握著，沒有理由可以推卸須慎終如始。

〈謙・九三〉：「勞謙，君子有終，吉。」

舉凡卦爻辭有終吉的，都是歷經千辛萬苦才得到的好結果。尤其謙卑是自始至終，終其一生而不間斷的。

落實在日常生活，也就是說為所當為的事，不需有任何理由，行道之心是不容退縮推諉，權柄之握在我不在他。

《易經・繫辭傳下》系列七之3

「復，德之本也。」

學《易》心得分享：這是憂患九卦初陳九之三。〈復〉卦是修行學習的根本。

〈復・初九〉：「不遠復，無祇悔，元吉。」

孔子在寡過之學特別提出，「顏氏之子其殆庶幾乎，有不善未嘗不知，知之未嘗復行。」顏回是孔子最得意的學生，有不貳過之美譽，而且有知錯必改的美德。君子與小人的分別，在於君子勇於認錯反求諸己，而小人總認為千錯萬錯都是別人的錯。

落實在日常生活，也就是說反覆的思考、反覆的反省，不管做事業或是修行，都是成功的必備條件。

《易經・繫辭傳下》系列七之4

「恆，德之固也。」

學《易》心得分享：這是憂患九卦初陳九之四。〈恆〉卦是道德長久鞏固的前提，恆者一心不變也。

《恆・彖傳》說：「……天地之道，恆久而不已也，利有攸往，終則有始也。日月得天而能久照，四時變化而能久成。聖人久於其道而天下化成，觀其所恆，而天地萬物之情可見也。」

由上可知，道德要能堅固靠的是恆心和毅力，但總要有個可以維繫的法則，才能持之以恆。

落實在日常生活，也就是要效法天道，終則有始的運行規律，才能生生不息。道德的成就，必須如四時一樣，隨時調整、適時變動。

《易經・繫辭傳下》系列七之5

「損，德之脩也。」

學《易》心得分享：這是憂患九卦初陳九之五。〈損〉卦是說道德要有長遠的打算。道德的修養，必須有長遠的計畫。

《損・象傳》說：「山下有澤，損。君子以懲忿窒慾。」君子觀此〈損〉卦的象意，用來懲制過去的憤怒，抑制未來邪惡的慾念的長遠思維。由此而知〈損〉卦都是在做控制減損內在心性思維之事。落實在日常生活，也就是說盡量說服自己，不要找理由發脾氣，也不要拿別人的錯誤來懲罰自己。

《易經・繫辭傳下》系列七之6

「益，德之裕也。」

學《易》心得分享：這是憂患九卦初陳九之六。〈益〉卦是要人知道充足富裕道德的途徑。

《益・象傳》說：「風雷，益。君子以見善則遷，有過則改。」

風吹雷動，象徵著「增益」相互作用而產生利益。君子聞見善知識所說的道理，就馬上跟進，若有無心之過便立刻改過。

這是說人處在善惡之開端，如雷風般的迅速做出抉擇，道德自然而然就會不斷充實豐足。落實在日常生活，也就是說人是習慣的動物，若不入人群參與活動，是很難改變「自我感覺良好」的習性。古人說：「聽君一席話，勝讀十年書。」道理就在於此也。

《易經・繫辭傳下》系列七之7

「困，德之辨也。」

學《易》心得分享：這是憂患九卦初陳九之七。〈困〉卦是說一個人道德優劣的分辨。沒有處於困境的人，真偽是得不到分別的。孔子說：「君子固窮，小人窮斯濫矣！」君子在窮途末路，不得志之時也能固守內心的操守和本分。反之小人一旦不得意，就會想入非非胡作妄為。

《困・象傳》說：「澤無水，困。君子以致命遂志。」

君子觀此困象，所想的只是如何能完成使命，窮盡所有的精力都在所不惜。

這就是人的堅強意志力，勝過惡劣的環境的表現。

落實在日常生活，也就是說要把危機當成轉機，吃苦當作是吃補來做為正能量的轉念，人生就不會有困惑的懸念。

《易經 ‧ 繫辭傳下》系列七之8

「井，德之地也。」

學《易》心得分享：這是憂患九卦初陳九之八。〈井〉卦是道德聚居的處所，井是處虛空之地，所以能容納井水。

〈井‧六四〉：「井甃，無咎。」（修井之意）

六四本與初爻相應，初爻失位「井泥不食。」六四當位而正，故能砌磚修治井壁，使之不洩漏而能清淨。所以修井是為了能讓井的功用，可以持續長久，以養民而無窮無盡。若施之於人事，是說人的內在修養，不容有遺漏滲透，使道德有所流失而能常保。

落實在日常生活，也就是說要隨時保持謙虛的美德，才能廣納建言，更要防止意志不夠堅定，而動搖修道之心。

《易經・繫辭傳下》系列七之9

「巽，德之制也。」

學《易》心得分享：這是憂患九卦初陳九之九。〈巽〉卦是展現道德的制度規範。巽為風，為伏，為入，為入，風氣之所至，無孔不入。

《巽・象傳》：「隨風，巽。君子以申命行事。」

風與風互相追隨，就誠如順從而遵命。君子觀看到此卦象，用來做為政令宣傳，以行使其職權之事。三令五申反覆的宣導制度規範，以便使人民知道而確實遵守法令。由此推知，「巽，德之制也。」

落實在日常生活，也就是說即使是簡單的規範也必須要遵從，習慣就能養成自然，比如三餐飯後慢行三百步，有助攝生幫助消化。

《易經・繫辭傳下》系列七之10

「履，和而至。」

學《易》心得分享：這是憂患九卦中陳九之一。〈履〉卦是教人用和悅的態度來解決事情，才能無微不至。

〈履〉卦辭：「履虎尾，不咥人，亨。」

《彖傳》說：「履，柔履剛也，說而應乎乾，是以「履虎尾」不咥人，亨……。」

以和悅的心情，來應和乾剛之體，即如同有不小心得罪了大人，大人也不會責怪於你。所謂「和悅」，並非隨便應和，而是經過審慎評估，從異同中求得最大的公約數，讓彼此都能由衷喜悅。

落實在日常生活，也就是說隨時能保持愉悅的心情，面對一切偶發之狀況，都能使事情大事化小，小事化無之完美境界。

《易經・繫辭傳下》系列七之11

「謙，尊而光。」

學《易》心得分享：這是憂患九卦中陳九之二。〈謙〉卦是教人用謙虛之道處事，才能得到眾人的崇敬而光榮偉大。

《謙・彖傳》說：「謙亨，天道下濟而光明，地道卑而上行。天道虧盈而益謙，地道變盈而流謙，鬼神害盈而福謙，人道惡盈而好謙，謙尊而光，卑而不可踰，君子之終也。」

以上說明，天、地、鬼神、人都喜歡謙卑而討厭滿盈。

尊貴有地位的人又能謙卑行事，更能顯示他的光輝；反之無權無勢卑微的人也用謙卑行事的話，那他的美德也就沒人能超越了。所謂「謙受益，滿招損」的道理就在於此。

落實在日常生活，也就是說行使謙卑的美德，是不限於尊貴與卑下，只要願意的話隨時隨地保持謙卑的態度，就能得到好的結果。

《易經・繫辭傳下》系列七之12

「復，小而辨於物。」

學《易》心得分享：這是憂患九卦中陳九之三。〈復〉卦是教人從細微的事件，分辨善惡的方法。

〈復〉卦卦象，一陽初生，陰氣未除，陰未盡而陽已生。

《復・彖傳》說：「復，亨。剛反，動而以順行，是以出入無疾，朋來無咎。反復其道，七日來復，天行也。利有攸往，剛長也。復，其見天地之心乎。」

以上是說明，利有所往是因為陽剛之氣開始成長，雖然是微小，但可以分辨好的契機已展現了。

落實在日常生活，也就是說機會是給準備好的人啟用的，但平時若不努力累積，即使是機會來了，所得也是有限的。

《易經・繫辭傳下》系列七之13

「恆，雜而不厭。」

學《易》心得分享：這是憂患九卦中陳九之四。〈恆〉卦是在教人，處在陰陽善惡交相雜陳的環境，也不會感到厭惡。

〈恆〉卦是由震為雷和巽為風，雷風交織而成的卦象，故有進退糾纏夾雜之象。

〈恆〉卦在六十四卦中所表現出來的象意，算是非常嚴峻的，綜觀卦爻辭，沒有全吉，唯六五爻：「恆其德，貞婦人吉，夫子凶。」小象：「婦人貞吉，從一而終也。夫子制義，從婦凶也。」說明吉還要有條件的，由此得知此卦之複雜性。

落實在日常生活，也就是說做為一個家庭主人，是沒有理由可以感到厭煩的，只有不斷努力來改善家庭環境才是最究竟。

《易經・繫辭傳下》系列七之14

「損，先難而後易。」

學《易》心得分享：這是憂患九卦中陳九之五。〈損〉卦是教人知難而行易。修身養性一開始要下決心是有點困難的，只要從簡單容易者入手就會慢慢習慣了。諸如運動、唸經、打坐、日行一善等，隨順自己的環境就可以。《老子道德經・第四十八日損章》說：「為學日益，為道日損，損之又損，以致於無為，無為而無不為……。」《老子道德經・第六十三無難章》說：「……圖難於其易，為大於其細，天下難事，必作於易……。」

誠如〈損・六四〉：「損其疾，使遄有喜，無咎。」由以上說明，損下益上、減損慾望都是人生憂患大事，起先都是困難的，然後再慢慢解脫的。

落實在日常生活，也就是說對損的概念，如同祭祀祖先、神明，孝敬父母、師長的行為，就如同施比受更有福的概念了。

《易經・繫辭傳下》系列七之15

「益，長裕而不設。」

學《易》心得分享：這是憂患九卦中陳九之六。〈益〉卦是教人為學日益，時時充實自己而沒有虛設立場。

《益．彖傳》說：「益，損上益下，民說無疆，自上下下，其道大光，利有攸往，中正有慶。利涉大川，木道乃行，益動而巽，日進無疆。天施地生，其益無方，凡益之道，與時偕行。」

由以上說明，增益是以雷震動而巽風來入的方式進行的，所以每日都會增進無窮的疆域。由上天的廣施恩惠，大地才能生出萬物，都是生生不息，而沒有設限的。

落實在日常生活，也就是說要效法天地，對於公益的事，只管盡力而為，能做多少就做多少，不需找理由而自我設限。

《易經．繫辭傳下》系列七之16

「困，窮而通。」

學《易》心得分享：這是憂患九卦中陳九之七。〈困〉卦是教人碰到窮困，反而能因此得到啟示而想通的道理。

《繫辭傳下．第二章》說：「……神農氏沒，黃帝堯舜氏作，通其變，使民不倦，神而化之，使民宜之。易，窮則變，變則通，通則久，是以自天祐之，吉無不利……。」

〈困・九二〉：「困於酒食，朱紱方來。利用享祀，征凶，無咎。」小象：「困於酒食，中有慶也。」

由以上說明，能暢通長久都是因先遭遇困難，而得到啟示予以變通之機。古時科學尚未發達，碰到困難首先想到的就是祭祀，以獲得神明的降福加持，然後每逢佳節，再回饋眾神明庇祐。

落實在日常生活，也就是說人生八九不如意，其實危機就是轉機，只要能在困難之際，幫忙解困的人，都是重要的貴人，更應珍惜與重視。

《易經・繫辭傳下》系列七之17

「井，居其所而遷。」

學《易》心得分享：這是憂患九卦中陳九之八。〈井〉卦是教人居得其所，施恩澤於外的道理。

《井・彖傳》說：「巽乎水而上水，井。井養而不窮也。改邑不改井，乃以剛中也……。」

〈井・上六〉：「井收勿幕，有孚，元吉。」小象：「元吉在上，大成也。」

由以上說明「井」所居的處所是固定的，而所施恩澤是流動的，不是井養固定的人，而是無窮無盡的。

落實在日常生活，也就是說人一旦能穩定生活了，就有餘力可以幫助別人了。也就是可以開始佈施了，舉凡對別人有利的，就不侷限於金錢的佈施，法施也很好。

《易經・繫辭傳下》系列七之18

「巽，稱而隱。」

學《易》心得分享：這是憂患九卦中陳九之九。〈巽〉卦是教人順勢推廣而不須張揚。稱，有舉、有登高之意。隱，有伏不欲顯明之象。

〈巽・九二〉：「巽在床下，用史巫紛若吉，無咎。」象曰：「紛若之吉，得中也。」

〈巽・上九〉：「巽在床下，喪其資斧，貞凶。」小象：「巽在床下，上窮也。喪其資斧，正乎凶也。」

由以上說明，謙遜巽伏之世，秉持謙卑中庸之道就吉，反之太過高調就會窮途末路招遇凶險。

落實在日常生活，也就是說要記取教訓，飛得越高摔得越重，不管有多大的能耐，還是謙卑好。

《易經・繫辭傳下》系列七之19

「履以和行。」

學《易》心得分享：這是憂患九卦終陳九之一。〈履〉卦是用來告訴人們行事當以和為貴。

〈履・九二〉：「履道坦坦，幽人貞吉。」小象：「幽人貞吉，中不自亂也。」幽人在此比喻，居於幽暗之中，卻深明大義的人。從史事而言，文王被紂王幽禁於羑里七年，在七年之間完成了《周易》這本曠世鉅作。身處在幽暗的地牢，卻能大放光明，內心如此的平和，真是聖賢啊！

由以上說明，心胸坦蕩的人，在任何惡劣的環境，也不會自亂陣腳，這都是平和之功。落實在日常生活，也就是說能心平氣和的行事，是慢慢養成的好習慣，而「從容不迫」的原則是最佳實踐的基礎。

《易經・繫辭傳下》系列七之20

「謙以制禮。」

學《易》心得分享：這是憂患九卦終陳九之二。〈謙〉卦是用來做為約束自己的禮節。〈謙・初六〉：「謙謙君子，用涉大川，吉。」小象：「謙謙君子，卑以自牧也。」牧，有治理之意。自牧，即自己以禮節約束自己。謙謙是加重語氣，舉凡在爻辭有兩字重疊的都是特別重視的。如乾乾、坎坎、愬愬、夬夬……等等。

由以上說明，處謙卑之世又居謙卑之初，所以就必須特別的約束自己，才能合乎禮節。落實在日常生活，也就是說謙卑不是隨便就做得到，而是要慢慢養成，並且要自我要求的。從坐公車的禮儀就可以看出來。

《易經・繫辭傳下》系列七之21

「復以自知。」

學《易》心得分享：這是憂患九卦終陳九之三。〈復〉卦是用來啟示自己的自知之明。〈復・六四〉：「中行獨復。」小象：「中行獨復，以從貴也。」

以上說明，〈復〉卦唯六四爻與初九成卦之爻相應，六四爻居五陰之中，從道之貴而不從眾小人之賤，唯有當位的六四有「自知之明。」

所以說〈復〉卦是用來做為「慎獨」的功夫，能出淤泥而不染，跟從正道真是可貴啊！落實在日常生活中，也就是說身處於道德價值觀低落的世代，要有獨立判斷的思維，才不會自失立場，被賣了還幫人算錢之嘆。

《易經．繫辭傳下》系列七之22

「恆以一德。」

學《易》心得分享：這是憂患九卦終陳九之四。〈恆〉卦是用來始終如一、堅保忠貞的美德。

《恆．象傳》：「雷風，恆。君子以立不易方。」

《象傳》說明，雷與風互相伴隨，這是大自然長久不變的現象。君子觀看此象意用來做為立身處世，維持正道永不改變之依歸。

在《道德經》而言「一」泛指為大道，「抱一」、「共一」、「為一」、「得一」……等等。

《道德經．第五十四善建章》說：「善建者不拔，善抱者不脫，子孫以祭祀不輟……。」落實在日常生活，也就是說能長久持有而不會改變的，必須要合乎大道，才可以讓子孫綿延不斷。

《易經‧繫辭傳下》系列七之23

「損以遠害。」

學《易》心得分享：這是憂患九卦終陳九之五。〈損〉卦是用來減損人慾、存天理，以避開禍患。

〈損〉卦辭：「有孚，元吉，無咎，可貞，利有攸往。曷之用？二簋可用享。」卦辭說：心存誠信，恭敬奉敬神明，大吉，即可以正道補救過失，利於有所作為。那如何用來祭祀呢？只要心存恭敬誠懇的心，祭品少也可得到神明的加持庇祐平安。

落實在日常生活，也就是說人與人之間的交往，固然無法免俗當損則損，但心存敬意更為重要。若能對於無形的鬼神都能敬重，便能減損私慾，就足以遠離禍害。

《易經‧繫辭傳下》系列七之24

「益以興利。」

學《易》心得分享：這是憂患九卦終陳九之六。〈益〉卦是用來增進自己的善行，以獲得更大的利益。

〈益．九五〉：「有孚惠心，勿問，元吉。有孚，惠我德。」小象：「有孚惠心，勿問之矣。惠我德，大得志也。」

《道德經．第八十一不積章》說：「……既以為人己愈有，既以與人己愈多。天之道，利而不害；人之道，為而不爭。」

由以上說明，想要得到更多的利益就必須先付出，在付出之前，只要是為大眾有利的事，就不須問會有多少回報。所以從自然而言，只有利益而沒有危害。從人而言，只有默默的耕耘而不去爭功諉過。

落實在日常生活，也就是說如此的大道理，若不是親身經歷是無法感受，必然有持懷疑態度的人，就個人而言「濃縮過去」的總總是千真萬確的。

《易經．繫辭傳下》系列七之25

「困以寡怨。」

學《易》心得分享：這是憂患九卦終陳九之七。〈困〉卦是用來在困窮之時不要怨天尤人。〈困〉卦辭：「亨，貞大人吉，無咎。有言不信。」《象》曰：「澤無水，困。君子以致命遂志。」

《孔子世家》：「孔子困於陳國蔡國之間，七日沒有飲食，每天依然彈琴唱歌，好像什麼事都沒發生一樣。」

由以上說明，困，對於有道的君子來說只是一種過程，也是磨練心志的基本功。誠如《孟子・告子下篇》所說：「……故天將降大任於斯人也，必先苦其心志，勞其筋骨，餓其體膚，空乏其身，行拂亂其所為，所以動心忍性，增益其所不能……。」

落實在日常生活，也就是說碰到困難的當下，首先要想的是「考驗難關提升智慧」，而不是一再抱怨，抱怨是無法解決事情，而只會讓事情更複雜。

《易經・繫辭傳下》系列七之26

「井以辨義。」

學《易》心得分享：這是憂患九卦終陳九之八。〈井〉卦是用來讓人民知道分辨義與利的區別。

《井・象傳》說：「木上有水，井。君子以勞民勸相。」

木桶上有水，是井的象義。君子觀看此卦象，得到啟發用來教導百姓，勤勞互相幫助，利人又利己。

年長一點的人在以前都有從古井用木桶綁繩取水的經驗，然後再發展到用馬達抽水，這都是分享的美德。所謂的「市井小民」可想而知，當時一口井對小市民的重要，水是人生活的必備品，所以就會聚集很多人在此做交易買賣，以及信息的傳遞。

落實在日常生活，也就是說小富從勤勞節儉，大富就必須靠天命。救濟一個人，不如教導他一技之長，才能長久穩固。

《易經・繫辭傳下》系列七之27

「巽以行權。」

學《易》心得分享：這是憂患九卦終陳九之九。〈巽〉卦是用來教人如何在適宜的人、事、時、地、物，行使權宜之計。

〈巽〉為風、為入，風有傳播之意，隨著季節而吹不同的風，因勢利導無孔不入，適時調和氣壓。〈巽〉卦以六四爻為正位，以柔順之臣輔佐九五中正之君而治理國政。〈巽・九五〉：「貞吉，悔亡。無不利，無初有終。先庚三日，後庚三日，吉。」

由以上說明，做為一個領導者，要實施新政策是要做事前的宣導，以及事後的檢驗評估，才能符合大眾的利益。所以說「巽以行權」是相當謹慎的功夫。

落實在日常生活，也就是說想要做為一個值得被敬重的領導人，在做任何決策都必須權衡利害關係，並以多數的利益為優先考量。此段總結孔子憂患九卦三陳，共二十七次陳述。

《易經．繫辭傳下》系列八之1

「易之為書也，不可遠。」

學《易》心得分享：《周易》這本書，已經敘述完備對於好學《易》者而言不可偏離。這本書的綱要，它有既定的規律可循，所以說「不可遠。」但又可以說明《周易》這本書包羅萬象，人們不可片刻離開它。初學《易》者一開始的認知，是《易》有太極生兩儀，兩儀生四象，四象生八卦。然後再有先天卦序的排列，這個排列落實到數位的概念就非常清楚。八卦是陰、陽兩儀所組成，因此是二進位，依序為乾☰7、兌☱6、離☲5、震☳4、巽☴3、坎☵2、艮☶1、坤☷0。所以依此類推六十四卦序與代數的關係，就是數位的概念。例如〈乾〉卦在《周易》的排列是第一位，數則是63，代表天尊。〈坤〉卦第二位，數則0，代表地卑。由此可以證明《易經》是科學的，所以不可不重視它。

落實在日常生活，也就是說有好的道理就應該遵循不可偏離，更應視為生活的重心，假以時日就會有意想不到的成果。

《易經・繫辭傳下》系列八之2

「為道也屢遷，變動不居，周流六虛。」

學《易》心得分享：此承上段，《周易》這本書其中所顯現的道理，不斷與時俱進，變動而不固定某一方位，循環往復於六爻之間。「六虛」指六十四卦的每卦的六個爻位，如〈乾〉卦初爻，爻題稱之為初九，序為九二、九三、九四、九五、上九。又如〈坤〉卦初爻，爻題稱之為初六、六二、六三、六四、六五、上六。以初、二、三、四、五、上稱之為六虛。以九象陽；以六象陰。這六個爻位，虛以待動，當君子之有所行動時，問之於蓍草，其受命也如嚮，無有遠近幽深，遂知來物，是天下之至精之物。

以上說明這六爻是為了應付占驗而設的，所以說變動不居。落實在日常生活，也就是說一個人的被定位，是根據自己的行事作風影響所致，所以不得不時時自我提升。

《易經・繫辭傳下》系列八之3

「上下無常，剛柔相易，不可為典要，唯變所適。」

學《易》心得分享：此承上段，是說陰、陽爻居上卦或下卦並沒有一定的常規，有時陽剛、有時陰柔，是互相遞換的，不可視為必然的典範綱要，而要因不同的情境做不同的解讀。

如〈乾．上九〉：「亢龍有悔。」

〈坤．上六〉：「龍戰於野，其血玄黃。」

以上兩爻說明物極必反，天地都不喜盈滿，何況人乎！

又如〈井．上六〉：「井收勿幕，有孚，元吉。」

〈鼎．上九〉：「鼎玉鉉，大吉，無不利。」

以上兩爻說明，〈井〉、〈鼎〉都是養萬民無窮的器具，以居上位才有這樣的能耐。落實在日常生活，也就是說道理是死的，方法是活的，貴在適時的變通。施之於解卦也是一樣；卦爻辭一樣，但所求的事件不同，也要做不同解讀。

《易經．繫辭傳下》系列八之4

「其出入以度，外內使知懼。」

學《易》心得分享：此承上段，是說「卦」所以有分內卦和外卦，「爻」所以有存在著出和入，是為了設立對立面，以便開啟憂患意識，使人民知道畏懼，然後才會運用方法來度量，做為或出或入的應對。如〈泰〉卦和〈否〉卦就是最好的例證。《雜卦傳》說：「否泰，反其類也。」說明在〈泰〉的時候要知道持盈保泰不然福份用完了，又會回到原點。誠如〈泰・九三〉：「無平不陂，無往不復，艱貞無咎，勿恤其孚，於食有福。」又〈否卦・上九〉：「傾否，先否後喜。」由以上說明〈否〉〈泰〉是讓人度量禍福相依，在〈否〉之時能儉德避難，稍作檢討過去加以濃縮；等〈泰〉來傾盡全力衝刺，所以說「先否後喜。」

落實在日常生活，也就是說做任何事都必須度量一下現在所處的位置，哪些能做、哪些能說，對本身的身分要合宜。

《易經・繫辭傳下》系列八之5

「又明於憂患與故。」

學《易》心得分享：此承上段，是說《周易》這本書，又可以使人明白有憂患，又能知道憂患是如何產生的，所以說不會有患得患失，也不會存著僥倖的心態。

如〈困・六三〉：「困於石，據於蒺藜，入於其宮，不見其妻，凶。」

孔子在《繫辭傳下・第五章》說：「……非所困而困焉，名必辱。非所據而據焉，身必危。既辱且危，死期將近，妻其可得見邪！……」

由以上說明憂患都是自己造成的，德不配位，就必然會招來禍患，不得不信，古今歷史歷歷在目。

落實在日常生活，也就是說沒有遠慮必有近憂，既然入世進入人群，每天就有不同的事情要解決，那麼就要調整心態，順其自然來克服，使之「無事於心，於心無事。」

《易經・繫辭傳下》系列八之6

「無有師保，如臨父母。」

學《易》心得分享：此承上段，有了《周易》這本書之後，雖然沒有老師的保護和監督，卻如同面對父母的諄諄教誨，時時不敢忘記即將面臨憂患之事的到來。

如〈否・九五〉：「休否，大人吉，其亡、其亡，繫於苞桑。」小象：「大人之吉，位正當也。」

以上說明，停止閉塞因有消否之道，對大人而言是吉利的事。但要時時提醒，有即將滅亡的危機，這種思維就像綁在苞桑根部之堅固一樣。所以〈小象〉說，大人能得到吉利是因為處在正當的思維之中。

落實在日常生活，也就是說事業能長久經營，是靠著堅定的信念，而且隨時要應付競爭者的出現。最好的方法，就是要拉大與競爭者的距離，使之望塵莫及。

《易經．繫辭傳下》系列八之7

「初率其辭而揆其方，既有典常。」

學《易》心得分享：此承上段，是說《易》學入門的首要功夫就是要遵照卦爻辭的本意，來揣度它的卦義，再根據既定的自然規律，就可掌握事物的變化。所謂「見山是山，見山不是山，見山還是山。」是意謂著學《易》的三個過程，非親身體驗是無法理解的。這三個階段是必然的現象，透過一遍再一遍的考驗，就可體悟其中的奧妙。

比如說：〈解．初六〉：「無咎。」小象：「剛柔之際，義無咎也。」初級的階段只會解說沒有過錯；中級則開始有懷疑了是這樣嗎？高級還是認為不會有過錯，只是有但書要妥善補過而已。

落實在日常生活，也就是說每個人對事情的看法會有所差別，而且有時親眼看到的也未必是真的。

《易經・繫辭傳下》系列八之8

「苟非其人，道不虛行。」

學《易》心得分享：此承上段，是說若不是聖賢就不會將此《易》道推行出來，所以傳《易》道也必須知道所傳的人德性如何，當有所斟酌之。俗話說：「傳非所人洩天機，不傳賢人閉天寶。」

如〈履・六三〉：「眇能視，跛能履，履虎尾，咥人凶。武人為於大君。」（俗話說：吃無三把空心菜，就要飛上天）亦即說明功夫尚未學到家，自己就認為了不起，可以取而代之，最後被老虎吃掉了（被人看破手腳了）。

又〈益・六五〉：「有孚惠心，勿問元吉。有孚，惠我德。」此說明傳對人，一脈相傳毫不保留，也能獲得迴響。此段總結學《易》授《易》的心路歷程，非親身體驗是無法撰述的。

落實在日常生活，也就是說天道是沒有偏私，但它經常在善人的左右，就像「及時雨」，在必要的時機必然會顯現。

《易經．繫辭傳下》系列九之1

「易之為書也，原始要終以為質也。」

學《易》心得分享：《周易》這本書，是在探索事物的原始狀況與尋求事物最終的結果。然後將這些事物的原始狀況，以最完整歸納在每一個卦體當中。所以每卦的爻題皆由：初、二、三、四、五、上，依序排列，初、上，代表始、終；其他四爻居中，代表過程。如〈水雷屯〉卦在描述天造草昧，初始草創的艱難情況，所以說處屯難之世，居屯難之初，二至五爻稱屯難之中等等。

每一卦代表一個世代之事，每一爻代表每一個階段。落實在日常生活，也就是說人自始至終都有一個追求的目標，在每個階段都有不同的做法，但它的本質是向善不變的，若不然就會白忙一場。

《易經．繫辭傳下》系列九之2

「六爻相雜，唯其時物也。」

學《易》心得分享：此承上段，是說每一卦都是有六爻，六爻的錯綜互雜，按照所處的時機，來配置陰陽兩物，柔物為陰爻，剛物為陽爻。用數字7、9為陽爻，6、8為陰爻。如〈屯〉卦即878887，是由二陽四陰所配置的卦象。是說明在屯難之世，是陰柔求陽剛之時。所以初九是九五一國之君，利建侯的對象。〈屯〉卦與〈蒙〉卦相綜與〈鼎〉卦相錯；互卦上互為〈艮〉，下互為〈坤〉，合成〈山地剝〉象；《雜卦傳》：「〈屯〉不失其居也。」〈屯〉卦六爻唯六三爻不當位失其正，所以告知「屯不失其居也。」以補足每一卦的缺失而加以告誡，促使《周易》更加完備。

落實在日常生活，也就是說每個人天生下來都有不圓滿的地方，只要透過各種不同的管道，如《易經》與《華陀五禽戲》，加以彌補都能變成完善的。

《易經・繫辭傳下》系列九之3

「其初難知，其上易知，本末也。」

學《易》心得分享：此承上段，是說《周易》的每一卦，初爻代表本，象徵事物的開端，初始狀態不易分辨。上爻決定最終的型態，如同開花結成果時，就明顯知道是何物了。所以每一卦的初爻都是比較不易理解，到了最後的結果就很清楚明白辨別了。

如〈噬嗑・初六〉：「屨校滅趾，無咎。」

〈噬嗑・上九〉：「何校滅耳，凶。」

以上說明近取諸身，以腳趾比喻初始狀態，以耳在頭上，比喻最終結局。猶如人在開始犯錯就必須校正，不然到最後的下場就無法赦免。

落實在日常生活，也就是說研究任何學問都要在最初的開端選好，才會有好的結果，也才能做為終身志業。

《易經・繫辭傳下》系列九之4

「初辭擬之，卒成之終，若夫雜物撰德，辨是與非，則非其中爻不備。」

學《易》心得分享：此承上段，是說初爻的爻辭好比是事情的開端，上爻是終結全卦的型態。

例如〈噬嗑〉卦的初爻比喻初犯，中間四爻比喻法官審判過程，九五如同最高等法院，則上爻有雙重比喻，其一指罪孽深重；其二指審判的結果（三審定讞）。

由以上說明，學《易》、卜卦、解卦，都必須遵循此概念，才知道事情的進程如何，這樣才能掌握解卦的重點。所以說起卦容易，解卦困難的道理就在於此。

落實在日常生活，也就是說對事情的看法，不能光看表面而必須深入，其中深層的意涵才能周延，因為有很多互為因果的因素必須加以琢磨的。

《易經 · 繫辭傳下》系列九之5

「噫！亦要存亡吉凶，則居可知矣。」

學《易》心得分享：此承上段，所以說啊！只要能瞭解二、三、四、五爻中的吉凶道理，平居在家裡藉由「大衍之數」卜筮來占驗疑惑，由此便可推算人事的得失存亡。《繫辭上傳．第二章》說：「……君子所居而安者，易之序也。……君子居則觀其象而玩其辭，動則觀其變而玩其占，是以自天祐之，吉無不利。」以上說明只要按照「大衍之數」的遊戲規則來演卦解卦，自然就能得到上天的幫助，對大眾而言，都能得到好處沒有不利的。這就是所謂的「運籌帷幄，決戰於千里之外」的最佳寫照。例如卜投資某檔股票得78888，〈山地剝〉伏卦，辭曰：「不利有攸往。」自然一目瞭然，不會盲目投資了。

落實在日常生活，也就是說凡事不可妄動，賺錢不容易，虧錢僅在一夕之間，透過資訊多方探索有利無弊。

《易經 · 繫辭傳下》系列九之6

「知者觀其彖辭，則思過半矣。」

學《易》心得分享：此承上段，知者在說明智的人，即《繫辭傳上・第九章》：「……子曰知變化之道者，其知神之所為乎。」說明解卦有八種變化基準可以遵循，《彖辭》在此就是斷卦之辭，判斷要用哪一爻來做為用事之爻，就按前面「大衍之數」章節的規定。

例如筮得787889，〈噬嗑・初九〉即用事之爻，所以知得到此爻象，就知道事情還不嚴重，可以及早處理還來得及。所以說：「知者觀其彖辭，則思過半矣。」

落實在日常生活，也就是說人不是生來就什麼都會，而是透過規定學習而來的。所以借助別人的經驗，再加上自己的努力學習，自然而然就能產生意想不到的智慧。

《易經・繫辭傳下》系列九之7

「二與四同功而異位，其善不同，二多譽，四多懼近也。」

學《易》心得分享：此承上段，是說二爻與四爻的功用都以柔順為道，但所居的位置不同，一個在內卦中爻，一個在外卦初爻。因為位置不同所以相應的吉凶就不一樣。二爻居中行中正之道，所以常得到讚美的稱譽。反觀六四近在君位，常有伴君如伴虎之恐懼，所以叫多懼之地。

例如：〈坤・六二〉：「直方大，不習，無不利。」六四：「括囊，無咎無譽。」又如，〈離・六二〉：「黃離，元吉。」又如，〈小畜・六四〉：「有孚，血去惕出，無咎。」

以上統計說明二爻的結果大多比四爻吉利。應用在解卦的原則上，首重德、位、時，有德有位又逢時，就是最佳狀態。如〈坤・六二〉：「直、方、大，不習，無不利。」

落實在日常生活，也就是說每個人的角色，不是固定的而是隨著環境而改變，但大原則不能變，不因換了位置就換腦袋。

《易經・繫辭傳下》系列九之8

「柔之為道，不利遠者，其要無咎，其用柔中也。」

學《易》心得分享：此承上段，二、四爻都是屬於陰爻，陰爻必須有陽爻的依附才能發揮作用，所以它的特性是不利大有作為，它的最終目的就是在追求沒有災害（無咎），因為六二柔順守中之故。六四則必須有九五才能發揮遠大的功用。例如〈小畜・六四〉：「有孚，血去惕出，無咎。」〈小畜・九五〉：「有孚攣如，富以其鄰。」以上說明六四必須借助九五給予的誠信相助，才能將心中的恐懼剔除而有所發揮。又〈豫・六二〉：「介於石，不終日，貞吉。」小象：「不終日，貞吉，以中正也。」說明此爻因居中守正，不但無災咎而還有吉。

落實在日常生活，也就是說要認清自己的本質與條件，過於溫柔和順性質的人，是不利做為重要的領導者，不求有功但求無過則可。

《易經・繫辭傳下》系列九之9

「三與五，同功而異位，三多凶，五多功，貴賤之等也。」

學《易》心得分享：此承上段，三爻居內卦之上，陽爻之下。五爻居外卦之中，陽爻之上。兩爻都是處在多事之地，然而陽以上為貴，以下為賤。九五尊貴先享受利益而九三先受到克制。

在六十四卦中九五與九三各有三十二爻，爻辭顯現上位多功勞而下位多凶險。

例如〈需・九三〉：「需於泥，致寇至。」

例如〈需・九五〉：「需於酒食，貞吉。」

以上兩例說明九三陷於泥濘凶險之地。而九五卻在飲酒宴樂悠遊自在。凡此案例如

〈乾〉、〈小畜〉、〈同人〉、〈大過〉、〈遯〉等等都可做為參考。

落實在日常生活，也就是說不必埋怨，在下位做得多、分配得少，力爭上游循序漸進比埋怨更實際。

《易經・繫辭傳下》系列九之10

「其柔危，其剛勝邪！」

學《易》心得分享：此承上段，從解卦的實證當中，六三爻尤其是凶險，因為位不正，自不量力之故。六五爻因為以陰居中，得中道處事，基本算是平穩。九三當位故能勝任，但為不中故有剛愎自用之憾。九五居尊位中正，德、位、時三者具備，故最能勝任。例如〈否・六三〉：「包羞。」（危險）；〈謙・九三〉：「勞謙，君子有終，吉。」（勝任）；〈頤・六五〉：「拂頤，居貞吉，不可涉大川。」（平穩）；〈訟・九五〉：「訟，元吉。」（勝任），由以上總結全章，說明解卦雖有大原則，但不是絕對，必須參酌各卦的情偽，才能合宜實況不至偏頗。

落實在日常生活，也就是說事情的判斷，不可一蓋而論，凡事都有其條件以及特殊的狀況，必須用柔、用剛，有所斟酌才好。

《易經．繫辭傳下》系列十之1

「易之為書也，廣大悉備。有天道焉，有人道焉，有地道焉，兼三才而兩之故六，六者非它也，三才之道也。」

學《易》心得分享：《周易》這一本書，有如天地之廣大，一切盡納在其中。在天指陰、陽兩氣之消長（五、上兩爻），在地指剛、柔兩質之相濟（初、二），在人則融合陰陽、剛柔兩道，成為人之仁義特性（三、四兩爻）。例如〈坤．初六〉：「履霜，堅冰至。」（喻地道）。例如〈乾．九五〉：「飛龍在天，利見大人。」（喻天道）。例如〈比．六三〉：「比之匪人。」（喻人道）。

由以上說明《周易》這本書，將天地自然之道，推行落實到人事之用。在《道德經．第二十五混成章》也特別強調，「人法地，地法天，天法道，道法自然。」落實在日常生活，也就是說人的行事準則，脫離不了天地自然的道理，所以盡量多存天理，以減少人慾之私。

《易經．繫辭傳下》系列十之2

「道有變動，故曰爻，爻有等，故曰物。物相雜，故曰文，文不當，故吉凶生焉。」

學《易》心得分享：此承上段，總結全章是說，三才的道理在每一卦中之所以是變動的，是透過陰陽的交相變易，所以稱之為爻，爻有相交之意，爻有貴賤之等，陽為貴、陰為賤，所以陽爻稱為陽物，陰爻稱為陰物。陰陽兩爻互相交雜稱為文，二、四爻為陰位；三、五爻為陽位，若所居當位大致為吉，反之為凶，但並非絕對。例如〈否．六三〉：「包羞。」小象：「包羞，位不當也。」例如〈否．九五〉：「休否，大人吉。其亡其亡，繫於苞桑。」小象：「大人之吉，位正當也。」由以上爻例說明，當位的重要性，也是吉凶之判斷所在。

落實在日常生活，也就是說一個人所處的地位正不正當，關係到一個人的社會認同，以及公義的判斷能力。

《易經．繫辭傳下》系列十一之1

「易之興也，其當殷之末世，周之盛德邪？當文王與紂之事邪？」

學《易》心得分享：《周易》的興起，應當是在殷商的末世之時，周朝即將興盛之際嗎？敘述紂王與文王交戰之事嗎？例如〈既濟．九五〉：「東鄰殺牛不如西鄰之禴祭，實受其福。」例如〈明夷．上六〉：「不明晦，初登於天入於地。」由以上說明，東鄰比喻紂王的暴政，西鄰比喻文王的德政；不明晦，初登於天，後入於地，比喻紂王暴政必亡的規律。

其實可以從〈明夷卦〉的內卦與外卦，理解出文王與紂王的關係。例如〈明夷・九三〉：「明夷於南狩，得其大首，不可疾貞。」此爻是在敘述武王克商之事。

落實在日常生活，也就是說平常不燒香，臨時抱佛腳是沒有用的，人與人之間在平時就必須互相關懷，在需要的時候才不會不好意思。

《易經・繫辭傳下》系列十一之2

「是故其辭危，危者使平，易者使傾。」

學《易》心得分享：此承上段，所以《周易》的卦爻辭中都含有告誡危懼之言詞。能知道有危險反而能夠平安無事，自以為平安的反而疏忽怠慢，就將導致滅亡。這就是所謂的生於憂患，死於安逸。

例如：〈否・九五〉：「休否，大人吉。其亡其亡，繫於苞桑。」

例如：〈夬・九二〉：「惕號，莫夜有戎，勿恤。」

由以上說明《周易》的作者，是處在危急存亡之世，所看到的是危機四伏，所以告誡警惕的卦爻辭，諸多提示。

落實在日常生活，也就是說禍福是相依的，本來有禍的提前加以提防，行善在先轉禍為福。反之有福的卻因為所欲為，所以反而招來禍殃。

《易經．繫辭傳下》系列十一之3

「其道甚大，百物不廢。懼以終始，其要無咎，此之謂易之道也。」

學《易》心得分享：《周易》所包含的道理非常廣大，任何事都不能除外。從無始到結束時，心皆懷畏懼的心，所以做起事來都要認為有所過咎而善於補過，這就是《周易》的根本大道。

例〈乾．初九〉：「潛龍在下」（最初始的狀態）。〈未濟．上九〉：「有孚於飲酒，濡其首，有孚失是。」一開始潛龍還在等待時機來臨而不敢妄動。最終，飲酒慶功也不免告誡不可樂極生悲。由此二爻循環相續，就可說明《周易》的用心。

〈乾．九三〉：「君子終日乾乾，夕惕若厲，無咎。」剛好「無咎」在《周易》卦爻辭中出現了九十三次之多。巧合嗎？

落實在日常生活，也就是說始終如一的心境，就是可以免除過咎之事。

《易經．繫辭傳下》系列十二之1

「夫乾，天下之至健也，德行恆易以知險。」

學《易》心得分享：〈乾〉象天，是天下最為剛健的象徵，因為它有正常規律的德性，恆久而不止息，所以它在平易中可以預知危險的因素而提前預防之。從《說卦傳》中的象徵「天圓」以及《文言傳》的「六爻剛健純粹」，都可以說是剛健的大意。更具體就是《象傳》：「天行健，君子以自強不息。」

由以上說明，乾為天的剛健乃如天道四時的運行，而推至人事的變化因應而預知以防範未然，所以說在平常的變易中知道危險之事。譬如說時令「大雪」有凍傷危險，就必須預備防寒的衣物以禦寒等等。

落實在日常生活，也就是說人要按照自然的規律行事，該來的事就無可避免，該怎麼面對只要剛健以對，就無所遺憾了。

《易經・繫辭傳下》系列十二之2

「夫坤，天下之至順也，德行恆簡以知阻。」

學《易》心得分享：此承上段，〈坤〉為地是天下最為柔順的象徵。它的德行都是在簡約順從中，預知阻礙而加以防備。〈坤〉象土地，又直、又方、又大，不用透過學習就能自然生長萬物。

《老子道德經．第八若水章》說：「上善若水，水善利萬物而不爭，處眾人之所惡故幾於道……。」

由以上說明〈坤〉地與水都是孕育萬物，而不與萬物爭名爭利，因此也就沒有阻礙了。施之於人事既知所有的阻礙都來自於好爭，所以能知所進退。

落實在日常生活，也就是說「厚德載物」乃是有多少能力才能做多少事，所以就要厚植實力才能承擔更重的使命。

《易經．繫辭傳下》系列十二之3

「能說諸心，能研諸侯之慮。」

學《易》心得分享：此承上段，領悟了〈乾〉卦的德行因恆久於平易，而能夠知道凶險之處，及〈坤〉卦的德行因長久於簡約之中，而能知道為何會有阻礙。將此〈乾、坤〉天地之道施之於人事，就應該心平氣和、化繁為簡，來面對諸事，也就能深入加以研習人世間的各種憂慮之事了。

《繫辭傳下‧第五章》說：「……天下何思何慮，天下同歸而殊途，一致而百慮，天下何思何慮……。」

由以上理解所有的思慮都必須以天地之間的道理為原則，若出自個人之造作，即有險難阻礙的事產生。

落實在日常生活，也就是說不要「杞人憂天」，把不必要煩惱的事，自尋苦惱放在心上，大自然有一定的自然法則，公道自在人心。

《易經‧繫辭傳下》系列十二之4

「定天下之吉凶，成天下之亹亹者。」

學《易》心得分享：此承上段，但要承接《繫辭傳上‧十一章》才能連結大意。

「……是故易有太極，是生兩儀，兩儀生四象，四象生八卦，八卦定吉凶。……探賾索隱，鉤深致遠，以定天下之吉凶，成天下之亹亹者，莫大乎著龜……。」

由以上說明一個人的智慧畢竟是有限的，在重要的抉擇遇到有不可測的因素，最好還是要透過卜筮用「大衍之數」來贊助，才能讓天下的人安心勤勉工作而不用懷疑。

落實在日常生活，也就是說科技的文明都必須仰賴大數據來做為基礎判斷而推理，若能再加上《易經》哲理以及卜筮的元素，應該會更精確。

《易經・繫辭傳下》系列十二之5

「是故變化云為，吉事有祥，象事知器，占事知來。」

學《易》心得分享：此承上段，所以《周易》是從天道的變化，推到人事的行事作為。比如祭祀天地可以招來降福吉祥的事。從卦象可以得到製作器具的靈感依據《繫辭傳下・第二章》）。用「大衍之數」占驗，可以預測未來的吉凶，以供做為出入的參考。所以說從天道的自然運行到人事的行為，除了客觀的環境之外，加以主觀的努力，又有無形的精神崇敬以及有形器具的研發和透過占驗，可以說是非常完備了。

落實在日常生活，也就是說要好好地運用《周易》所帶來平易簡易的妙道，便能招祥納福。

《易經・繫辭傳下》系列十二之6

「天地設位，聖人成能，人謀鬼謀，百姓與能。」

學《易》心得分享：此承上段，說天地設位意指先天八卦，設定了乾、兌、離、震、巽、坎、艮、坤的順序，接著有天地定位、山澤通氣、火水不相射、雷風相薄等四大理氣，由先天橫圖變成圓圖，既對立又統一的態勢。於是聖人遵循天地之道四時的變化，利用「大衍之數」的占驗來成就功業（功業見乎變）。凡事業的興造必先由人做事前的謀劃，然後再透過占驗來檢測是否有不周之處，使之更加完善。因此百姓也能按照先賢的智慧加以複製，而得到同樣完善的好處。由以上說明《周易》是循序漸進的智慧之天書，一切合乎大自然的規律，用縝密的行事態度，經聖賢實證好後分享至全民。

落實在日常生活，也就是說要善用多方面的資訊，就能減少一分風險，而能創造極大化的「邊際效用。」

《易經・繫辭傳下》系列十二之7

「八卦以象告，爻象以情言，剛柔雜居而吉凶可見矣。」

學《易》心得分享：此承上段，說八卦以形象來表示吉凶的道理（敬請參閱說卦傳）。如坎為水、為溝瀆、為隱伏、為弓輪。其於人也為加憂、為心病、為耳痛、為血卦、為赤。其於馬也，為美脊、為亟心、為下首、為薄蹄、為曳。其於輿也，為多眚、為通。為月（晚上的月亮在水面）、為盜（隱伏行險）。其於木也，為堅多心（坎中滿）。以上這些象徵，均佈在與〈坎〉有關的六十四卦象的卦爻辭中。例如〈坎卦辭〉：「習坎，有孚維心亨，行有尚。」卦爻辭代表一個世代，以及在每個階段的變化情況，而反映出吉凶的道理，如三多凶、五多功；二多譽、四多懼。當位居中，不當位又不應，吉凶就明顯顯示了。

落實在日常生活，也就是說一個人給人的形象是非常重要，一旦定型就很難改變，不可不慎啊！

《易經．繫辭傳下》系列十二之8

「變動以利言，吉凶以情遷。」

學《易》心得分享：此承上段，說占卜的結果是元吉、大吉、無不利、利有攸往、利涉大川，只要有利字，就適合進行變動的事，吉凶得失是根據具體的情況而定。例如：〈革．九五〉：「大人虎變，未占有孚。」小象：「大人虎變，其文炳也。」例如：〈革．上六〉：「君子豹變，小人革面，征凶，居貞吉。」小象：「君子豹變，其文蔚也；小人革面，順以從君也。」由以上說明三種不同地位的人，所做的變革都有所不同，大人（國君）比喻老虎；君子（大臣）比喻豹子；小人（老百姓）比喻顏面。

落實在日常生活，就是說每個人所扮演的角色，對於變動的事要恰如其分，過與不及都要好好的拿捏，才合乎《易》道。

《易經．繫辭傳下》系列十二之9

「是故愛惡相攻，而吉凶生。」

學《易》心得分享：此承上段，說卦中因有相愛、有交惡而產生吉凶得失。例如〈睽．初九〉：「悔亡，喪馬勿逐自復，見『惡』人無咎。」小象：「見惡人以辟咎也。」此爻是〈睽〉卦唯一沒相應的爻，所以與九四交惡，但雖然交惡，在《周易》的作者卻認為，應當面對才能化解。

例如〈同人．九四〉：「乘其墉，弗克『攻』，吉。」

例如〈同人．九五〉：「同人，先號咷而後笑，大師克相遇。」

〈同人〉卦，九五與六二相愛，卻遭到九三與九四阻撓想橫刀奪愛，九三不敵九五的勢力所以就只能按兵不動，而九四有先見之明就退讓才避開一場爭戰。

落實在日常生活，也就是說人與人有過節要勇敢面對，逃避只是讓局面更惡化。再說充實實力也是可以避免紛爭的好方法。

《易經・繫辭傳下》系列十二之10

「遠近相取而悔吝生。」

學《易》心得分享：此承上段，在《王弼・周易略例・明卦適變通爻》說：「……承乘者，逆順之象也；遠近者，險易之象也……遠近終始，各存其會，辟險尚遠，趣時貴近……。」

例如〈需・九三〉：「需於泥，致寇至。」（近坎險也）

例如〈需・初九〉：「需於郊，利用恆，無咎。」（遠坎險也）

例如〈遯・上九〉：「肥遯，無不利。」（此尚遠也）

例如〈觀・六四〉：「觀國之光，利用賓於王。」（此貴近也）

由以上說明，遠近相取在不同的情境之下，吉凶、得失、憂虞、悔吝，都是不同的，所以在做解卦的同時必須分清楚。

落實在日常生活，也就是說當一個人想要有所作為之時，遠近距離不是重要的因素，重點在於有否得到應有的回應與共鳴而已。

《易經・繫辭傳下》系列十二之11

「情偽相感而利害生。」

學《易》心得分享：此承上段，是說卦中兩爻正應相感就產生真實感情。反之不正之應，相結合虛偽之感，禍害就產生了。

例如〈蹇〉卦九五與六二，是真情相感，所以六二：「王臣蹇蹇，匪躬之故。」；九五：「大蹇，朋來。」

例如〈噬嗑〉卦六三與上九，是虛偽相感，所以六三：「噬臘肉遇毒，小吝，無咎。」；上九：「何校滅耳，凶。」

由以上用爻辭說明情偽所產生的結果，對解卦而言是相當有助益的，施之於人事往來亦是如此。

落實在日常生活，也就是說人與人之間的應答，誠懇的結果是互蒙其利，反之無心或惡意就會產生不利的結果，不可不慎也。

《易經・繫辭傳下》系列十二之12

「凡易之情，近而不相得，則凶或害之悔且吝。」

學《易》心得分享：此承上段，《王弼・周易略例下》說：「……凡陰陽者，相求之物也，近而不相得者，志各有所存也……。」〈既濟卦〉六二、九三，「婦喪其茀，勿逐七日得。」；

「高宗伐鬼方，三年克之，小人勿用。」故凡陰陽二爻率相比而無應，則近而不相得。〈比〉之六三無應於上，「比之匪人」與「比之無首」，而二、四皆非己親，是近而不相得之例。

由以上說明解卦重在：乘（陰在上，逆乘剛陽在下），承（陰在下，順承陽），比（二比三，四比五），應（初、四，二、五，三、上，陰陽相應）。通常占事能成否，若得到有應的爻，基本上是可以如願。如〈萃・六二〉：「引吉，無咎。孚乃利用禴。」小象：「引吉無咎，中未變也。」

落實在日常生活，也就是說人不可自我孤立，而應該多參與團體活動，利人利己遠離寂寞，增加生活情趣。

《易經・繫辭傳下》系列十二之13

「將叛者，其辭慚。」

學《易》心得分享：此承上段，〈乾、坤〉兩卦在篇首已說明知險和知阻，接下即與〈坎〉有關，〈坎〉在《說卦傳》中有，「心病、盜賊之象。」

〈坎・上六〉：「係用徽纆，置於叢棘，三歲不得，凶。」小象：「上六失道，凶，三歲也。」

由以上說明與歷史中，叛變失敗的下場都是非常悲慘。叛變基本上都是違背正道而失去公義所致，所以他的言詞自然就會顯露出慚愧的言詞，只要稍加留意即可分辨。

落實在日常生活，也就是說叛變的發生，都是名與利所致而倒戈相向、反目為仇，若是能看淡人生，身邊就沒有慚愧的人了。

《易經・繫辭傳下》系列十二之14

「中心疑者，其辭枝。」

學《易》心得分享：此承上段，是說心中有所懷疑憂慮的人，他的言詞如同枯枝落葉雜亂無章，支吾其詞所以招來禍端。

〈離〉，附麗也。《說卦傳》：「其於木也，科上槁也。」〈離・九四〉：「突如其來如，焚如，死如，泣如。」小象：「突如其來如，無所容也。」

由以上說明，口舌是非，到處放火，製造一些不實的言論，最後的結果就是天地不容，自食惡果。

落實在日常生活，也就是說要能分辨談話內容的真實性，做為一個文明的智者，就不該有意無意的傳播未證實的信息。

《易經・繫辭傳下》系列十二之15

「吉人之辭寡。」

學《易》心得分享：此承上段，是說吉人自有天相的人，講話不多但都是重點，所以就如高山之勢令人景仰。

〈艮・上九〉：「敦艮，吉。」小象：「敦艮之吉，以厚終也。」敦，有質樸、敦厚之意，加上山有厚重、制止之意。施之於人事，靜默不言之時，如山之穩重一語不發；必要表達之時，樸實誠懇、言所當言，句句滲入人心。所以說：「吉人之辭寡」，如同「高山之仰止。」

落實在日常生活，也就是說要重視一些「金玉良言」對人的一生啟發是很重要的。例如：「成功的人找方法，失敗的人找理由。」

《易經・繫辭傳下》系列十二之16

「躁人之辭多。」

學《易》心得分享：此承上段，是說「心浮氣躁的人，滿腹牢騷任意發放。」

《莊子・大宗師》說：「其嗜欲深者天機淺。」

《說卦傳》說：「〈震〉有決躁之象，亦即剛決躁動不安。」

所以《象傳》說：「洊雷，震。君子以恐懼修省。」

由以上說明，躁動的人就如同貪慾之深，讓人一眼就看破其本質，因此天然的根器自然就淺薄。所以《震・象傳》就告誡人們，言語如同打雷會驚動很遠，影響甚大，要有恐懼的心，時時反省是否有不當多餘的言詞。

落實在日常生活，也就是說聒噪的人，說話大都是言不及義，避免落人口實，盡量深思熟慮，以求中肯之言。

《易經・繫辭傳下》系列十二之17

「誣善之人其辭游。」

學《易》心得分享：此承上段，是說有意誣蔑善良的人，他的言詞浮游不定。

《兌・說卦傳》說：「兌為口舌（是非造口業），為毀折（毀滅折斷），為附決（附從決議）。」

如〈兌・六三〉：「來兌，凶。」小象：「來兌之凶，位不當也。」

如〈兌・上六〉：「引兌。」小象：「上六引兌，未光也。」

由以上說明，不管是直接表明或者是暗示引誘，引導使人就範的，都會如同游水一般浮游，意圖使人毀滅或挫折，這樣的人行為是不恰當而且不光彩。

落實在日常生活，也就是說同樣的一句話，因地位與場合的關係，有人可說但有人是不可說，孔子說：「一言可興邦，一言亦可喪邦。」

《易經・繫辭傳下》系列十二之18

「失其守者，其辭屈。」

學《易》心得分享：此承上段，總結全章是說，違背原則失去操守的人，常見的言詞都是覺得自己受到很多委屈被冤枉。

〈巽〉為風，有進退、有隱伏、有多白眼之象徵。

例如〈巽・九三〉：「頻巽，吝。」小象：「頻巽之吝，志窮也。」

說明居卑順之世，處內巽之上，正當要卑順卻心高傲而勉強不情不願，象徵心志困窮欲振乏力。每當在崗位上出包時，就會表現出委屈看似冤枉之態。

落實在日常生活，也就是說要力爭上游，避免高不成低不就，才不會時常怨天尤人。

附錄

附錄1　《說卦傳》

第一章

昔者，聖人之作易也，幽贊於神明而生蓍。參天兩地而倚數，觀變於陰陽而立卦，發揮於剛柔而生爻，和順於道德而理於義，窮理盡性以致於命。

第二章

昔者聖人之作易也，將以順性命之理。是以立天之道曰陰與陽，立地之道曰柔與剛，立人之道曰仁與義。兼三才而兩之，故易六畫而成卦。分陰分陽，迭用柔剛，故易六位而成章。

第三章

天地定位，山澤通氣，雷風相薄，水火不相射，八卦相錯，數往者順，知來者逆；是故，易逆數也。

第四章

雷以動之，風以散之，雨以潤之，日以烜之，艮以止之，兌以說之，乾以君之，坤以藏之。

第五章

帝出乎震，齊乎巽，相見乎離，致役乎坤，說言乎兌，戰乎乾，勞乎坎，成言乎艮。萬物出乎震，震東方也。齊乎巽，巽東南也，齊也者，言萬物之潔齊也。離也者，明也，萬物皆相見，南方之卦也，聖人南面而聽天下，嚮明而治，蓋取諸此也。坤也者地也，萬物皆致養焉，故曰致役乎坤。兌正秋也，萬物之所說也，故曰說言乎兌。戰乎乾，乾西北之卦也，言陰陽相薄也。坎者水也，正北方之卦也，勞卦也，萬物之所歸也，故曰勞乎坎。艮東北之卦也，萬物之所成終而所成始也，故曰成言乎艮。

第六章

神也者，妙萬物而為言者也。動萬物者，莫疾乎雷；橈萬物者，莫疾乎風；燥萬物者，莫熯乎火；說萬物者，莫說乎澤；潤萬物者，莫潤乎水；終萬物始萬物者，莫盛乎艮。故水火相逮，雷風不相悖，山澤通氣，然後能變化，既成萬物也。

第七章

乾，健也；坤，順也；震，動也；巽，入也；坎，陷也；離，麗也；艮，止也；兌，說也。

第八章

乾為馬，坤為牛，震為龍，巽為雞，坎為豕，離為雉，艮為狗，兌為羊。

第九章

乾為首，坤為腹，震為足，巽為股，坎為耳，離為目，艮為手，兌為口。

第十章

乾天也，故稱父，坤地也，故稱乎母；震一索而得男，故謂之長男；巽一索而得女，故謂之長女；坎再索而男，故謂之中男；離再索而得女，故謂之中女；艮三索而得男，故謂之少男；兌三索而得女，故謂之少女。

第十一章

乾為天、為圜、為君、為父、為玉、為金、為寒、為冰、為大赤、為良馬、為瘠馬、為駁馬、為木果。坤為地、為母、為布、為釜、為吝嗇、為均、為子母牛、為大輿、為文、為眾、為柄、其於地也為黑。震為雷、為龍、為玄黃、為旉、為大塗、為長子、為決躁、為蒼筤竹、為萑葦。其於馬也為善鳴、為馵足、為作足、為的顙。其於稼也為反生。其究為健，為蕃鮮。巽為木、為風、為長女、為繩直、為工、為白、為長、為高、為進退、為不果、為臭。其於人也為寡髮、為廣顙、為多白眼、為近利市三倍。其究為躁卦。坎為水、為溝瀆、為隱伏、為矯輮、為弓輪。其於人也為加憂、為心病、為耳痛、為血卦、為赤。其於馬也為美脊、為亟心、為下首、為薄蹄、為曳。其於輿也為多眚、為通、為月、為盜。其於木也為堅多心。離為火、為日、為電、為中女、為甲冑、為戈兵。其於人也為大腹，為乾卦。為鱉、為蟹、為蠃、為蚌、為龜。其於木也為科上槁。艮為山、為徑路、為小石、為門闕、為果蓏、為閽寺、為指、為狗、為鼠、為黔喙之屬。其於木也為堅多節。兌為澤、為少女、為巫、為口舌、為毀折、為附決。其於地也剛鹵。為妾、為羊。

附錄2 《序卦傳》

有天地，然後萬物生焉。盈天地之間者，唯萬物，故受之以屯。屯者，盈也。屯者，物之始生也。物生必蒙，故受之以蒙。蒙者，蒙也，物之稚也。物稚不可不養也，故受之以需。需者，飲食之道也，飲食必有訟，故受之以訟。訟必有眾起，故受之以師。師者，眾也，眾必有所比，故受之以比。比者，比也，比必有所畜，故受之以小畜。物畜然後有禮，故受之以履。履而泰然後安，故受之以泰。泰者，通也，物不可以終通，故受之以否。物不可以終否，故受之以同人。與人同者，物必歸焉，故受之以大有。有大者，不可以盈，故受之以謙。有大而能謙，必豫；故受之以豫。豫必有隨，故受之以隨。以喜隨人者，必有事，故受之以蠱。蠱者，事也，有事而後可大，故受之以臨。臨者，大也，物大然後可觀，故受之以觀。可觀而後有所合，故受之以噬嗑。嗑者，合也，物不可以苟合而已，故受之以賁。賁者，飾也。致飾然後亨則盡矣，故受之以剝。剝者，剝也，物不可以終盡剝，窮上反下，故受之以復。

復則不妄矣，故受之以無妄。有無妄，然後可畜，故受之以大畜。物畜然後可養，故受之以頤。頤者，養也，不養則不可動，故受之以大過。物不可以終過，故受之以坎。坎者，陷也，陷必有所麗，故受之以離。離者，麗也。

有天地然後有萬物，有萬物然後有男女，有男女然後有夫婦，有夫婦然後有父子，有父子然後有君臣，有君臣然後有上下，有上下然後禮義有所錯。夫婦之道，不可以不久也，故受之以恆。恆者，久也，物不可以久居其所，故受之以遯。遯者，退也，物不可以終遯，故受之以大壯。物不可以終壯，故受之以晉。晉者，進也，進必有所傷，故受之以明夷。夷者，傷也，傷於外者，必反於家，故受之以家人。家道窮必乖，故受之以睽。睽者，乖也，乖必有難，故受之以蹇。蹇者，難也，物不可以終難，故受之以解。解者，緩也，緩必有所失，故受之以損。損而不已必益，故受之以益。益而不已必決，故受之以夬。夬者，決也，決必有所遇，故受之以姤。姤者，遇也，物相遇而後聚，故受之以萃。萃者，聚也，聚而上者謂之升，故受之以升。升而不已必困，故受之以困。困乎上者必反下，故受之以井。井道不可不革，故受之以革。革物者莫若鼎，故受之以鼎。主器者莫若長子，故受之以震。震者，動也，物不可以終動，止之，故受之以艮。艮者，止也，物不可以終止，故受之以漸。漸者，進也，進必有所歸，故受之以歸妹。得其所歸者必大，故受之以豐。豐者，大也，窮大者必失其居，故受之以旅。旅而無所容，故受之以巽。巽者，入也，入而後說之，故受之以兌。兌者，說也，說而後散之，故受之以渙。渙者，離也，物不可以終離，故受之以節。節而信之，故受之以中孚。有其信者必行之，故受之以小過。有過物者，必濟，故受之以既濟。物不可窮也，故受之以未濟，終焉。

附錄3 《雜卦傳》

乾剛坤柔，比樂師憂。臨觀之義，或與或求。屯見而不失其居。蒙雜而著。震，起也。艮，止也。損、益，盛衰之始也。大畜，時也。無妄，災也。萃聚而升不來也。謙輕而豫怠也。噬嗑，食也；賁，無色也。兌見而巽伏也。隨，無故也；蠱則飭也。剝，爛也；復，反也。晉，晝也；明夷，誅也。井通而困相遇也。咸，速也；恆，久也。渙，離也；節，止也。解，緩也；蹇，難也。睽，外也；家人，內也。否、泰，反其類也。大壯則止；遯則退也。大有，眾也；同人，親也。革，去故也；鼎，取新也。小過，過也；中孚，信也。豐，多故也；親寡，旅也。離上而坎下也。小畜，寡也；履，不處也。需，不進也；訟，不親也。大過，顛也；姤，遇也，柔遇剛也。漸，女歸，待男行也。頤，養正也。既濟，定也。歸妹，女之終也。未濟，男之窮也。夬，決也，剛決柔也。君子道長，小人道憂也。

附錄4　明蓍策

大衍之數五十

河圖、洛書之中數皆五，衍之而各極其數以致於十，則合為五十矣。河圖積數五十五，其五十者，皆因五而後得，獨五為五十所因，而自無所因，故虛之則但為五十。又五十五之中，其四十者，分為陰陽老少之數，而其五與十者無所為，則又以五乘十，以十乘五，而亦皆為五十矣。洛書積數四十五，而其四十者，散佈於外，而分陰陽老少之數，唯五居中而無所為，則亦自含五數，而並為五十矣。

其用四十有九

大衍之數五十，而蓍一根百莖，可當大衍之數者二，故揲蓍之法，取五十莖為一握，置其一不用，以象太極。而其當用之策，凡四十有九，蓋兩儀體具而未分之象也。

分而為二以象兩，掛一以象三，揲之以四以象四時，歸奇於扐以象閏，五歲再閏，故再扐而後掛。

掛者，懸於小指之間。揲者，以大指食指間而別之。奇，謂餘數。扐者，扐於中三指之間也。蓍凡四十有九，信手中分，各置一手，以象兩儀，而掛右手一策於左手小指之間，以象三才。遂以四揲左手之策，以象四時，而歸其餘數於左手第四指間，以象閏。又以四揲右手之策，而再歸其餘數於左手第三指間，以象再閏，是謂一變。其掛扐之數，不五即九。

得五者三，所謂奇也。

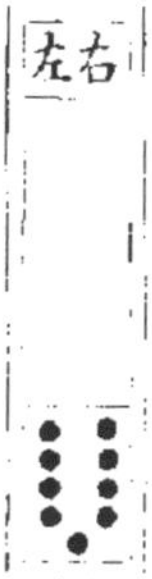

得九者一，所謂耦也。

一變之後，除前餘數，復合其見存之策，或四十，或四十四，分掛揲歸如前法，是謂再變。

其掛扐者，不四則八。

扐掛扐掛

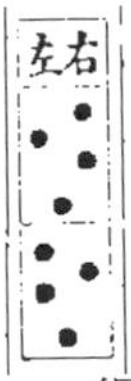

得四者二，所謂奇也。

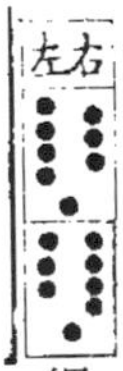

得八者二，所謂耦也。

再變之後，除前兩次餘數，復合其見存之策，或四十，或三十六，或三十二，分掛揲歸如前法，是謂三變。其掛扐者，如再變例。

三變既畢，乃合三變，視其掛肋之奇耦，以分所遇陰陽老少，是謂一爻。

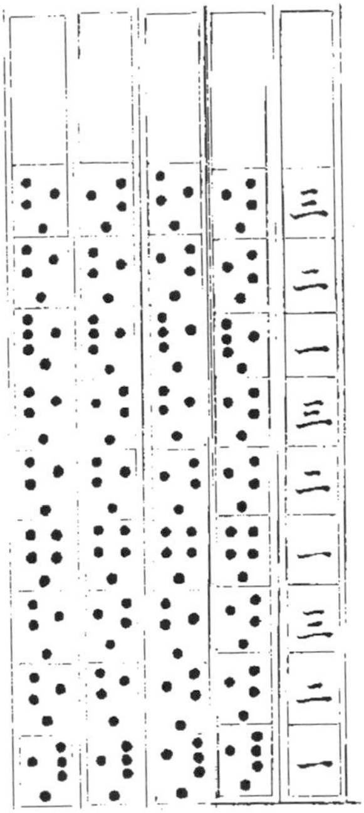

右三奇，為老陽者，凡十有二，掛扐之數，十有三。除初掛之一為十有二，以四約而三分之，為一者三。一奇象圓而圍三，故三一之中，各復有三而積三三之數則為九；過揲之數三十有六，以四約之，亦得九焉。即四象，太陽居一含九之數也。

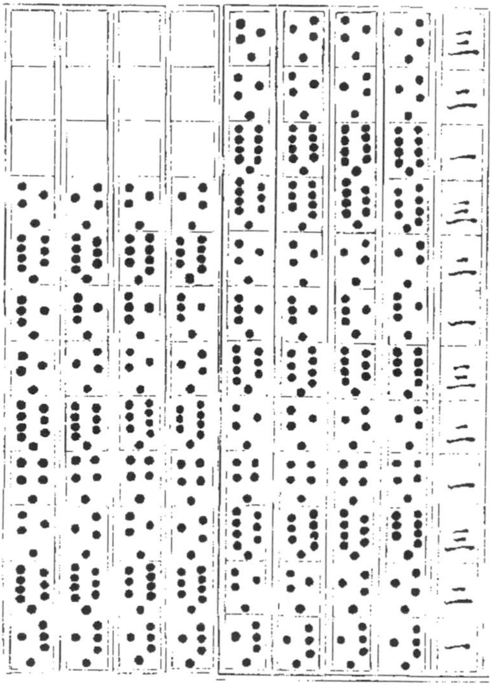

右兩奇一耦，以耦為主，為少陰者，凡二十有八。掛扐之數十有七，除初掛之一為十有六，以四約而三分之為一者二，為二者一。一奇，象圓而用其全，故二二之中，各復有三。二耦，象方而用其半，故一二之中，復有二焉。而積二三一二之數則為八，過揲之數三十有二，以四約之，亦得八焉。即四象，少陰居二含八之數也。

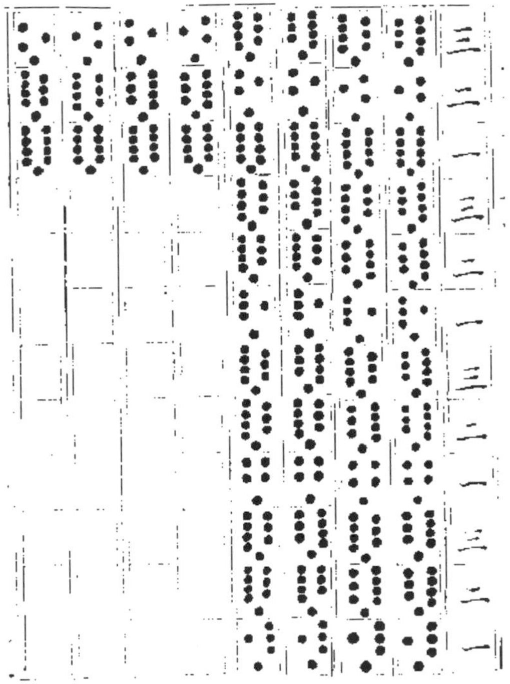

右兩耦一奇，以奇為主，為少陽者凡二十，掛扐之數二十有一，除初掛之一為二十，以四約而三分之，為二者二，為一者一，二耦象方而用其半，故二二之中各復有二。一奇象圓而用其全，故一三之中，復有三焉。而積二二一三之數則為七，過揲之數二十有八，以四約之亦得七焉。即四象，少陽居三含七之數也。

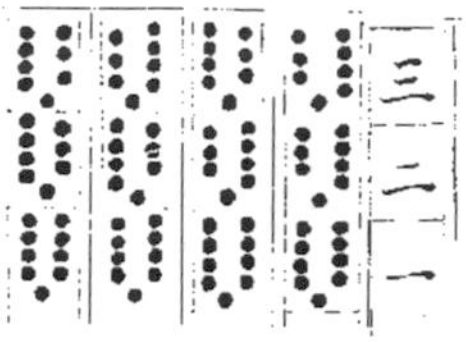

右三耦為老陰者四，掛扐之數二十有五，除初掛之一為二十有四，以四約而三分之，為二者三，二耦象方而用其半，故三二之中各復有二，而積三二之數則為六，過揲之數亦二十有四，以四約之，亦得六焉。即四象，太陰居四含六之數也。

凡此四者，皆以三變皆掛之法得之。蓋《經》曰「再扐而後掛」，又曰「四營而成易」，其指甚明。注疏雖不詳說，然劉禹錫所記僧一行、畢中和、顧象之說，亦已備矣。近世諸儒，乃有前一變獨掛，後二變不掛之說，考之於《經》，乃為六扐而後掛，不應「五歲再閏」之義，且後兩變又止三營，蓋已誤矣。且用舊法，則三變之中，又以前一變為奇，後二變為耦。奇故其餘五九，耦故其餘四八。餘五九者，五三而九一，亦圍三徑一之義也。餘四八者，四八皆二，亦圍四用半之義也。三變之後，老者陽饒而陰乏，少者陽少而陰多，亦皆有自然之法象焉。

陰陽以老為動，而陰性本靜，故以四歸於老陽，此老陰之數所以四，老陽之數所以十二也。少陽少陰之數本皆二十四，合之四十八。陰陽以少為靜，而陽性本動，故以四歸於少陰，此少陽之數，所以二十，而少陰之數，所以二十八也。易用老而不用少，故六十四變，所用者十二變十六變。又以四約之，陽用其三，陰用其一，蓋一奇一耦對待者，陰陽之體。陽三陰一，一饒一乏者，陰陽之用，故四時，春夏秋生物，而冬不生物，天地，東西南可見，而北不可見。人之瞻視亦前與左右可見，而背不可見也。不然則以四十九蓍，虛一分二，掛一揲四，則為奇者二，為耦者二，而老陽得八，老陰得八。少陽得二十四，少陰得二十四，不亦善乎。聖人之智，豈不及此，而其取此而不取彼者，誠以陰陽之體數常均，用數則陽三而陰一也。

若用近世之法，則三變之餘，皆為圍三徑一之義，而無復奇耦之分。三變之後，為老陽少陰者皆二十七，為少陽者九，為老陰者一，又皆參差不齊，而無復自然之法象，此足以見其說之誤矣。至於陰陽老少之所以然者，則請復得而通論之。蓋四十九策，除初掛之一而為四十八，以四約之為十二；以十二約之為四，故其揲之一變也。掛扐之數，一其四者為奇，兩其四者為耦，其三變也。掛扐之數三其四，一其十二，而過揲之數九其四，三其十二者，為老陽。掛扐過揲之數皆六其四，兩其十二者為老陰。自老陽之掛扐而增一四，則是四其四也。一其十二，而又進一四也。自其過揲者而損一四，則是八其四也。三其十二而損一四也。此所謂少陰者也。自老陰之掛扐而損一四，則是五其四也。兩其十二，而去一四也。自其過揲而增一四，則是七其四也。兩其十二而進一四也，此所謂少陽者也。二老者，陰陽之極也。二極之間，相距之數凡十有二，而三分之，自陽之極而進其掛扐，退其過揲，各至於三之一則為少陰，自陰之極而退其掛扐，進其過揲，各至於三之一則為少陽。

老陽居一而含九，故其掛扐十二為最少，而過揲三十六為最多。少陰居二而含八，故其掛扐十六為次少，而過揲三十二為次多。少陽居三而含七，故其掛扐二十為稍多，而過揲二十八為稍少。老陰居四而含六，故其掛扐二十四為極多，而過揲亦二十四為極少。蓋陽奇而陰耦，是以掛扐之數，老陽極少，老陰極多，而二少者一進一退而交於中焉，此其以少為貴者也。陽實而陰虛，是以過揲之數，老陽極多，老陰極少，而二少者亦一進一退而交於中焉，此其以多為貴者也。

凡此不唯陰之與陽，既為二物而迭為消長，而其一物之中，此二端者，又各自為一物而迭為消長，其相與低昂，如權衡其相與判合，如符契固有非人之私智所能取舍而有無者。而況掛扐之數，乃七八九六之原，而過揲之數乃七八九六之委。其勢又有輕重之不同，而或者乃欲廢置掛扐而獨以過揲之數為斷，則是捨本而取末，去約以就繁，而不知其不可也，豈不誤哉。

邵子曰：「五與四四去掛一之數，則四三十二也。九與八八，去掛一之數，則四六二十四也。五與八八，九與四八，去掛一之數，則四五二十也。九與四四，五與四八，去掛一之數，則四四十六也。故去其三四五六之數，以成九八七六之策，此之謂也。」一爻已成，再合四十九策，復分掛揲歸以成一變，每三變而成一爻，並如前法。

乾之策，二百一十有六。坤之策，百四十有四。凡三百有六十，當期之日。

「乾之策，二百一十有六」者，積六爻之策，各三十六而得之也。「坤之策，百四十有四」者，積六爻之策，各二十有四而得之也。「凡三百六十」者，合二百一十有六，百四十有四而得之也。「當期之日」者，每月三十日，合十二月為三百六十也。蓋以氣言之，則有三百六十六日。以朔言之，則有三百五十四日。今舉氣盈朔虛之中數而言，故曰「三百有六十」也。然少陽之策二十八，積乾六爻之策，則一百六十八。少陰之策三十二，積坤六爻之策，則一百九十二。此獨以老陰陽之策為言者。以《易》用九六，不用七八也。然二少之合，亦「三百有六十。」

二篇之策，萬有一千五百二十，當萬物之數也。

「二篇」者，上下經，六十四卦也。其陽爻，百九十二，每爻各三十六策，積之得六千九百一十二。陰爻，百九十二，每爻二十四策，積之得四千六百八，又合二者為萬有一千五百二十也。若為少陽，則每爻二十八策，凡五千三百七十六；少陰，則每爻三十二策，凡六千一百四十四，合之亦為萬一千五百二十也。

是故四營而成易，十有八變而成卦，八卦而小成。引而伸之，觸類而長之，天下之能事畢矣。

「四營」者，四次經營也。「分二」者，第一營也。「掛一」者，第二營也。「揲四」者，第三營也。「歸奇」者，第四營也。「易」，變易也；謂揲之一變也。四營成變，三變成爻。一變而得兩儀之象，再變而得四象之象，三變而得八卦之象。一爻而得兩儀之畫，二爻而得四象之畫，三爻而得八卦之畫，四爻成而得其十六者之一，五爻成而得其三十二者之一。至於積七十二營而成十有八變，則六爻見而得乎六十四卦之一矣。然方其三十六營而九變也，已得三畫，而八卦之名可見，則內卦之為貞者立矣，此所謂「八卦而小成」者也。自是而往，引而伸之，又三十六營九變以成三畫，而再得小成之卦者，則外卦之為悔者亦備矣。六爻成，內外卦備，六十四卦之別可見，然後視其爻之變與不變，而觸類以長焉，則天下之事，其吉凶悔吝，皆不越乎此矣。

顯道神德行，是故可與酬酢，可與祐神矣。

道因辭顯，行以數神。「酬酢」者，言幽明之相應，如賓主之相交也。「祐神」者，言有以祐助神化之功也。

卷內蔡氏說「為奇者三，為耦者二。」蓋凡初揲左手餘一、餘二、餘三，皆為奇，餘四為耦。至再揲、三揲，則餘三者亦為耦，故曰奇三而耦二也。

附錄5《考變占》

乾卦用九：「見群龍無首，吉。」《象》曰：「用九天德，不可為首也。」坤卦用六：「利永貞。」《象》曰：「用六永貞，以大終也。」

用九、用六者，變卦之凡例也。言凡陽爻皆用九而不用七，陰爻皆用六而不用八。用九，故老陽變為少陰；用六，故老陰變為少陽。不用七、八，故少陽少陰不變。獨於乾坤二卦言之者，以其在諸卦之首，又為純陽、純陰之卦也。聖人因繫以辭，使遇乾而六爻皆九，遇坤而六爻皆六者，即此而占之。蓋「　龍無首」，則陽皆變陰之象。「利永貞」，則陰皆變陽之義也。（餘見六爻變例）

凡卦六爻皆不變，則占本卦彖辭，而以內卦為貞，外卦為悔。

例如：「大衍之數」筮得〈蒙之蒙七八八八七八〉

解曰：〈蒙〉：「亨，匪我求童蒙，童蒙求我，初筮告，再三瀆，瀆則不告，利貞。」

一爻變，則以本卦變爻辭占。

例如：「大衍之數」筮得〈蒙之師九八八八七八〉

解曰：〈蒙・上九〉：「擊蒙，不利為寇，利禦寇。」

二爻變，則以本卦二變爻辭占，仍以上爻為主。

例如：「大衍之數」筮得〈蒙之坤九八八八九八〉

解曰：〈蒙・上九〉：「擊蒙，不利為寇，利禦寇。」

三爻變，則占本卦及之卦之彖辭，而以本卦為貞，之卦為悔，前十卦主貞，後十卦主悔。

例如：「大衍之數」筮得〈蒙之旅七八六六九八〉不動及根本

解曰：〈蒙〉：「亨，匪我求童蒙，童蒙求我，初筮告，再三瀆，瀆則不告，利貞。」

例如：「大衍之數」筮得〈蒙之小畜七六八六七六〉動及根本

解曰：〈小畜〉：「亨，密雲不雨，自我西郊。」

四爻變，則以之卦二不變爻占，仍以下爻為主。

例如：「大衍之數」筮得〈蒙之乾七六六六七六〉

解曰：〈乾・九二〉：「見龍在田，利見大人。」

五爻變，則以之卦不變爻占。

例如：「大衍之數」筮得〈蒙之同人七六六六九六〉

解曰：〈同人・上九〉：「同人於郊，無悔。」

六爻變，則乾坤占二用，餘卦占之卦彖辭。

例如：「大衍之數」筮得〈蒙之革九六六六九六〉

解曰：〈革〉：「已日乃孚，元亨利貞，悔亡。」

總之，一卦可變六十四卦，而四千九十六卦在其中矣。所謂「引而伸之，觸類而長之，天下之能事矣。」

附錄6《彖傳》

1 ䷀ 乾：大哉乾元，萬物資始，乃統天。雲行雨施，品物流形，大明終始，六位時成，時乘六龍以御天。乾道變化，各正性命，保合大和，乃利貞。首出庶物，萬國咸寧。

2 ䷁ 坤：至哉坤元，萬物資生，乃順承天。坤厚載物，德合無疆，含弘光大，品物咸亨。牝馬地類，行地無疆，柔順利貞。君子攸行，先迷失道，後順得常。西南得朋，乃與類行。東北喪朋，乃終有慶。安貞之吉，應地無疆。

3 ䷂ 屯：剛柔始交而難生，動乎險中，大亨，貞。雷雨之動滿盈，天造草昧，宜建侯而不寧。

4 ䷃ 蒙：山下有險，險而止，蒙。蒙亨，以亨行，時中也。匪我求童蒙，童蒙求我，志應也。初筮告，以剛中也。再三瀆，瀆則不告，瀆蒙也。蒙以養正，聖功也。

5 ䷄ 需：須也，險在前也。剛健而不陷，其義不困窮矣。需有孚，光亨貞吉，位乎天位，以正中也。利涉大川，往有功也。

6 ䷅ 訟：上剛下險，險而健，訟。訟有孚，窒惕中吉，剛來而得中也。終凶，訟不可成也。利見大人，尚中正也。不利涉大川，入於淵也。

7 ䷆ 師：眾也，貞，正也，能以眾正，可以王矣。剛中而應，行險而順，以此毒天下而民從之，吉又何咎矣。

8 ䷇ 比：吉也。比，輔也，下順從也。原筮元永貞，無咎，以剛中也。不寧方來，上下應也。後夫凶，其道窮也。

9 ䷈ 小畜：柔得位而上下應之，曰小畜。健而巽，剛中而志行，乃亨。密雲不雨，尚往也；自我西郊，施未行也。

10 ䷉ 履：柔履剛也。說而應乎乾，是以履虎尾，不咥人亨。剛中正，履帝位而不疚，光明也。

11 ䷊ 泰：小往大來，吉亨，則是天地交而萬物通也，上下交而其志同也。內陽而外陰，內健而外順，內君子而外小人。君子道長，小人道消也。

12 ䷋ 否：否之匪人，不利君子貞，大往小來，則是天地不交而萬物不通也，上下不交而天下無邦也。內陰而外陽，內柔而外剛，內小人而外君子。小人道長，君子道消也。

13 ䷌ 同人：柔得位得中而應乎乾，曰同人。同人曰，同人於野，亨，利涉大川，乾行也。文明以健，中正而應，君子正也，唯君子為能通天下之志。

14 ䷍ 大有：柔得尊位大中，而上下應之，曰大有。其德剛健而文明，應乎天而時行，是以元亨。

15 ䷎ 謙：亨，天道下濟而光明，地道卑而上行；天道虧盈而益謙，地道變盈而流謙；鬼神害盈而福謙，人道惡盈而好謙。謙尊而光，卑而不可踰，君子之終也。

16 ䷏ 豫：剛應而志行，順以動，豫。豫順以動，故天地如之，而況建侯行師乎？天地以順動，故日月不過，而四時不忒。聖人以順動，則刑罰清而民服。豫之時義大矣哉。

17 ䷐ 隨：剛來而下柔，動而說，隨。大亨貞，無咎，而天下隨時，隨時之義大矣哉。

18 ䷑ 蠱：剛上而柔下，巽而止，蠱。蠱元亨，而天下治也。利涉大川，往有事也。先甲三日，後甲三日，終則有始，天行也。

19 ䷒ 臨：剛浸而長，說而順，剛中而應，大亨以正，天之道也。至於八月有凶，消不久也。

20 ䷓ 觀：大觀在上，順而巽，中正以觀天下，觀。盥而不薦，有孚顒若，下觀而化也。觀天之神道，而四時不忒，聖人以神道設教，而天下服矣。

21 ䷔ 噬嗑：頤中有物，曰噬嗑。噬嗑而亨，剛柔分動而明，雷電合而章，柔得中而上行，雖不當位，利用獄也。

22 ䷕ 賁：亨。柔來而文剛，故亨。分剛上而文柔，故小利有攸往，剛柔交錯，天文也。文明以止，人文也。觀乎天文，以察時變，觀乎人文，以化成天下。

23 ䷖ 剝：剝也，柔變剛也。不利有攸往，小人長也。順而止之，觀象也。君子尚消息盈虛，天行也。

24 ䷗ 復：亨。剛反，動而以順行，是以出入無疾，朋來無咎。反復其道，七日來復，天行也。利有攸往，剛長也。復，其見天地之心乎

25 ䷘ 無妄：剛自外來而為主於內，動而健，剛中而應，大亨以正，天之命也，其匪正有眚，不利有攸往。無妄之往，何之矣。天命不祐，行矣哉。

26 ䷙ 大畜：剛健篤實，輝光日新其德。剛上而尚賢，能止健，大正也。不家食吉，養賢也；利涉大川，應乎天也。

27 ䷚ 頤：貞吉，養正則吉也。觀頤，觀其所養也；自求口實，觀其自養也。天地養萬物，聖人養賢以及萬民，頤之時大矣哉。

28 ䷛ 大過：大者過也。棟橈，本末弱也。剛過而中，巽而說行，利有攸往，乃亨，大

過之時大矣哉。

29 ䷜坎：習坎，重險也。水流而不盈，行險而不失其信。維心亨，乃以剛中也；行有尚，往有功也。天險不可升也，地險山川丘陵也，王公設險以守其國，險之時用大矣哉。

30 ䷝離：麗也。日月麗乎天，百穀草木麗乎土，重明以麗乎正，乃化成天下。柔麗乎中正，故亨，是以畜牝牛，吉也。

31 ䷞咸：感也。柔上而剛下，二氣感應以相與，止而說，男下女，是以亨，利貞，取女吉也。天地感而萬物化生，聖人感人心而天下和平。觀其所感，而天地萬物之情可見矣。

32 ䷟恆：久也。剛上而柔下，雷風相與，巽而動，剛柔皆應，恆。恆亨，無咎，利貞，久於其道也。天地之道，恆久而不已也，利有攸往，終則有始也。日月得天而能久照，四時變化而能久成，聖人久於其道而天下化成，觀其所恆，而天地萬物之情可見矣。

33 ䷠遯：亨，遯而亨也。剛當位而應，與時行也。小利貞，浸而長也。遯之時義大矣哉。

34 ䷡大壯：大者壯也，剛以動，故壯。大壯利貞，大者正也。正大而天地之情可見矣。

35 ䷢晉：進也。明出地上，順而麗乎大明，柔進而上行，是以康侯用錫馬蕃庶，晝日三接也。

36 ䷣ 明夷：明入地中，明夷。內文明而外柔順，以蒙大難，文王以之。利艱貞，晦其明也。內難而能正其志，箕子以之。

37 ䷤ 家人：女正位乎內，男正位乎外，男女正，天地之大義也。家人有嚴君焉，父母之謂也。父父，子子，兄兄，弟弟，夫夫，婦婦，而家道正。正家，而天下定矣。

38 ䷥ 睽：火動而上，澤動而下，二女同居，其志不同行。說而麗乎明，柔進而上行，得中而應乎剛，是以小事吉。天地睽而其事同也，男女睽而其志通也，萬物睽而其事類也，睽之時用大矣哉。

39 ䷦ 蹇：難也，險在前也。見險而能止，知矣哉。蹇，利西南，往得中也；不利東北，其道窮也。利見大人，往有功也；當位貞吉，以正邦也。蹇之時用大矣哉。

40 ䷧ 解：險以動，動而免乎險，解。解，利西南，往得眾也；其來復吉，乃得中也；有攸往夙吉，往有功也。天地解而雷雨作，雷雨作，而百果草木皆甲坼，解之時大矣哉。

41 ䷨ 損：損下益上，其道上行，損而有孚，元吉。無咎，可貞，利有攸往，曷之用，二簋可用享，二簋應有時，損剛益柔有時，損益盈虛，與時偕行。

42 ䷩ 益：損上益下，民說無疆，自上下下，其道大光。利有攸往，中正有慶；利涉大川，木道乃行。益動而巽，日進無疆，天施地生，其益無方，凡益之道，與時偕行。

43 ䷪ 夬：決也，剛決柔也。健而說，決而和。揚於王庭，柔乘五剛也；孚號有厲，其危乃光也；告自邑，不利即戎，所尚乃窮也；利有攸往，剛長乃終也。

44 ䷫ 姤：遇也，柔遇剛也。勿用取女，不可與長也。天地相遇，品物咸章也；剛遇中正，天下大行也，姤之時義大矣哉。

45 ䷬ 萃：聚也。順以說，剛中而應，故聚也。王假有廟，致孝享也；利見大人，亨，聚以正也；用大牲，吉，利有攸往，順天命也。觀其所聚，而天地萬物之情可見矣。

46 ䷭ 升：柔以時升，巽而順，剛中而應，是以大亨；用見大人，勿恤，有慶也；南征吉，志行也。

47 ䷮ 困：剛揜也。險以說，困而不失其所亨，其唯君子乎。貞大人吉，以剛中也；有言不信，尚口乃窮也。

48 ䷯ 井：巽乎水而上水，井。井養而不窮也。改邑不改井，乃以剛中也；汔至亦未繘井，未有功也；羸其瓶，是以凶也。

49 ䷰ 革：水火相息，二女同居，其志不相得，曰革。巳日乃孚，革而信之。文明以說，大亨以正，革而當，其悔乃亡。天地革而四時成，湯武革命，順乎天而應乎人，革之時大矣哉。

50 ䷱ 鼎：象也。以木巽火，亨飪也。聖人亨，以享上帝，而大亨以養聖賢。巽而耳目聰明，柔進而上行，得中而應乎剛，是以元亨。

51 ䷲ 震：亨。震來虩虩，恐致福也；笑言啞啞，後有則也；震驚百里，驚遠而懼邇也，出可以守宗廟社稷，以為祭主也。

52 ䷳ 艮：止也，時止則止，時行則行，動靜不失其時，其道光明。艮其止，止其所也。上下敵應，不相與也，是以不獲其身。行其庭不見其人，無咎也。

53 ䷴ 漸：之進也，女歸吉也。進得位，往有功也，進以正，可以正邦也。其位剛得中也。止而巽，動不窮也。

54 ䷵ 歸妹：天地之大義也。天地不交，而萬物不興。歸妹，人之終始也，說以動，所歸妹也。征凶，位不當也；無攸利，柔乘剛也。

55 ䷶ 豐：大也。明以動，故豐。王假之，尚大也；勿憂，宜日中，宜照天下也。日中則昃，月盈則食，天地盈虛，與時消息，而況於人乎？況於鬼神乎？

56 ䷷ 旅：小亨。柔得中乎外，而順乎剛，止而麗乎明，是以小亨，旅貞吉也，旅之時義大矣哉。

57 ䷸ 巽：重巽以申命，剛巽乎中正而志行，柔皆順乎剛，是以小亨，利有攸往，利見大人。

58 ䷹ 兌：說也。剛中而柔外，說以利貞，是以順乎天而應乎人。說以先民，民忘其勞，說以犯難，民忘其死，說之大，民勸矣哉。

59 ䷺ 渙：亨，剛來而不窮，柔得位乎外而上同。王假有廟，王乃在中也。利涉大川，乘木有功也。

60 ䷻ 節：亨，剛柔分而剛得中。苦節不可貞，其道窮也。說以行險，當位以節，中正以通。天地節而四時成，節以制度，不傷財，不害民。

61 ䷼ 中孚：柔在內而剛得中，說而巽，孚，乃化邦也。豚魚吉，信及豚魚也；利涉大川，乘木舟虛也；中孚以利貞，乃應乎天也。

62 ䷽ 小過：小者過而亨也，過以利貞，與時行也。柔得中，是以小事吉也；剛失位而不中，是以不可大事也。有飛鳥之象焉，飛鳥遺之音，不宜上，宜下，大吉，上逆而下順也。

63 ䷾ 既濟：亨，小者亨也。利貞，剛柔正而位當也。初吉，柔得中也。終止則亂，其道窮也。

64 ䷿ 未濟：亨，柔得中也；小狐汔濟，未出中也；濡其尾，無攸利，不續終也，雖不當位，剛柔應也。

附錄7《小象》

1 ䷀ 乾：

初九《象》曰：潛龍勿用，陽在下也。
九二《象》曰：見龍在田，德施普也。
九三《象》曰：終日乾乾，反復道也。
九四《象》曰：或躍在淵，進無咎也。
九五《象》曰：飛龍在天，大人造也。
上九《象》曰：亢龍有悔，盈不可久也。
用九《象》曰：用九，天德不可為首也。

2 ䷁ 坤：

初六《象》曰：履霜堅冰，陰始凝也；馴致其道，至堅冰也。
六二《象》曰：六二之動，直以方也，不習無不利，地道光也。
六三《象》曰：含章可貞，以時發也；或從王事，知光大也。
六四《象》曰：括囊無咎，慎不害也。
六五《象》曰：黃裳元吉，文在中也。
上六《象》曰：龍戰於野，其道窮也。
用六《象》曰：用六永貞，以大終也。

3 ䷂ 屯

初九《象》曰：雖磐桓，志行正也。以貴下賤，大得民也。
六二《象》曰：六二之難，乘剛也。十年乃字，反常也。
六三《象》曰：即鹿無虞，以從禽也。君子舍之，往吝窮也。
六四《象》曰：求而往，明也。
九五《象》曰：屯其膏，施未光也。
上六《象》曰：泣血漣如，何可長也？

4 ䷃ 蒙：

初六《象》曰：利用刑人，以正法也。
九二《象》曰：子克家，剛柔接也。
六三《象》曰：勿用取女，行不順也。
六四《象》曰：困蒙之吝，獨遠實也。
六五《象》曰：童蒙之吉，順以巽也。
上九《象》曰：利用禦寇，上下順也。

5 ䷄ 需：

初九《象》曰：需於郊，不犯難行也。利用恆無咎，未失常也。
九二《象》曰：需於沙，衍在中也。雖小有言，以吉終也。
九三《象》曰：需於泥，災在外也。自我致寇，敬慎不敗也。
六四《象》曰：需於血，順以聽也。
九五《象》曰：酒食貞吉，以中正也。

上六《象》曰：不速之客來，敬之終吉。雖不當位，未大失也。

6 ䷅ 訟：

初六《象》曰：不永所事，訟不可長也。雖小有言，其辯明也。

九二《象》曰：不克訟，歸逋竄也。自下訟上，患至掇也。

六三《象》曰：食舊德，從上吉也。

九四《象》曰：復即命渝，安貞吉，不失也。

九五《象》曰：訟元吉，以中正也。

上九《象》曰：以訟受服，亦不足敬也。

7 ䷆ 師：

初六《象》曰：師出以律，失律凶也。

九二《象》曰：在師中吉，承天寵也。王三錫命，懷萬邦也。

六三《象》曰：師或輿尸，大無功也。

六四《象》曰：左次無咎，未失常也。

六五《象》曰：長子帥師，以中行也。弟子輿尸，使不當也。

上六《象》曰：大君有命，以正功也。小人勿用，必亂邦也。

8 ䷇ 比：

初六《象》曰：比之初六，有它吉也。

六二《象》曰：比之自內，不自失也。

六三《象》曰：比之匪人，不亦傷乎。

六四《象》曰：外比於賢，以從上也。

九五《象》曰：顯比之吉，位正中也。舍逆取順，失前禽也。邑人不誡，上使中也。

上六《象》曰：比之無首，無所終也。

9 ䷈ 小畜：

初九《象》曰：復自道，其義吉也。

九二《象》曰：牽復在中，亦不自失也。

九三《象》曰：夫妻反目，不能正室也。

六四《象》曰：有孚惕出，上合志也。
九五《象》曰：有孚攣如，不獨富也。
上九《象》曰：既雨既處，德積載也。君子征凶，有所疑也。

10 ䷉ 履：

初九《象》曰：素履之往，獨行願也。
九二《象》曰：幽人貞吉，中不自亂也。
六三《象》曰：眇能視，不足以有明也。跛能履，不足以與行也。咥人之凶，位不當也。
武人為於大君，志剛也。
九四《象》曰：愬愬終吉，志行也。
九五《象》曰：夬履貞厲，位正當也。
上九《象》曰：元吉在上，大有慶也。

11 ䷊ 泰：

初九《象》曰：拔茅征吉，志在外也。

九二《象》曰：包荒，得尚於中行，以光大也。
九三《象》曰：無往不復，天地際也。
六四《象》曰：翩翩不富，皆失實也。不戒以孚，中心願也。
六五《象》曰：以祉元吉，中以行願也。
上六《象》曰：城復於隍，其命亂也。

12 ䷋ 否：

初六《象》曰：拔茅貞吉，志在君也。
六二《象》曰：大人否亨，不亂群也。
六三《象》曰：包羞，位不當也。
九四《象》曰：有命無咎，志行也。
九五《象》曰：大人之吉，位正當也。
上九《象》曰：否終則傾，何可長也。

13 ䷌ 同人：

初九《象》曰：出門同人，又誰咎也。
六二《象》曰：同人於宗，吝道也。
九三《象》曰：伏戎於莽，敵剛也。三歲不興，安行也。
九四《象》曰：乘其墉，義弗克也。其吉，則困而反則也。
九五《象》曰：同人之先，以中直也。大師相遇，言相克也。
上九《象》曰：同人於郊，志未得也。

14 ䷍ 大有：

初九《象》曰：大有初九，無交害也。
九二《象》曰：大車以載，積中不敗也。
九三《象》曰：公用亨於天子，小人害也。
九四《象》曰：匪其彭，無咎，明辨晢也。
六五《象》曰：厥孚交如，信以發志也。威如之吉，易而無備也。
上九《象》曰：大有上吉，自天祐也。

15 ䷎ 謙：

初六《象》曰：謙謙君子，卑以自牧也。
六二《象》曰：鳴謙貞吉，中心得也。
九三《象》曰：勞謙君子，萬民服也。
六四《象》曰：無不利撝謙，不違則也。
六五《象》曰：利用侵伐，征不服也。
上六《象》曰：鳴謙，志未得也；可用行師，征邑國也。

16 ䷏ 豫：

初六《象》曰：初六鳴豫，志窮凶也。
六二《象》曰：不終日，貞吉，以中正也。
六三《象》曰：盱豫有悔，位不當也。
九四《象》曰：由豫，大有得，志大行也。
六五《象》曰：六五貞疾，乘剛也。恆不死，中未亡也。

上六《象》曰：冥豫在上，何可長也？

17 ䷐ 隨：

初九《象》曰：官有渝，從正吉也。出門交有功，不失也。
六二《象》曰：係小子，弗兼與也。
六三《象》曰：係丈夫，志舍下也。
九四《象》曰：隨有獲，其義凶也。有孚在道，明功也。
九五《象》曰：孚於嘉，吉，位正中也。
上六《象》曰：拘係之，上窮也。

18 ䷑ 蠱：

初六《象》曰：幹父之蠱，意承考也。
九二《象》曰：幹母之蠱，得中道也。
九三《象》曰：幹父之蠱，終無咎也。
六四《象》曰：裕父之蠱，往未得也。

六五《象》曰：幹父用譽，承以德也。
上九《象》曰：不事王侯，志可則也。

19 ䷒ 臨：

初九《象》曰：咸臨貞吉，志行正也。
九二《象》曰：咸臨吉，無不利，未順命也。
六三《象》曰：甘臨，位不當也。既憂之，咎不長也。
六四《象》曰：至臨無咎，位當也。
六五《象》曰：大君之宜，行中之謂也。
上六《象》曰：敦臨之吉，志在內也。

20 ䷓ 觀：

初六《象》曰：初六童觀，小人道也。
六二《象》曰：闚觀女貞，亦可醜也。
六三《象》曰：觀我生進退，未失道也。

六四《象》曰：觀國之光，尚賓也。

九五《象》曰：觀我生，觀民也。

上九《象》曰：觀其生，志未平也。

21 ䷔ 噬嗑：

初九《象》曰：屨校滅趾，不行也。

六二《象》曰：噬膚滅鼻，乘剛也。

六三《象》曰：遇毒，位不當也。

九四《象》曰：利艱貞吉，未光也。

六五《象》曰：貞厲無咎，得當也。

上九《象》曰：何校滅耳，聰不明也。

22 ䷕ 賁：

初九《象》曰：舍車而徒，義弗乘也。

六二《象》曰：賁其須，與上興也。

九三《象》曰：永貞之吉，終莫之陵也。
六四《象》曰：六四，當位疑也。匪寇婚媾，終無尤也。
六五《象》曰：六五之吉，有喜也。
上九《象》曰：白賁無咎，上得志也。

23 ䷖ 剝：

初六《象》曰：剝牀以足，以滅下也。
六二《象》曰：剝牀以辨，未有與也。
六三《象》曰：剝之無咎，失上下也。
六四《象》曰：剝牀以膚，切近災也。
六五《象》曰：以宮人寵，終無尤也。
上九《象》曰：君子得輿，民所載也。小人剝廬，終不可用也。

24 ䷗ 復：

初九《象》曰：不遠之復，以修身也。

六二《象》曰：休復之吉，以下仁也。
六三《象》曰：頻復之厲，義無咎也。
六四《象》曰：中行獨復，以從道也。
六五《象》曰：敦復無悔，中以自考也。
上六《象》曰：迷復之凶，反君道也。

25 ䷘ 無妄：

初九《象》曰：無妄之往，得志也。
六二《象》曰：不耕穫，未富也。
六三《象》曰：行人得牛，邑人災也。
九四《象》曰：可貞無咎，固有之也。
九五《象》曰：無妄之藥，不可試也。
上九《象》曰：無妄之行，窮之災也。

26 ䷙ 大畜：

初九《象》曰：有厲利已，不犯災也。
九二《象》曰：輿說輹，中無尤也。
九三《象》曰：利有攸往，上合志也。
六四《象》曰：六四元吉，有喜也。
六五《象》曰：六五之吉，有慶也。
上九《象》曰：何天之衢，道大行也。

27 ䷚ 頤：

初九《象》曰：觀我朵頤，亦不足貴也。
六二《象》曰：六二征凶，行失類也。
六三《象》曰：十年勿用，道大悖也。
六四《象》曰：顛頤之吉，上施光也。
六五《象》曰：居貞之吉，順以從上也。
上九《象》曰：由頤厲吉，大有慶也。

28 ䷛ 大過：

初六《象》曰：藉用白茅，柔在下也。
九二《象》曰：老夫女妻，過以相與也。
九三《象》曰：棟橈之凶，不可以有輔也。
九四《象》曰：棟隆之吉，不橈乎下也。
九五《象》曰：枯楊生華，何可久也；老婦士夫，亦可醜也。
上六《象》曰：過涉之凶，不可咎也。

29 ䷜ 坎：

初六《象》曰：習坎入坎，失道凶也。
九二《象》曰：求小得，未出中也。
六三《象》曰：來之坎坎，終無功也。
六四《象》曰：樽酒簋貳，剛柔際也。
九五《象》曰：坎不盈，中未大也。

上六《象》曰：上六失道，凶三歲也。

30 ䷝ 離：

初九《象》曰：履錯之敬，以辟咎也。
六二《象》曰：黃離元吉，得中道也。
九三《象》曰：日昃之離，何可久也。
九四《象》曰：突如其來如，無所容也。
六五《象》曰：六五之吉，離王公也。
上九《象》曰：王用出征，以正邦也。

31 ䷞ 咸：

初六《象》曰：咸其拇，志在外也。
六二《象》曰：雖凶居吉，順不害也。
九三《象》曰：咸其股，亦不處也；志在隨人，所執下也。
九四《象》曰：貞吉悔亡，未感害也；憧憧往來，未光大也。

九五《象》曰：咸其脢，志末也。

上六《象》曰：咸其輔夾舌，滕口說也。

32 ䷟ 恆：

初六《象》曰：浚恆之凶，始求深也。

九二《象》曰：九二悔亡，能久中也。

九三《象》曰：不恆其德，無所容也。

九四《象》曰：久非其位，安得禽也。

六五《象》曰：婦人貞吉，從一而終也；夫子制義，從婦凶也。

上六《象》曰：振恆在上，大無功也。

33 ䷠ 遯：

初六《象》曰：遯尾之厲，不往何災也。

六二《象》曰：執用黃牛，固志也。

九三《象》曰：繫遯之厲，有疾憊也。畜臣妾吉，不可大事也。

九四《象》曰：君子好遯，小人否也。
九五《象》曰：嘉遯貞吉，以正志也。
上九《象》曰：肥遯無不利，無所疑也。

34 ䷡ 大壯：

初九《象》曰：壯於趾，其孚窮也。
九二《象》曰：九二貞吉，以中也。
九三《象》曰：小人用壯，君子罔也。
九四《象》曰：藩決不羸，尚往也。
六五《象》曰：喪羊於易，位不當也。
上六《象》曰：不能退，不能遂，不詳也。艱則吉，咎不長也。

35 ䷢ 晉：

初六《象》曰：晉如摧如，獨行正也；裕無咎，未受命也。
六二《象》曰：受茲介福，以中正也。

六三《象》曰：眾允之，志上行也。

九四《象》曰：鼫鼠貞厲，位不當也。

六五《象》曰：失得勿恤，往有慶也。

上九《象》曰：維用伐邑，道未光也。

36 ䷣ 明夷：

初九《象》曰：君子於行，義不食也。

六二《象》曰：六二之吉，順以則也。

九三《象》曰：南狩之志，乃大得也。

六四《象》曰：入於左腹，獲心意也。

六五《象》曰：箕子之貞，明不可息也。

上六《象》曰：初登於天，照四國也；後入於地，失則也。

37 ䷤ 家人：

初九《象》曰：閑有家，志未變也。

六二《象》曰：六二之吉，順以巽也。
九三《象》曰：家人嗃嗃，未失也。婦子嘻嘻，失家節也。
六四《象》曰：富家大吉，順在位也。
九五《象》曰：王假有家，交相愛也。
上九《象》曰：威如之吉，反身之謂也。

38 ䷥ 睽：

初九《象》曰：見惡人，以辟咎也。
九二《象》曰：遇主於巷，未失道也。
六三《象》曰：見輿曳，位不當也；無初有終，遇剛也。
九四《象》曰：交孚無咎，志行也。
六五《象》曰：厥宗噬膚，往有慶也。
上九《象》曰：遇雨之吉，群疑亡也。

39 ䷦ 蹇：

初六《象》曰：往蹇來譽，宜待也。
六二《象》曰：王臣蹇蹇，終無尤也。
九三《象》曰：往蹇來反，內喜之也。
六四《象》曰：往蹇來連，當位實也。
九五《象》曰：大蹇朋來，以中節也。
上六《象》曰：往蹇來碩，志在內也。利見大人，以從貴也。

40 ䷧ 解：

初六《象》曰：剛柔之際，義無咎也。
九二《象》曰：九二貞吉，得中道也。
六三《象》曰：負且乘，亦可醜也；自我致戎，又誰咎也。
九四《象》曰：解而拇，未當位也。
六五《象》曰：君子有解，小人退也。
上六《象》曰：公用射隼，以解悖也。

41 ䷨ 損：

初九《象》曰：巳事遄往，尚合志也。
九二《象》曰：九二利貞，中以為志也。
六三《象》曰：一人行，三則疑也。
六四《象》曰：損其疾，亦可喜也。
六五《象》曰：六五元吉，自上祐也。
上九《象》曰：弗損益之，大得志也。

42 ䷩ 益：

初九《象》曰：元吉無咎，下不厚事也。
六二《象》曰：或益之，自外來也。
六三《象》曰：益用凶事，固有之也。
六四《象》曰：告公從，以益志也。

九五《象》曰：有孚惠心，勿問之矣；惠我德，大得志也。
上九《象》曰：莫益之，偏辭也；或擊之，自外來也。

43 ䷪ 夬：

初九《象》曰：不勝而往，咎也。
九二《象》曰：有戎勿恤，得中道也。
九三《象》曰：君子夬夬，終無咎也。
九四《象》曰：其行次且，位不當也；聞言不信，聰不明也。
九五《象》曰：中行無咎，中未光也。
上六《象》曰：無號之凶，終不可長也。

44 ䷫ 姤：

初六《象》曰：繫於金柅，柔道牽也。
九二《象》曰：包有魚，義不及賓也。
九三《象》曰：其行次且，行未牽也。

九四《象》曰：無魚之凶，遠民也。
九五《象》曰：九五含章，中正也；有隕自天，志不舍命也。
上九《象》曰：姤其角，上窮吝也。

45 ䷬ 萃：

初六《象》曰：乃亂乃萃，其志亂也。
六二《象》曰：引吉無咎，中未變也。
六三《象》曰：往無咎，上巽也。
九四《象》曰：大吉無咎，位不當也。
九五《象》曰：萃有位，志未光也。
上六《象》曰：齎咨涕洟，未安上也。

46 ䷭ 升：

初六《象》曰：允升大吉，上合志也。

九二《象》曰：九二之孚，有喜也。

九三《象》曰：升虛邑，無所疑也。

六四《象》曰：王用亨於岐山，順事也。

六五《象》曰：貞吉升階，大得志也。

上六《象》曰：冥升在上，消不富也。

47 ䷮ 困：

初六《象》曰：入於幽谷，幽不明也。

九二《象》曰：困於酒食，中有慶也。

六三《象》曰：據於蒺藜，乘剛也；入於其宮，不見其妻，不祥也。

九四《象》曰：來徐徐，志在下也；雖不當位，有與也。

九五《象》曰：劓刖，志未得也；乃徐有說，以中直也；利用祭祀受福也。

上六《象》曰：困於葛藟，未當也。動悔有悔，吉行也。

48 ䷯ 井：

初六《象》曰：井泥不食，下也；，舊井無禽，時舍也。

九二《象》曰：井谷射鮒，無與也。

九三《象》曰：井渫不食，行惻也；求王明，受福也。

六四《象》曰：井甃無咎，修井也。

九五《象》曰：寒泉之食，中正也。

上六《象》曰：元吉在上，大成也。

49 ䷰ 革：

初九《象》曰：鞏用黃牛，不可以有為也。

六二《象》曰：巳日革之，行有嘉也。

九三《象》曰：革言三就，又何之矣。

九四《象》曰：改命之吉，信志也。

九五《象》曰：大人虎變，其文炳也。

上六《象》曰：君子豹變，其文蔚也；小人革面，順以從君也。

50 ䷱ 鼎：

初六《象》曰：鼎顛趾，未悖也；利出否，以從貴也。

九二《象》曰：鼎有實，慎所之也；我仇有疾，終無尤也。

九三《象》曰：鼎耳革，失其義也。

九四《象》曰：覆公餗，信如何也。

六五《象》曰：鼎黃耳，中以為實也。

九六《象》曰：玉鉉在上，剛柔節也。

51 ䷲ 震：

初九《象》曰：震來虩虩，恐致福也；笑言啞啞，後有則也。

六二《象》曰：震來厲，乘剛也。

六三《象》曰：震蘇蘇，位不當也。

九四《象》曰：震遂泥，未光也。

六五《象》曰：震往來厲，危行也；其事在中，大無喪也。

上六《象》曰：震索索，中未得也；雖凶無咎，畏鄰戒也。

52 ䷳ 艮：

初六《象》曰：艮其趾，未失正也。
六二《象》曰：不拯其隨，未退聽也。
九三《象》曰：艮其限，危薰心也。
六四《象》曰：艮其身，止諸躬也。
六五《象》曰：艮其輔，以中正也。
九六《象》曰：敦艮之吉，以厚終也。

53 ䷴ 漸：

初六《象》曰：小子之厲，義無咎也。
六二《象》曰：飲食衎衎，不素飽也。
九三《象》曰：夫征不復，離群醜也；婦孕不育，失其道也。利用御寇，順相保也。
六四《象》曰：或得其桷，順以巽也。

九五《象》曰：終莫之勝，吉，得所願也。
上九《象》曰：其羽可用為儀，吉，不可亂也。

54 ䷵ 歸妹：

初九《象》曰：歸妹以娣，以恆也；跛能履，吉相承也。
九二《象》曰：利幽人之貞，未變常也。
六三《象》曰：歸妹以須，未當也。
九四《象》曰：愆期之志，有待而行也。
六五《象》曰：娣乙歸妹，不如其娣之妹良也，其位在中，以貴行也。
上六《象》曰：上六無實，承虛筐也。

55 ䷶ 豐：

初九《象》曰：雖旬無咎，過旬災也。
六二《象》曰：有孚發若，信以發志也。
九三《象》曰：豐其沛，不可大事也；折其右肱，終不可用也。

九四《象》曰：豐其蔀，位不當也；日中見斗，幽不明也，遇其夷主，吉行也。
六五《象》曰：六五之吉，有慶也。
上六《象》曰：豐其屋，天際翔也；窺其戶，闃其無人，自藏也。

56 ䷷ 旅：

初六《象》曰：旅索索，志窮災也。
六二《象》曰：得童僕，貞，終無尤也。
九三《象》曰：旅焚其次，亦以傷矣，以旅與下，其義喪也。
九四《象》曰：旅於處，未得位也。得其資斧，心未快也。
六五《象》曰：終以譽命，上逮也。
上九《象》曰：以旅在上，其義焚也。喪牛於易，終莫之聞也。

57 ䷸ 巽：

初六《象》曰：進退，志疑也；利武人之貞，志治也。
九二《象》曰：紛若之吉，得中也。

九三《象》曰：頻巽之吝，志窮也。

六四《象》曰：田獲三品，有功也。

九五《象》曰：九五之吉，位正中也。

上九《象》曰：巽在床下，上窮也；喪其資斧，正乎凶也。

58 ䷹ 兌：

初九《象》曰：和兌之吉，行未疑也。

九二《象》曰：孚兌之吉，信志也。

六三《象》曰：來兌之凶，位不當也。

九四《象》曰：九四之喜，有慶也。

九五《象》曰：孚於剝，位正當也。

上六《象》曰：上六引吉，未光也。

59 ䷺ 渙：

初六《象》曰：初六之吉，順也。

九二《象》曰：渙奔其機，得願也。
六三《象》曰：渙其躬，志在外也。
六四《象》曰：渙其群，元吉，光大也。
九五《象》曰：王居無咎，正位也。
上九《象》曰：渙其血，遠害也。

60 ䷻ 節：

初九《象》曰：不出戶庭，知通塞也。
九二《象》曰：不出門庭，凶；失時極也。
六三《象》曰：不節之嗟，又誰咎也。
六四《象》曰：安節之亨，承上道也。
九五《象》曰：甘節之吉，居位中也。
上六《象》曰：苦節貞凶，其道窮也。

61 ䷼ 中孚：

初九《象》曰：初九虞吉，志未變也。

九二《象》曰：其子和之，中心願也。

六三《象》曰：或鼓或罷，位不當也。

六四《象》曰：馬匹亡，絕類上也。

九五《象》曰：有孚攣如，位正當也。

上九《象》曰：翰音登於天，何可長也。

62 ䷽ 小過：

初六《象》曰：飛鳥以凶，不可如何也。

六二《象》曰：不及其君，臣不可過也。

九三《象》曰：從或戕之，凶如何也。

九四《象》曰：弗過遇之，位不當也；往厲必戒，終不可長也。

六五《象》曰：密雲不雨，已上也。

上六《象》曰：弗遇過之，已亢也。

63 ䷾ 既濟：

初九《象》曰：曳其輪，義無咎也。
六二《象》曰：七日得，以中道也。
九三《象》曰：三年克之，憊也。
六四《象》曰：終日戒，有所疑也。
九五《象》曰：東鄰殺牛，不如西鄰之時也；實受其福，吉大來也。
上六《象》曰：濡其首，厲，何可久也。

64 ䷿ 未濟：

初六《象》曰：濡其尾，亦不知極也。
九二《象》曰：九二貞吉，中以行正也。
六三《象》曰：未濟征凶，位不當也。
九四《象》曰：貞吉悔亡，志行也。
六五《象》曰：君子之光，其暉吉也。
上九《象》曰：飲酒濡首，亦不知節也。

附錄8《文言傳》

《文言傳．乾文言》

文言曰：元者善之長也，亨者嘉之會也，利者義之和也，貞者事之幹也。君子體仁足以長人，嘉會足以合禮，利物足以和義，貞固足以幹事。君子行此四德者，故曰乾，元亨利貞。初九曰「潛龍勿用」，何謂也？子曰：龍德而隱者也，不易乎世，不成乎名，遯世無悶，不見是而無悶，樂則行之，憂則違之，確乎其不可拔，潛龍也。九二曰「見龍在田，利見大人」，何謂也？子曰：龍德而正中者也，庸言之信，庸行之謹，閑邪存其誠，善世而不伐，德博而化。易曰「見龍在田，利見大人」，君德也。九三曰「君子終日乾乾，夕惕若，厲無咎」，何謂也？子曰：君子進德脩業，忠信所以進德也，脩辭立其誠所以居業也，知至至之可與幾也，知終終之可與存義也，是故居上位而不驕，在下位而不憂，故乾乾因其時而惕，雖危無咎矣。九四曰「或躍在淵，無咎」，何謂也？子曰：上下無常，非為邪也；進退無恆，非離羣也。君子進德脩業，欲及時也，故無咎。九五曰「飛龍在天，利見大人」，何謂也？子曰：同聲相應，同氣相求，水流濕，火就燥，雲從龍，風從虎，聖人作而萬物覩，本乎天者親上，本乎地者親下，則各從其類也。上九曰「亢龍有悔」，何謂也？子曰：貴而無位，高而無民，賢人在下位而無輔，是以動而有悔也。潛龍勿用，下也。見龍在田，時舍也。終日乾乾，行事也。或躍在淵，自試也。飛龍在天，上治也。亢龍有悔，窮之災也。乾元用九，天下治也。潛龍勿用，陽氣潛藏。見龍在田，天下文明。終日乾乾，與時偕行。或躍在淵，乾道乃革。飛龍在天，乃位乎天德。亢龍有悔，與時偕極。乾元用九，乃見天則。乾元者，始而亨者也，利貞者，性情也。乾始能以美利利天下，不言所利，大矣哉！大哉乾乎，剛健中正，純粹精也。六爻發揮，旁通情也。時乘六龍，以御天也，雲行雨施，天下平也。君子以成德為行，日可見之行也。潛之為言也，隱而未見，行而未成，是以君子弗用也。君子學以聚之，問以辯之，寬以居之，仁以行之。易曰：見龍在田，利見大人，君德也。九三，重剛而不中，上不在天，下不在田，故乾乾。因其時而惕，雖危無咎矣。九四重剛而不中，上不在天，下不在田，中不在人，故或之。或之者，疑之也，故無咎。夫大人者，與天地合其德，與日月合其明，與四時合其序，與鬼神合其吉凶。先天而天弗違，後天而奉天時，天且弗違，而况於人乎？况於鬼神乎？亢之為言也，知進而不知退，知存而不知亡，知得而不知喪，其唯聖人乎。知進退存亡，而不失其正者，其唯聖人乎。

《文言傳・坤文言》

文言曰：坤至柔而動也剛，至靜而德方，後得主而有常，含萬物而化光。坤道其順乎，承天而時行。積善之家，必有餘慶；積不善之家，必有餘殃。臣弒其君，子弒其父，非一朝一夕之故，其所由來者漸矣，由辯之不早辯也。易曰「履霜，堅冰至」，蓋言順也。直其正也，方其義也，君子敬以直內，義以方外，敬義立而德不孤。直方大，不習無不利，則不疑其所行也。陰雖有美，含之以從王事，弗敢成也。地道也，妻道也，臣道也，地道無成而代有終也。天地變化，草木蕃；天地閉，賢人隱。易曰「括囊，無咎無譽」，蓋言謹也。君子黃中通理，正位居體，美在其中，而暢於四支，發於事業，美之至也。陰疑於陽必戰，為其嫌於無陽也，故稱龍焉，猶未離其類也，故稱血焉。夫玄黃者，天地之雜也，天玄而地黃。

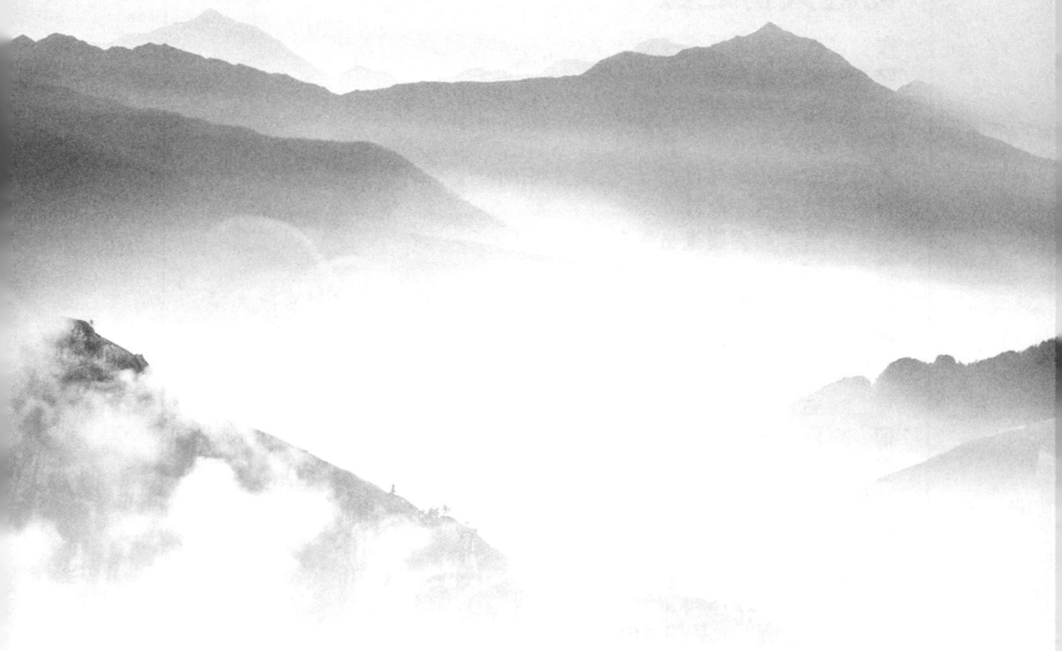

國家圖書館出版品預行編目資料

易經大衍之數／黃輝石著.
－－第一版－－臺北市：知青頻道出版；
紅螞蟻圖書發行，2021.6
面　；　公分－－(Easy Quick；174)
ISBN 978-986-488-216-8（平裝）

1.易經 2.注釋

121.12　　110007036

Easy Quick 174

易經大衍之數

作　　者／黃輝石
發 行 人／賴秀珍
總 編 輯／何南輝
校　　對／周英嬌、黃輝石
美術構成／沙海潛行
封面設計／引子設計
出　　版／知青頻道出版有限公司
發　　行／紅螞蟻圖書有限公司
地　　址／台北市內湖區舊宗路二段121巷19號（紅螞蟻資訊大樓）
網　　站／www.e-redant.com
郵撥帳號／1604621-1　紅螞蟻圖書有限公司
電　　話／(02)2795-3656（代表號）
傳　　真／(02)2795-4100
登 記 證／局版北市業字第796號
法律顧問／許晏賓律師
印 刷 廠／卡樂彩色製版印刷有限公司
出版日期／2021年 6 月　第一版第一刷

定價 480 元　港幣 160 元

ISBN 978-986-488-216-8　　Printed in Taiwan